国家出版基金项目
NATIONAL PUBLICATION FOUNDATION

21世纪中国城市图书馆丛书

武汉图书馆

WUHAN TUSHUGUAN

主　编　李静霞
副主编　魏　丹　梁　方

天津大学出版社
TIANJIN UNIVERSITY PRESS

图书在版编目（CIP）数据

武汉图书馆 / 李静霞主编. — 天津 ：天津大学出版社，2017. 11
（21 世纪中国城市图书馆丛书）
ISBN 978 - 7 - 5618 - 5943 - 8

Ⅰ. ①武… Ⅱ. ①李… Ⅲ. ①市级图书馆—介绍—武汉 Ⅳ. ①G259. 252. 2

中国版本图书馆 CIP 数据核字(2017)第 273237 号

出版发行 天津大学出版社
地　　址 天津市卫津路 92 号天津大学内（邮编：300072）
电　　话 发行部：022 - 27403647
网　　址 publish. tju. edu. cn
印　　刷 北京华联印刷有限公司
经　　销 全国各地新华书店
开　　本 202mm × 265mm
印　　张 30
字　　数 581 千
版　　次 2017 年 11 月第 1 版
印　　次 2017 年 11 月第 1 次
定　　价 190. 00 元

总　序

中华文化源远流长，历久弥新。中华优秀传统文化是我们最深厚的文化软实力，也是中国特色社会主义植根的文化沃土。要实现“两个一百年”的奋斗目标、实现中华民族伟大复兴的“中国梦”，就必须充分运用中华民族数千年来积累下的伟大智慧。图书馆作为文献机构，汇集了由中华文化五千年精华浓缩而成的一本本图书，具有极高的文化价值。自古代的藏书楼发展至今天的公共图书馆，图书馆的本体在不断生长和变化着，图书馆事业在党和政府的积极扶持下，蓬勃发展，呈现出一片欣欣向荣的景象。

与此同时，我国正在努力构建的公共文化服务体系，是中国特色社会主义事业总体布局的重要内容，是实现经济、政治、文化、社会协调发展战略布局的重大安排。公共文化服务体系的建设关系到最广大人民群众的利益，是促进社会和谐稳定、建构中华民族共有精神家园的重要保障。而公共图书馆服务体系作为其中的重要组成部分和支撑力量，在公共文化服务的标准化、均等化建设和公共文化网络的布局上有其天然优势，责无旁贷。现代图书馆虽然延续了传统图书馆的储存功能，但更加偏重于知识的传播。面向大众的公共图书馆以阅读为中心功能，跳出了传统的知识特权与垄断，实现了书籍和知识的社会化和民主化。在中国当今的图书馆事业中，最具活力的当推公共图书馆，而在公共图书馆之中，又以大中城市的图书馆最有特色。

城市图书馆总是与文化生活联系在一起。城市图书馆是隐藏在喧闹匆忙城市中安静隽永的一隅，巧妙融合传统文明与现代化都市时尚，镌刻属于一座城市的特有的文化印记。在这里，一缕书香、一次活动就将城市的文化生活唤醒了。市民们在图书馆中畅享活色生香的世俗生活与传统民族文化，感受着城市图书馆对于城市文化的保存与维护、传承与发扬。

城市图书馆及其体系是城市化进程中的重要一环。城市中由公共图书馆组成的公共图书馆服务体系和以公共图书馆等公共文化设施为重点构成的公共文化设施网络，是全面推进基本公共文化服务标准化与均等化的重要措施与手段。通过城市图书馆与公共图书馆服务体系建设推动现代公共文化服务体系的发展、提高公共文化服务效能，是当代中国图书馆的发展目标之所在。

城市图书馆是集中展示图书馆职业专业性的场所。图书馆职业从诞生至今一直与非专业化的职业刻板印象进行抗争，我国的图书馆员也在为职业形象的专业化不懈奋斗。好在这样的付出已经收获了回报，我国图书馆职业的专业性已经得到读者的广泛认同。这之间，城市图书馆与图书馆员功不可没。图书馆员将专业性融入图书馆的愿景、规划、改革举措、日常运行、读者活动之中，让市民体会着职业专业性为城市文化生活带来的亮色。

中国的城市图书馆是对外宣传的文化名片。提高国家文化软实力，是党和国家的一项重大战略任务。作为公共文化设施之一的城市图书馆，一直履行着夯实国家文化软实力根基的责任，使中华民族最基本的文化基因与当代文化相适应、与现代社会相协调。在本套丛书中，我们不难发现城市图书馆在此方面付出的努力，这也是我们想要通过本套丛书向外传达的信息。

“21 世纪中国城市图书馆丛书”第一批收录的 12 个图书馆是我国 21 世纪城市图书馆整体风貌的缩影，由南至北分布在近 10 个省，具有很强的代表性。这 12 个图书馆各具特色，在管理运营、文化活动、资源开发与服务等众多方面有许多创新之处被总结积累下来。值此“一带一路”倡议推广之际，双语版的形式能更好地将我国城市图书馆在 21 世纪的创新与特色与世界分享，将优秀文化传播出去，让更多的人了解中国的城市图书馆，进而了解中国。

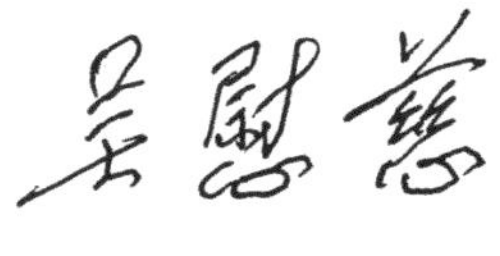

2017 年 9 月 20 日

General Preface

Chinese culture has a long and eternally renewed history. Excellent Chinese traditional culture is the most profound cultural soft power and the cultural fertile soil where the socialism with Chinese characteristics is rooted. In order to achieve "Two Centenary Goals" and realize the "Chinese Dream" of the great rejuvenation of the Chinese nation, we must make full use of the great wisdom that the Chinese nation has accumulated for thousands of years. The library, as the institution of literature, which has collected a large number of books involving the essence of Chinese culture with five thousand years, has high cultural value. The library has been evolving from the ancient library to the public library today. The librarianship, supported by the Communist Party of China (CPC) and Chinese government, shows a vigorous and flourishing trend.

At the same time, China is trying to construct a public cultural service system, which is an important part of the overall layout of the cause of socialism with Chinese characteristics and the important arrangement of the strategic layout to achieve the coordinated development of economy, politics, culture and society. The construction of the public cultural service system, closely related to the people's interests, is an important guarantee to promote social harmony and stability and build the common spiritual home of the Chinese nation. The public library service system, as an important part and supporting strength of the public cultural service system, has its own natural advantage and responsibility in the construction of standardization and equalization of public cultural services and the layout of the public cultural network. Although modern libraries retain the storage function of traditional libraries , they focus more on the spread of knowledge. With reading as the core function, public libraries are open to the public. They get rid of the traditional privilege and monopoly on knowledge and realize the socialization and democratization of books and knowledge. The most dynamic libraries in Chinese modern librarianship are public libraries , among which the ones in the large and medium-sized cities are the most distinctive.

City library is always associated with cultural life. As a quiet and meaningful place hidden in the noisy and busy city, city library offers a subtle blend of traditional civilization and modern urban fashion, engraved with the unique cultural mark belonging to a city. One book or one activity will wake up the cultural life of a city. Citizens in the library can enjoy the rich and colorful secular life and the traditional culture, and feel the efforts of the city library in preservation and maintenance, the inheritance and spread of urban culture.

City libraries and their system are an important part of the process of urbanization. The public library service system composed of public libraries in cities, and the public cultural facilities network focusing on the public cultural facilities such as public libraries, are the important measure and means to comprehensively promote the standardization and equalization of the basic public cultural services. To promote the modern public cultural service system and improve the efficiency of the public cultural services by constructing the service system of city library and public library is the goal of Chinese libraries.

City library is a place to intensively show the professionalism of the library profession. Since the birth of the library profession, it has been resisting against the non-professional stereotypes. Librarians also strive to establish a professional image. Fortunately, such efforts have been paid off. The library profession has been widely recognized by readers. City libraries and their librarians have made a great contribution to it. Librarians integrate the professionalism into the vision, planning, reform initiatives, daily operation and reader activities of their libraries, so that the public are able to enjoy the beauty of urban cultural life created by the professionalism.

City library in China is a cultural card for publicity. Improving the national cultural soft power is a major strategic task of the CPC and the nation. City library, as one of the public cultural facilities, has been performing the duty to consolidate the foundation of the national cultural soft power, and coordinate the most basic cultural genes of the Chinese nation with contemporary culture and modern society. It is not hard to find the great efforts of city libraries, which we want to spread through the series.

12 libraries of the first batch included in "Series of China's City Libraries in the 21st Century" are the epitome of the overall scene of China's city libraries in the 21st century. From the South to the North, they are distributed in nearly 10 provinces and have strong representativeness. These 12 libraries with their own characteristics have a lot of innovations in various aspects such as management and operation, cultural activities, resource development and service. On the occasion of promoting the Belt and Road Initiative, the bilingual version will be helpful in sharing the innovations and characteristics of China's city libraries in the 21st century with the world, and spreading the excellent culture, trying to enable more people to know China's city libraries and to know China well.

Wu Weici

Sept. 20, 2017

目 录

历程篇

特色篇

目 录

CONTENTS

History

CONTENTS

Features

CONTENTS

CONTENTS

武汉图书馆

历程篇

武汉三镇鼎立、二水中流，龟蛇二山雄峙于大江南北。城内湖泊星罗棋布，湖光山色，相映成趣，景观十分优美。市郊盘龙古城距今 3500 年，历史悠久。武汉是文化重区，人文鼎盛，俊采星驰，文化之大气，为世人瞩目。

武汉是军政要镇。武昌之名得于军事，有“以武治国而昌”之意；汉口隶属汉阳，汉阳郤月、鲁山古城乃军事堡垒，因军而始，因军而兴。自古至今，武汉风云际会，中国革命史上的三次重大转折，都以武汉为中心而展开。武昌首义，打响推翻中华帝制第一枪，帝制终结，共和肇始；北伐军兴，大军挺进武汉，建立武汉国民政府，三镇合为京兆区；抗战爆发，武汉担负全国抗日救亡重任，成为世界之焦点。

武汉是商业都会。唐、宋以来，武昌、汉阳、汉口以商业闻名，商贾云集，商肆栉比，粮、盐、棉、茶、油、纸、药材及洋广杂货遍布于市，交易繁忙；明末清初，汉口与北京、苏州、佛山并称“天下四聚”，又与朱仙镇、景德镇、佛山镇同称天下“四大名镇”，成为“楚中第一繁盛处”。1863 年，汉口开埠，遂“并驾京、津、穗”“进而摩上海之垒”，一跃成为全国第二大贸易城市，“大汉口”声名远播海外。

武汉是工业之城。近代以来，工业浙兴，当时亚洲最大的钢铁企业和中国第二大兵工厂在此诞生，“纱布丝麻四局”等中国第一批近代纺织企业在此兴起，中国第一条贯穿南北的铁路在此通车，武汉成为中国近代工业的重要发源地。

武汉是文化名城。晚清伊始，西风东渐，“新政”推行，教育大兴，书局创办，官报发行，武汉文化呈现出一派新锐之气，尤其是图书出版和藏书业为全国瞩目，影响延续至今。

01

第一章

清朝晚期　存古与开新

清同治六年（1867 年），张之洞出任湖北学政，光绪二十五年（1899 年）又出任湖广总督兼湖北巡抚，他重视教育和刻书事业，大倡刻书之风。张氏在其《劝刻书说》中云："凡有力好事之人，若自揣德业学问不足过人，而欲求不朽者，莫如刊布古书一法……其书终古不废，则刻书之人终古不泯……且刻书者，传先哲之精蕴，启后学之困蒙，亦利济之先务，积善之雅谈也。"在督抚大员的倡导下，晚清时期武汉地区的坊刻、私刻、官刻乃至书院刻书大为兴盛。

晚清以降，西方的思想观念、价值体系、科技成就与列强的坚船利炮相携而来，随着西学东渐浪潮滚滚而来，西方机器文明开始进入出版领域。在物质技术进步的同时，西学先进思想与国内变革思潮的深入影响也使传统出版物从形式到内容都发生了深刻变化，传统图书业自 19 世纪中叶开始了其现代化转型。

第一节

近代出版群体的初步形成

当西方先进的铅印、石印技术在近代中国广泛应用后，近代文化普及教育和西洋翻译图书蜂拥而来，一些大型民营出版企业，如商务印书馆、中华书局等，以新的印刷技术大量翻印古籍和普及性文化教育书籍。于是，一些书坊也开始转型，他们采用新技术，在刻印古籍与普及读物的同时，大量印刷教育类读物和通俗类、日常生活类读物，盈利空间随之拓宽，从而又使民间坊刻呈现出生机勃勃的繁荣之象。清末民初时期，武昌、汉口、汉阳均有书坊、字铺、书店兼营刻书和销书业务，比较大的出版机构有武昌舆地学会、亚新地学社、陶子麟书铺、聚有堂、张教五堂，汉口宝森斋、同济善堂、善仁堂、宏道堂、振华印书馆，等等。

西方铅字印刷技术和石印技术虽在中国逐渐兴起并普及，然不少藏书家及士绅学者仍酷嗜宋元旧刻，故民间坊刻书铺仿宋元影刻之徐风犹炽。当时摹刻古籍善本以武昌陶子麟书铺和北京文楷斋最为有名。湖北黄冈陶子麟号称清末四大刻工之一，以善刻仿宋及软体字而闻名于世，“颇能影刻宋元善本，黑口双线，骤视几可乱真”，故享有“陶家宋椠传天下”之美誉。陶氏专设书肆于武昌，以其姓名为店号，所刻之书多为孤本或珍本，终其一生，刻书 170 余种，800 余卷；为当时知名藏书家江阴缪荃孙、常州盛宣怀、宜都杨守敬、南陵徐乃昌、成都傅增湘、潜江甘鹏云等刊刻了 130 多种书籍，自刻了 10 余种。

值得一提的是，民国 4 年（1915 年），商务印书馆聘请镌刻“古体活字”，陶氏用《玉篇》的字体，以照相方法直刻铅坯，历经数年，刻成一号及三号古体铅活字各一副，为汉文铅活字排印技术的改进做出了重要贡献。

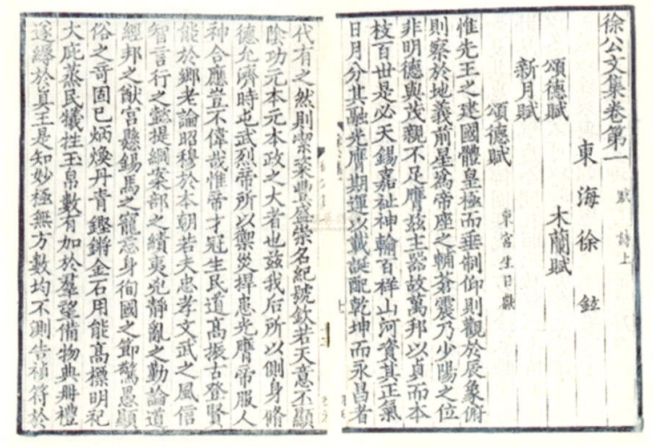
徐公文集卷第一
東海徐鉉
頌德賦
木蘭賦
新月賦

《徐公文集》，民国八年（1919 年）南陵徐乃昌景刻宋明州大字蓝印本

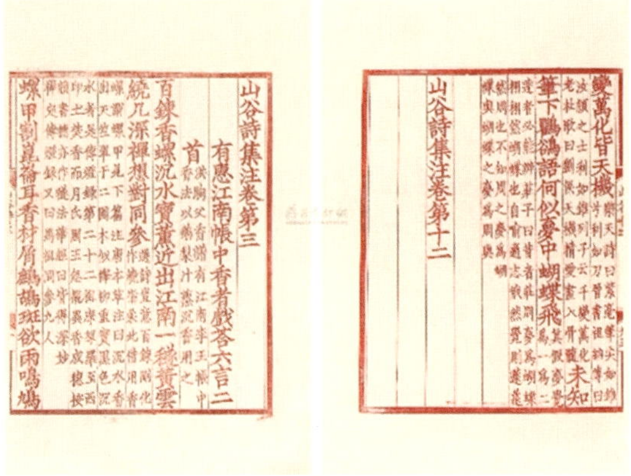
山谷詩集注卷第三
山谷詩集注卷第十二

《黄山谷内集》二十卷，清宣统间刊朱印本

武昌亚新地学社旧貌

《中外舆地全图》

光绪二十三年（1897 年），舆地学家邹代钧在武昌察院坡、横街头一带创立武昌舆地学会，次年开设亚新地学社。从学社创建到 1953 年与国内十多家私营地图社合并，前后经营 50 余年，出版各类地图、地学书刊 300 多种，成为我国近代史上成立最早、历史最长、出版地图最多、流传最广、贡献最大的一家私营专业地图出版社。其中《中外舆地全图》最为著名，被英国地理学家傅兰雅称赞为“中国从来未有者”。

此外，武昌益善书局、聚有堂和汉口善成堂、善仁堂、宏道堂、宝森斋、振华印书馆等书肆、书铺除印售经、史、子、集各类书籍以及中小学启蒙读物外，还批销通俗文艺小说及京、汉、楚剧唱本，印制《民神》《寿星》等年画、版画、日历、红纸对联，规模亦较大。民国初年，商务印书馆、中华书局、上海世界书局三家大型集编、印、发行于一体的民营出版机构，纷纷在汉口交通路和武昌察院坡、横街头设立分支，经营古籍、文学艺术类、杂志、少儿读物、中小学生教科书等，一度促使汉口交通路和武昌察院坡、横街头一带书肆和书店林立，形成文化一条街。

第二节

私家刻书及藏书

有清一代，尤其是晚清时期，湖北的私家刻书、藏书，甚为昌盛，见于记载和所刻书籍存世者四十余家，多为世宦、宿儒。湖北私家刻书以武昌、汉阳、荆州、黄冈和咸宁地区为中心，辐射全省，并形成了一个以杨守敬、柯逢时、沔阳卢氏兄弟、汉阳叶氏家族等为主的私人刻书家群体。

宜都杨守敬（1839—1915），字惺吾，同治元年（1862 年）举人，学识渊博，通舆地、训诂之学，善考证、金石文字，工书法，是我国近代知名舆地学者、校勘学家、目录学家。一生著述丰硕，由其编著、刊行或由他人整理而成者总计 60 余种。杨氏嗜古成癖，古旧书籍、碑版、钱币、印章、砖瓦之属，莫不多方搜求，储藏之富，当世罕匹。七次应会试，杨均不中，遂绝意科名，专心著述、刻书、藏书。

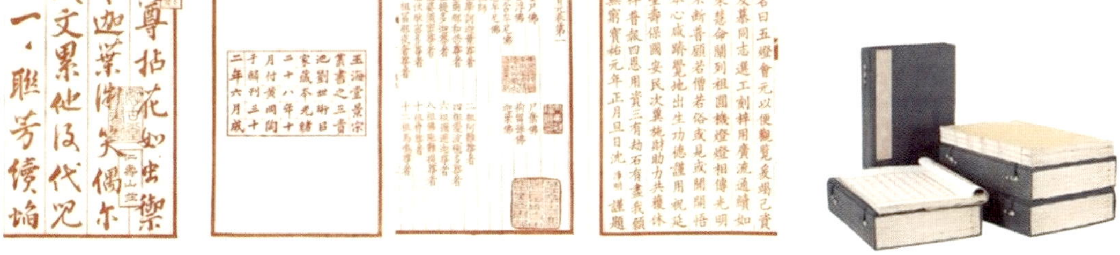

《五灯会元》二十卷，清光绪二十八年（1902 年）刘世珩玉海堂影宋刻红印本

一代郦学名家杨氏尤擅长古地理学稽佚、考证、校补和刊刻。近代考古大家罗振玉曾言杨守敬地理之学与王念孙、段玉裁之小学，李善兰之算学，为清朝“三绝学”。杨氏亦精于版本目录学，清末学者无不叹其目录之学绝顶，谭献谓其曰：“方今目录之学，闻见之博，南北交旧，无与抗手。”光绪六年（1880年），杨守敬先后跟随何如璋、黎昌庶出访日本。次年，被日本钦使留任日本。杨守敬在日本遍求中国古书，所得之书，多中土唐宋逸籍、宋元旧椠，每得一书，辄为题识，捆载归武昌，筑观海楼贮之（按：杨氏去世后，观海楼藏书辗转归于北平故宫博物院）。并将所作题识选录补订，撰成《日本访书志》十六卷。光绪十年（1884年），助黎昌庶刊刻《古逸丛书》二百卷。光绪二十七年（1901年），又刻成《日本访书志》。在校刻《日本访书志》的同时，还校刊、影印了《留真谱》，这是中国历史上出现的第一部书影。民国3年（1914年）刊行由杨守敬初编、李之鼎续编的《增订丛书举要》，集前代丛书分类之大成，开丛书分类体系之先河。直到现在的《中国丛书综录》的类目名称和划分依据，大都依据杨氏、李氏之《增订丛书举要》，其影响之深远可见一斑。

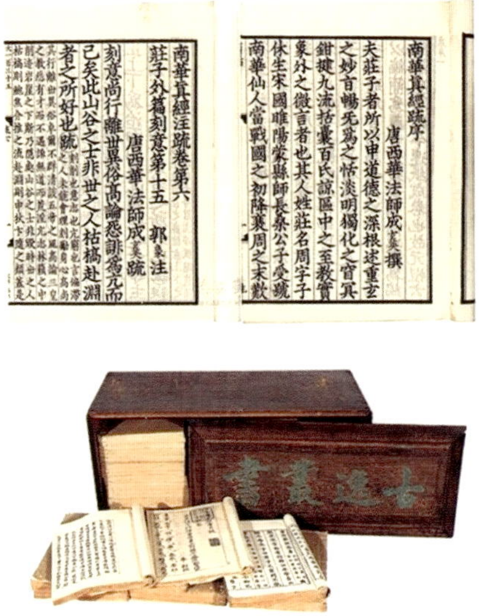

《古逸丛书》六十四册，清光绪八年至十年遵义黎庶昌日本东京使署刊本

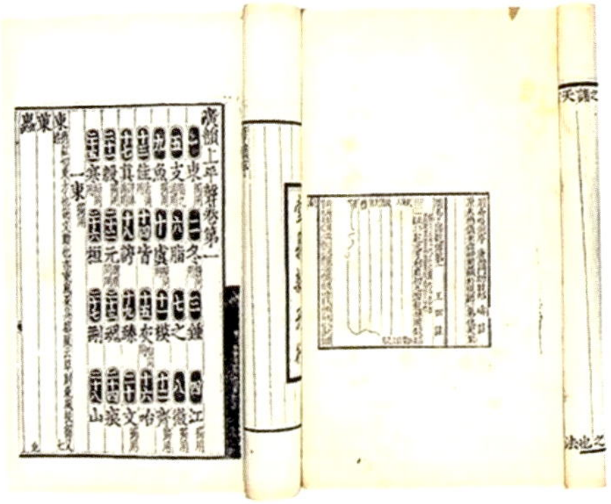

《留真谱》十二册，清杨守敬刊本

武昌（今鄂州）柯逢时（1845—1912）字懋修，号巽庵，一作凤逊。光绪九年（1883年）进士，曾任两淮盐运使、广东巡抚等职。柯氏多藏善本，曾在江西购得裘文达所藏《四库全书》未进呈钞本元、明小集八百余种。建有藏书楼“柯家山馆”“息园”，其中有黄丕烈、周星贻等人的批校本。卒后，大半流于日本。另有部分3000余册，在中华人民共和国成立后，由其后裔捐献给中南图书馆（今湖北省图书馆）。所刻书籍以医书为多，颇具特色。先后参与纂修有《湖北通志》《武昌县志》《应山县志》等。

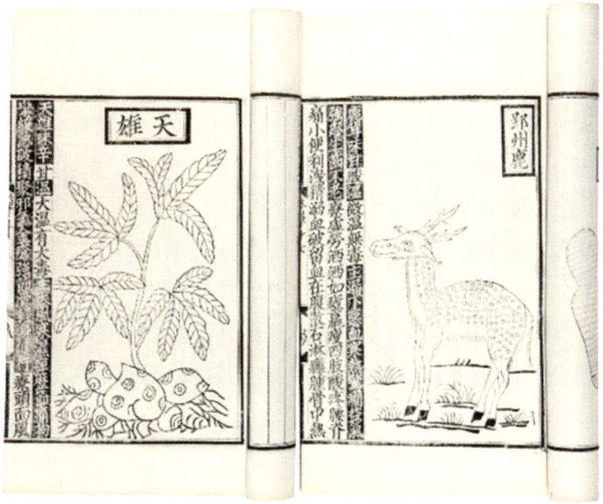

《经史证类大观本草·本草衍义》，清光绪三十年（1904 年）武昌柯逢时刊本

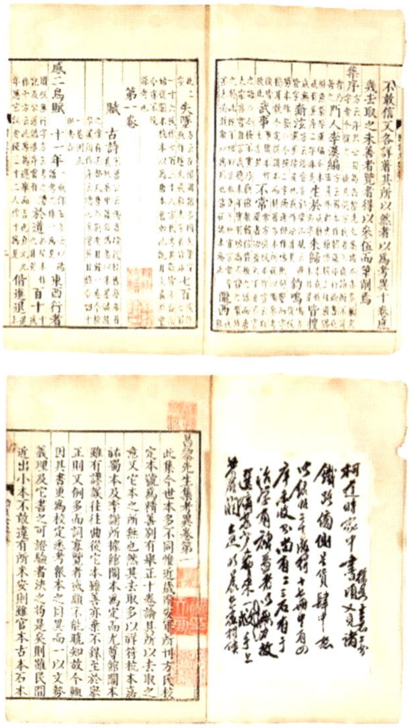

《昌黎先生集考异》，清康熙四十七年（1708 年）李光地刻本

沔阳卢靖（1856—1948），字勉之，号木斋，近代著名数学家、地方史家、藏书家，藏书楼名“慎始基斋”。曾任保定大学堂监督、直隶提学使等职。其弟卢弼（1876—1967），字慎之，精通文史和目录之学。卢氏两兄弟，以兄卢靖刊刻图书为勤。光绪二十四年（1898 年）卢靖刊印严复译本《天演论》，是书封面镌“沔阳卢氏慎始基斋刊行”，版心镌“慎始基斋丛书”，卷末镌“沔阳庐弼校字”，每页十五行三十二字，此为《天演论》最早的版本。沔阳卢氏兄弟勤于刊刻乡邦文献，所刻《湖北先正遗书》凡七十五种七百二十卷，于传承湖北地方文献大有裨益。

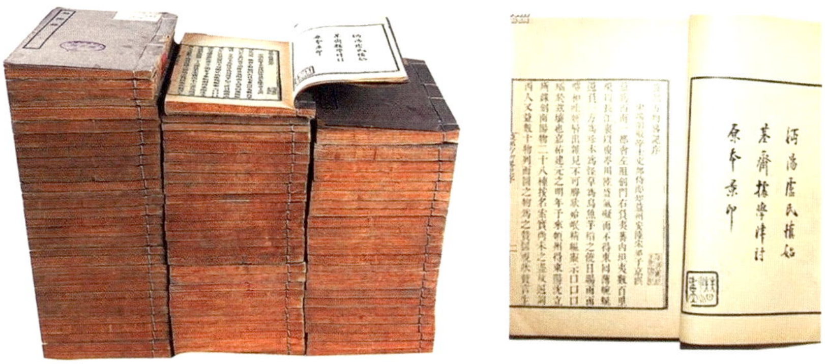

《湖北先正遗书》，民国 12 年（1923 年）卢氏慎始基斋影印本

汉阳叶氏家族，以叶继雯、叶志诜、叶名澧祖孙三代为代表，在藏书、著书、校书的同时，兼刊行书籍，名噪江汉之间。藏书家叶志诜（1779—1863），字东卿，官国子监典簿，升兵部武选司郎中，后辞官归。熟习典章制度，精通金石之学，善诗文，工书法，医学、天文亦颇有研究。金石、书画、古今图书收藏甚富，所藏金石古物，于《筠清馆金石录》多有采录。有藏书楼“简学斋”“平安馆”“怡怡草堂”“兰话堂”“二垒轩”“二百兰亭斋”等。诚如王葆心在其《续汉口丛谈》中所云：“自其父云素给谏以来，便富图史，校注群书甚多……于金石印人碑版之属，充牣流溢，故平安馆古器书画，照耀一时。”其父叶继雯，号云素，博学嗜古，“人言先生一无钱，谁知其富兼京都。不见移家先移书，琳琅压倒双轮车”，收藏古书万卷，其藏书规模不在秀水朱彝尊之下。其次子叶名澧（1811—1859），道光十七年（1837 年）举人，一生著述甚丰，著述并刊印了《平安馆金石文字》一书，对后世研究金石文字颇有益。叶氏家族刊本《古今韵考》精于校勘，考证尤深，是湖北重要的私家刻本。

虢季子白盘拓本

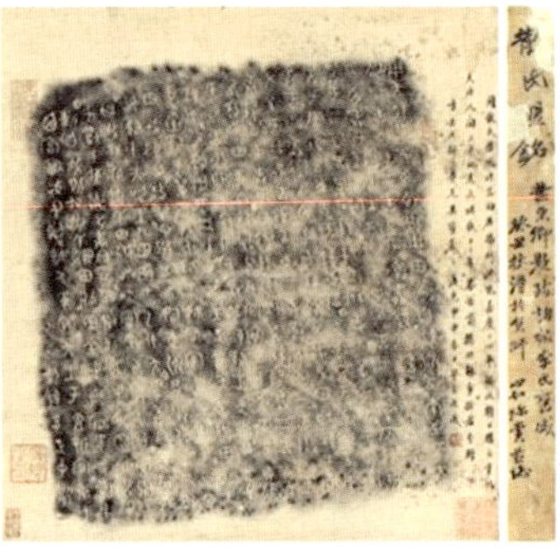

叶志诜拓赠李璋煜《散氏盘》

叶志诜手拓大保方鼎，赵浩补花卉

叶志诜平安馆藏青铜编钟拓片立轴

商周青铜器康丁方彝

第三节

官刻的兴起

晚清时期，武汉刻书之风日盛，在全国颇有影响。叶德辉在其《书林清话》中云："天下书板之善，仍推金陵、苏、杭。自学校一变，而书局并裁，刻书之风移于湘鄂，而湘尤在鄂先。"两湖地区的官刻占其刻书品种、数量的半壁河山，其官刻情况主要分为三个方面：一是省级官署和各府州（厅）县官署刻书，二是官书局刻书，三是书院、学校、学馆刻书。

（一）省级官署和各府州（厅）县官署刻书

清代湖北刊刻书籍的官衙和机构有湖北抚署、藩署、臬署、湖北地方自治研究所和府署、州署、县署等，刊刻图书注重经世致用，多为兵学、农业、医药、商业、法律等实用书籍。

清代两湖省级和各府、州（厅）、县级官署刊刻的地方志，系其刻书之大宗。据《中国地方志总目提要》湖北省部分共收录海内现存湖北省地方志 336 种，时限段延至 1949 年，其中省志 11 种、府志 39 种、州志 42 种、县志 224 种、乡土志等其他方志 20 种，其中县志占 2/3 强；在这 336 种方志之中，宋代修 1 种（存辑佚本），明朝修 37 种，清朝修 272 种，民国修 26 种。由此可见，清代湖北各级官署纂修、刊刻的地方志远超过湖北历代刊刻地方志的总和，基本上做到了各府有志，各州、县有志。有的府、州、县志历经数朝修改、增刊、重刊，校刊精湛，质量尤高，其史料价值堪与正史相媲美。

（二）崇文书局

同治六年（1867 年）至光绪中期，晚清官书局大规模兴起。“官刻之书，自曾文正金陵设局以后，浙、粤、鄂等七省官书局踵兴，且更合刻二十四史，蔚为大观……”与江浙地区官书局齐名的湖北官书局（又名崇文书局）是晚清四大书局之一，所刻书籍数量之多，质量之精，且流布之广，在中国近代出版史上影响巨大。

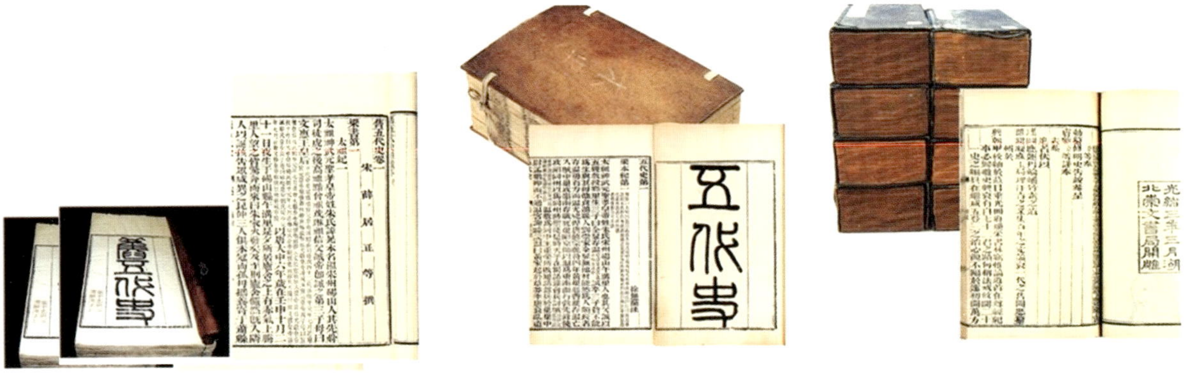

湖北崇文书局与金陵、苏州、浙江、淮南等 5 家官书局合刻《二十四史》

同治七年（1868 年），湖广总督兼湖北巡抚李瀚章奏设崇文书局，收并湖北绅者原设汉口之民办“楚北崇文书局”改名为“崇文书局”，局址设于武昌候补街正觉寺内，由候补道张炳坤、补用道胡风丹主管经营。光绪三年（1877 年）改名为湖北省立官书处，光绪十五年（1889 年）张之洞督鄂后，进一步扩充湖北官书处。湖北官书处常有数十名工人刻印书籍。民国元年（1912 年）迁武昌巡道岭（今胭脂路附近），一直持续到 1937 年抗日战争全面爆发，书局经营长达 70 年之久。

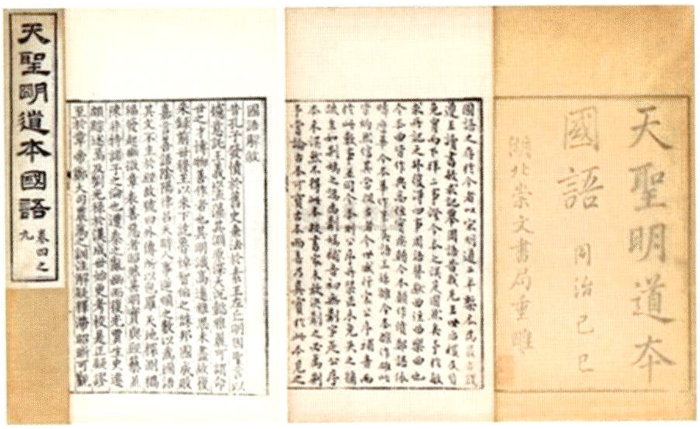

《天圣明道本国语》二十一卷，札记一卷，考异四卷，清同治己巳年（1869 年）湖北崇文书局重刻本

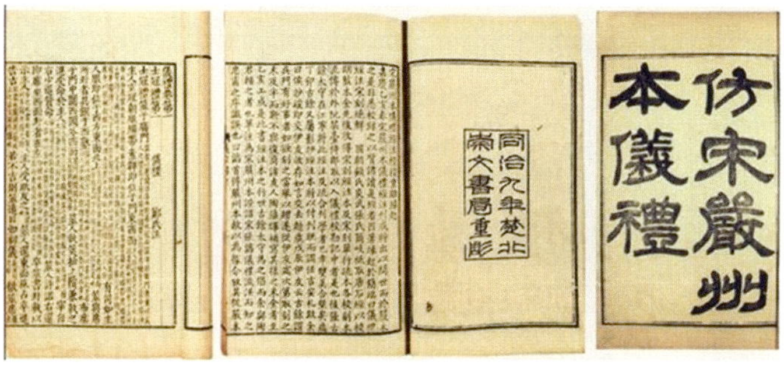

《汉郑玄注仪礼》十七卷，严本仪礼郑氏注校录一卷，清同治九年（1870 年）湖北崇文书局重刻本

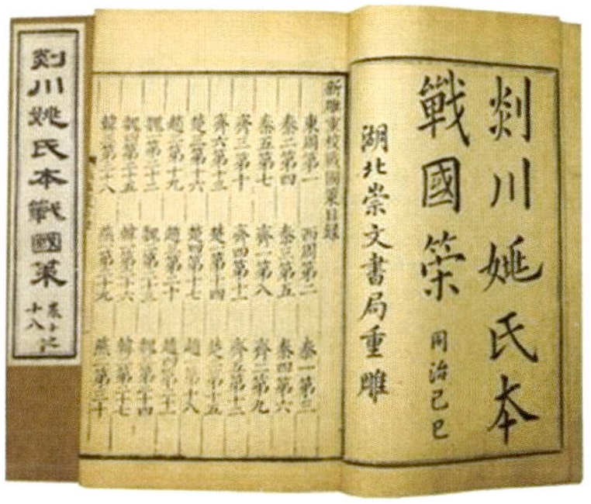

《剡川姚氏本战国策》三十三卷，札记三卷，清同治己巳（1869 年）湖北崇文书局重刻本

崇文书局出书数量和品种在晚清官书局中位居前列。据统计，该书局藏图书版片达 250 种，计 144770 号，举凡经、史、子、集、诸子百家、丛书杂著，均有涉足，尤以经、史、子、集数量可观。根据朱士嘉的《官书局书目汇编》、参校黄嗣艾《湖北公藏版刻提要》以及《中国丛书综录》粗略统计，崇文书局刻书在 382 种以上，其中经部 50 种、史部 54 种、子部 98 种、集部 82 种、丛书 74 种、杂著 24 种。与其他书局相比，出书品种齐全，但有所侧重：经部以刊刻流行的单本经书为主；史部侧重全国及湖北舆地、地图书籍；子部中的诸子之刻是崇文书局刻书的一大特点，所刻诸子之书数量位居各官书局之首。还刊刻了 33 种丛书，收子书几百种，颇为壮观。尤重刊刻湖北名贤著述。此外，该书局注重教育用书的刊刻，在张之洞推行新政、大办教育之时，大量刊印新式教科书、科技类书籍和教学参考图书。

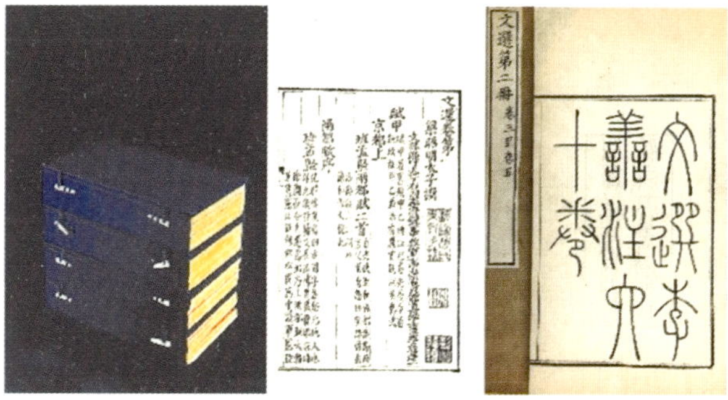

《文选》六十卷，附考异十卷，梁萧统辑，唐李善注，清同治八年（1869 年）湖北崇文书局刻本

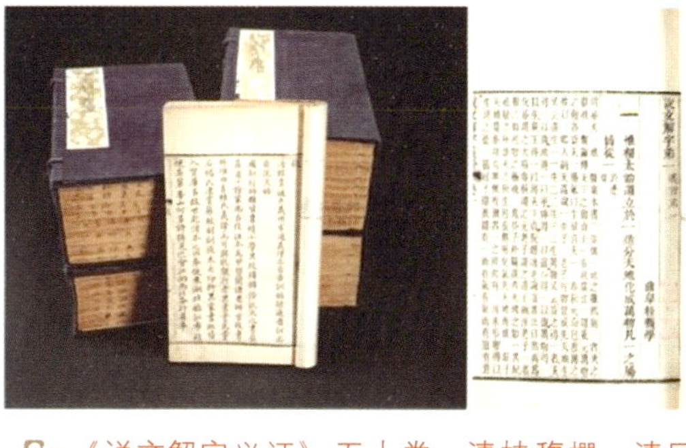

《说文解字义证》五十卷，清桂馥撰，清同治九年（1870 年）湖北崇文书局刻本

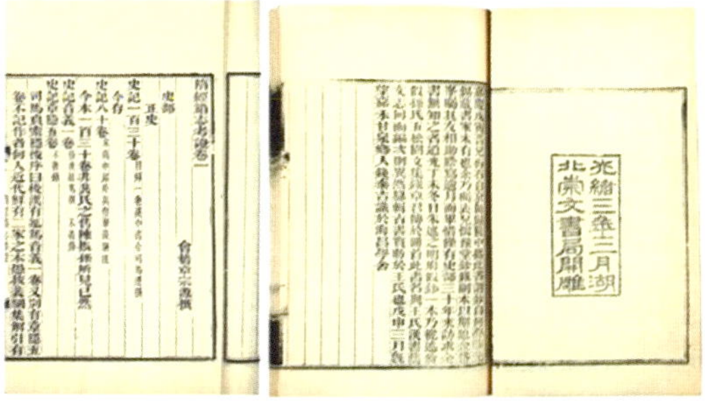

《隋经籍志考证》清章宗源撰，清光绪三年（1876 年）湖北崇文书局刻本

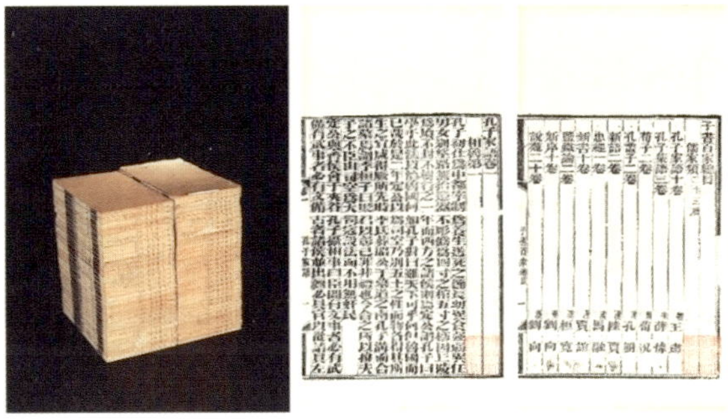

《百子全书》

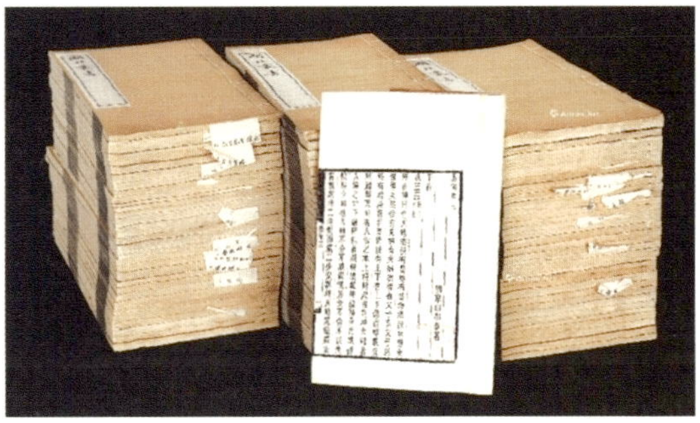

《湖北丛书》三十一种二百九十卷，清赵尚辅辑，清光绪十七年（1891 年）三余草堂刻本

（三）三大书院

中国的书院制度肇始于唐，兴盛于宋、元，持续发展于明，繁荣于清。从清雍正帝对书院态度由禁止到默许，再到给予经费支持的转变之后，各省、府、州、县兴办书院之风大盛，并由私学变成官学，湖北省城武昌亦如此，书院数量及其教学、学术成就和培养人才的质量均超过了前代。湖广总督张之洞为培养洋务人才，大力整顿旧制书院，光绪二十三年（1897 年），改制江汉书院，同治八年（1869 年）创办经心书院，后于光绪十六年（1890 年）在经心书院的旧址上，创办两湖书院，三年后，改为文高等学堂，亦称两湖大学堂，不久又改称两湖总师范学堂，规模进一步扩大，并逐渐与西方学制接轨。

两湖书院旧影

江汉书院、经心书院、两湖书院为晚清湖北省城三大书院，其中两湖书院成效卓著，与广东广雅书院并称“晚清全国两大书院”。历代书院皆有刻印书籍的传统，逮至晚清，印刷术的日益完善和普及，进一步推动了书院刻书的兴起。两湖书院虽是后起之秀，但“新刊之书为多，乃我国倡兴之前锋”，目前可知见的由两湖书院刊印的书籍仍有十余种之多。除上述三大书院刻书较多外，武昌勺庭书院亦卓有声望。据其督学薄有德在《勺庭书院记》中记载“余另镌《榕树藏书》，乃于城之东北，得废宅十余椽，以书价学金购之，为藏书所，以所刻书悉贮于是”，可知，武昌勺庭书院刻书品种、数量不在少数，可惜书院尽毁。

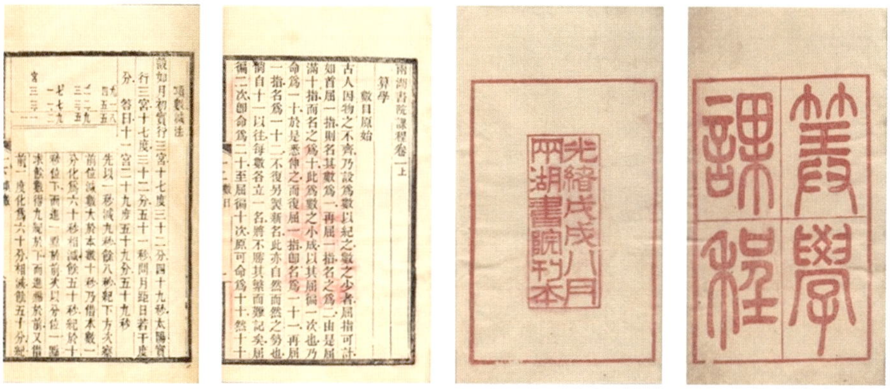

《算学课程》，光绪戊戌（1898 年）两湖书院刊本

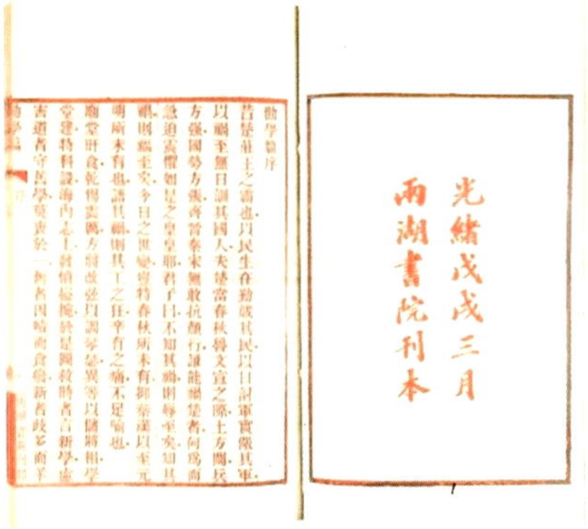

《劝学篇》上下卷，清张之洞撰，清光绪戊戌（1898 年）两湖书院刊本

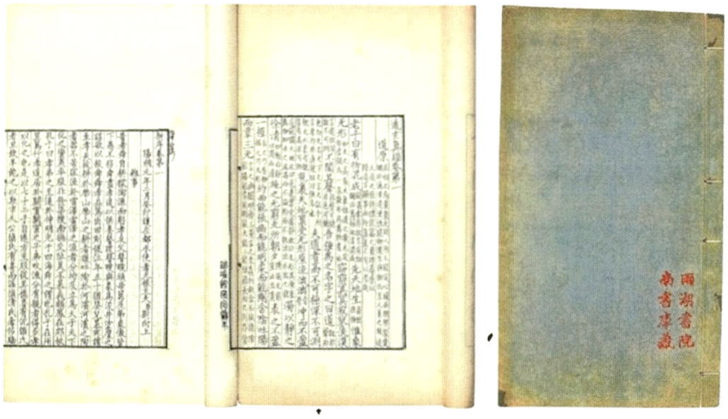

《铁华馆丛书》六种四十五卷

书院之名，本为藏书之所，其基本功能就是收集图书、教书育人。清代武汉地区书院藏书来源主要有四：一是公银购买书籍；二是政府官吏、社会贤达、文人墨者赠书；三是书院自刊书籍；四是书院自行采购书籍。可见，书院刻书，一举两得，既满足教习之需，又丰富本院藏书。书院大多专门设有藏书的地方，或称藏书楼，或称藏经阁，或称尊经楼等。从现有资料看，清代武汉地区书院有明确记载藏书的有武昌经心书院，储书万卷；武昌两湖书院，建立南、北书库，分储书籍。后两湖书院改办两湖总师范学堂，朱峙三云："堂内有南北两书库，藏书四万余卷，经、史、子、集均皆齐备，集湖北历届书院的藏书。"武昌勺庭书院，专有藏书之所监院厅，藏书四万余卷，为湖北历代藏书最多的书院，等等。书院藏书管理制度比较完善，如两湖书院建南北书库，定时晾晒，收发时立有章程，专派候选训导、候选盐使分掌书库并拨专款专用；《两湖书院章程》极为完备，素有重名。

第四节

西方印刷术传入与机械印刷业近代化

中国是世界上最早发明印刷术的国家。但印刷技术在经过西方工业革命的“洗礼”后又传入中国，却是从传教士出版《圣经》和宣传教义开始的。“不管以何种洗练的语言来表达，在传播人或有关神的知识上，印刷媒体显然要比其他媒体更占优势。作为加深理解的手段，中文书籍之重要性也许要比其他传播媒体还要大。”正是基于如此深刻的理解，传教士力图通过设立出版机构，印刷书籍报刊，“来影响这个帝国”，完成他们的宗教使命。

鸦片战争后，西方列强打开了中国的大门，以上海为桥头堡，沿长江而上，以华中重镇汉口、武昌为根据地，向长沙、岳阳、沙市、宜昌等区域中心城市渗透。西方传教士凭借列强不平等条约的庇护，在汉口、武昌等沿江城市设立教堂、学校、医院、出版机构等，印制出版宗教书籍，设报办刊，掀起近代传教士在武汉地区的出版高潮。

中文版《新约》运抵长江沿岸的情形

光绪二年（1876年），英国传教士杨格非在汉口江汉路花楼街仁济医院内设立“中国基督教圣教书会”，初名为“华中宗教书报学会”，后改名为“汉口中国圣教书会”。汉口中国圣教书会系华中地区最大的基督教出版印刷机构，也是中华信义会书报部的承印单位。初创时系木刻印刷，光绪十一年（1885年）始用铅字印刷。据光绪二十五年（1899年）统计，全国基督教新教布道散发的出版物有80%以上为汉口中国圣教书会编写出版。后应社会需要，也出版一般书刊。光绪十一年（1885年），苏格兰国家《圣经》出版协会在华中地区的代理人计约翰牧师在汉口创办苏格兰国家《圣经》出版协会书馆，命名为“汉口教会书馆”，拥有7台印刷机和其他先进的印刷设备，总计有3万余中文活字和英文活字字模，平时雇用印刷、铸版和装订工人70余人，业务最盛时雇工200余人。该印刷所主要印刷《圣经》、基督教传单和其他基督教读物以及一些通俗书刊等。19世纪80年代，美国基督教圣公会创办武昌文华书院，光绪三十四年（1908年）改为文华大学。它既属于传播宗教的教会学校，又堪称教授新知的现代学院。光绪十四年（1888年），设立武昌文华书院印刷所。同年，出版英文季刊《中国传教士》。光绪二十九年（1903年），经扩充后的文华书院出版社除出版宗教读物外，还用石印和彩色石印技术印刷新式教学用书。光绪三十二年（1906年），创办《文华学界》月刊。宣统三年（1911年）又出版英文季刊《文华评论》。这些刊物皆采用西方凸版印刷技术印制，并用凹版铜刻印刷技术印制精美插图。

在西方印刷技术和西方宗教印刷出版机构的影响和带动下，武汉地区印刷业蓬勃发展，并出现了近代化的机器印刷厂。光绪二十四年（1898年），湖广总督张之洞在武昌大朝街筹办“湖北官报局”，刊印官报，采用铅字印刷机，并派专员经营。是年，亚新地学社创办于武昌横街头，用两部手摇石印机印刷地图。此后，武昌邹氏舆地社曾用胶版（橡皮版）印制套色地图，“其机器颜料、纸张工匠，超过其他印刷数倍”。湖北官报局和亚新地学社的新式印刷方式，标志着湖北的印刷业已由传统印刷迈入现代印刷阶段。宣统元年（1909 年），湖广总督陈夔龙奏设武昌印刷局，在大朝街原有官报局内，增造厂房，添购机器，开办印刷官局，分官用、民用两种，承印学校课本，业务一度兴旺，盛时员工达 400 余人。尔后，武昌的星戈印书馆、永益印书馆和湖北省各州县的印刷厂也先后添置了石印或铅印印刷设备。

在华传教士采用西方铅活字印刷术、石印术，在印刷中文《圣经》和布道会小册子等宗教宣传品的同时，也出版了一些介绍西方先进科学技术、文化历史的书籍。在他们的出版物中影响最大的就是报纸、杂志，新式印刷技术也是在报纸和杂志的印刷中首先使用的。除报纸、杂志之外，教科书、工具书和连环画等新型图书形式也开始出现。

从鸦片战争开始，西方的传教士陆续来到武汉。他们在武汉创立出版机构，大量办报，出版书籍，这些出版活动在带来先进的机械设备和革新的出版理念的同时，也促进了出版技术的革新和近代出版业的形成，武汉的出版事业由此进入了一个崭新的阶段。伴随着传统书籍内容和形式的彻底改变，以此为基础的藏书文化也将受到势不可挡的冲击。

第五节

近代图书馆之诞生

光绪二十八年（1902 年），梁启超将“学生日多，书局日多，报馆日多”概括为晚清三大文化现象。“学生日多”，对书籍的需求量也加大，作为书院重要组成部分的书院藏书也得到了极大的发展，形成了前所未有的宏大局面。特别是书院在藏书量、收藏特色、院藏书目的编制及藏书管理制度的规范化等方面都超过前几个朝代。光绪二十七年（1901 年），政府下令将书院改设为学堂，省城设大学堂，各府和直隶州改设中学堂，各州县改设小学堂。于是，从唐朝兴起的书院至此结束了。清朝后期又是书院藏书楼开始近代化进程的时期，它从制度上将古代书院藏书楼与现代图书馆联系在一起。

清末新政时期文化教育方面的改革对近代公共图书馆的产生起了“催生婆”的作用。新政伊始，清政府即诏谕全国所有传统书院均改建为学堂。各省除在省会城市设立大学堂外，“各府及直隶州均改设中学堂，各州、县均改设小学堂”。光绪三十年（1904 年），清政府颁行了由张百熙、张之洞等重新修订的《奏定学堂章程》，制定了全国不同等级、不同类型的教育机构的规范和章程，不仅涉及全国各学堂建设规划，也关乎图书馆职能体度。《奏定学堂章程》规定：“大学堂当置附属图书馆一所，广罗中外古今各种图书”，并设“图书馆经理官。”这是第一次在官方文件中正式使用“图书馆”一词。《奏定学堂章程》的颁行标志着我国近代图书馆“官制”的初步确立。光绪三十二年（1906 年），清学部在进一步的近代教育体制内规范图书馆的官职权制，将图书馆作为一项官职职责纳入清政府职官建制和行政组织体系之中。随着学部于宣统元年（1909 年）颁行《奏报分年筹备事宜折》，我国近代图书馆体系建设开始步入轨道。伴随《京师图书馆及各省图书馆通行章程》的颁行，各省纷纷筹建图书馆，掀起了全国性的图书馆建设热潮。在这前后，湖北、湖南、陕西、甘肃、广东、广西、云南、贵州等官办省立图书馆陆续得以创建。至 1911 年辛亥革命爆发，至少有15个省建立官办图书馆，推动了我国近代图书馆体系的初步形成。武汉则是中国近代图书馆诞生地之一。1904年3月14日，我国第一所官办图书馆在武汉创立，稍后，第一所以“图书馆”正式命名的官办图书馆在湖南诞生。

清末《辛丑条约》的签订，使得有识之士深刻意识到亡国灭种的巨大威胁。改弦易辙，推行“新政”，便成为朝廷上下的自觉行为。其中，张之洞、端方所主持的“湖北新政”最为轰轰烈烈。相对而言，张之洞兴办工业和办学并重，端方则将办学视为第一要务，正如他所言“近年屡奉谕旨，均以兴学育才为急”。改革旧有书院，创办新式学堂，当时湖北教育在全国的地位，“近日中外教育家往往因过鄂看视学堂，半皆许为完备。比较别省所立，未有逾于此者”。

图书馆乃办学之产物。端方《学堂筹建完备折》所言均为办学情况，在汇报学校次第开办之后，端方郑重提及“创立图书馆一所”，是因创立图书馆乃为办学服务，“专□（编者按，该符号表示原文此处字迹模糊，辨别不清。下文同）古今中外有用书籍图画之属，以备学者浏览”。

端方创立的图书馆，位于武昌武当宫道院，其成立时间为光绪三十年正月二十八日（1904年3月14日），当日《湖南官报》刊《图书设局》云：“湖北武当宫道院从前本拟改为西路小学堂，现闻西路小学堂已附设文高等学堂内，该道院业经改为图书局，并委梁太守督办其事。”

光绪三十年六月廿二日（1904年8月3日）《湖南官报》刊《纪鄂省图书馆》云：“鄂垣图书馆前由端午帅派员在沪购买各种书籍并往日本购办之图书、标本、形模等件现由□员先后运鄂陈设，闻七月间即可开办。”又刊《图书馆开办》云：“鄂省图书馆前由端午帅派员购买各种书籍并往日本购办之图书、标本、形模等件现已先后运鄂，移至馆中陈设，尽月内可以开办。”

“图书局”即为图书馆，即为端方所创办的湖北省图书馆之雏形。以往研究成果，均以《图书馆开办》见报日期作为湖北省图书馆成立之日，是将开放日期视为建馆日期，今以建馆消息即《图书设局》见报之日期取代之。如此，作为省级图书馆，湖北省图书馆不仅成立最早，而且开放最早。

光绪三十年二月十八日（1904年4月3日）张之洞回任湖广总督，端方卸任。图书馆虽然开办，但仍旧无法满足学堂所需，有鉴于此，张之洞遂决定设立学堂应用图书馆。光绪三十年九月十日（1904年10月19日）《湖南官报》刊《武昌图书馆并合》云：“张宫保现以各学堂之图书标本资料均不完全，欲各办一份则经费支绌，不得已乃将端中丞在鄂所创之工业厂改为仪器图书馆，广购东西洋书籍图画标本资料，以供各学堂实验之用。而校外研究家亦可入馆参考。前设在武当宫之图书馆即与此合而为一，以免分歧。”

武当宫图书馆和仪器图书馆合并，这一举措的结果，便是学堂应用图书馆的设立，馆址位于兰陵街西侧。端方创办武当宫之图书馆的初衷是服务学堂，张之洞则将端方所办图书馆合并扩大，改立学堂应用图书馆，目的更是如此。学堂应用图书馆主要为学堂、学生及教员服务，仅允许校外研究者入馆参考。

光绪三十年十月八日（1904 年 11 月 14 日），学堂应用图书馆正式开馆。《图书设局》一文的刊发即武当宫图书馆的设立，标志着湖北省图书馆的诞生，而学堂应用图书馆的开放，则意味着湖北省图书馆的迅速发展。

光绪三十一年（1905 年），学堂应用图书馆扩建，随即迈出了对民众开放之第一步。据二月初三（3 月 8 日）《湖南官报》刊《鄂垣图书馆扩充》云：“鄂垣兰陵街所筑劝业场，改为学堂应用图书馆，开办以来，学界以外，人皆未得窥内容，今年拟大加扩充，准人游览，并价购左近民房十余间，饬□照洋式修葺，专储儿童教育品物，以启智慧，并加名曰豁蒙室。”

至光绪三十四年（1908 年）初，因兰陵街西侧馆舍不敷使用，湖北省图书馆迁入兰陵路东侧之博文书院。谈锡恩写道：“馆址在武昌兰陵街，前清时为博文书院，经湖广总督张之洞向西人巴修龄（博文书院创办人）交涉，以宾阳门外地皮调换，收书院为省有，即以之创建省立图书馆。先后将各学堂遗存书籍，集中储藏，尚称丰富。”

1908 年武昌兰陵街馆舍外景

总而言之，中国省级公共图书馆之中，湖北省图书馆不仅最早开办，且最早开放。早期湖北省图书馆，不仅藏书数量长期雄踞同列第一，且其藏书及阅监章程常为四方取则之对象。

清末省级图书馆建设在省府，由于图书馆主要职能为“保存国粹，造就通才”，所以尽管已经注意到藏书的利用问题，但传统藏书楼的痕迹还十分明显，图书收藏仍是图书馆的主要职能，利用藏书受到不少限制，服务对象尽管原则上是对广大民众，但是实际上主要还是为传统文人服务的。

02

第二章

民国时期　潮起与潮落

公共图书馆是各类型图书馆中最为重要的一种。在世界大多数国家中，公共图书馆不但是数量最多、服务面最广、藏书量最为丰富的图书馆，而且也是最受社会和公众关注的图书馆。从世界范围来看，从古代图书馆向近代图书馆跃进的时期，都会产生一个“公共图书馆运动”。最早这一运动在英国发生，美国后来者居上。中国则是在20世纪初发生这一运动的，可以说，1904年中国第一批公共图书馆的诞生，拉开了中国近代图书馆事业史的序幕。1908—1910年省级公共图书馆的成立达到高潮，此期间成立的占75%，年均成立5所，这种创建省级图书馆的速度，在世界上也是罕见的。但是这一运动并不是按英美等国创建公共图书馆的宗旨创办的，而是带有明显的藏书楼痕迹的产物，只有在进入“新图书馆运动”以后，并在形成高潮期间，中国图书馆事业才真正全面地从传统藏书楼转向近代图书馆。而武汉无疑是这场席卷全国且持续二三十年之久的“新图书馆运动”的策源地和中心区。

第一节

创始：韦棣华和文华公书林

19世纪末20世纪初，西方传教士在传播西方宗教思想的同时，也最早在中国创办了第一批基督教图书馆，为古老的中国带来了近代图书馆模式。比较著名的图书馆有：1847年建立的徐家汇天主堂藏书楼，1849年建立的工部局公众图书馆，1871年建立的亚洲文会北中国支会图书馆，1894年建立的圣约翰大学图书馆，1901年建立的格致书院藏书楼，1910年建立的文华公书林。第一批基督教图书馆建立后各具特色，其中圣约翰大学图书馆后来成为中国境内规模最大的大学图书馆之一；格致书院藏书楼以中国古籍和中文译著为主，是专为华人读者开设的图书馆；而文华公书林一经对公众开放，更具有“公共性”，故被著名教育家蔡元培先生称为“文华公书林于众图书馆中，乃知老成先进，弥乎众望”。

美国近代女图书馆学家韦棣华

坐落于武昌昙华林的文华公书林，是我国最早按美国图书馆模式建成的一所开放式的图书馆，也是我国第一座真正意义上的公共图书馆。其创建者系旅居武汉的美国人韦棣华女士，她是著名的中国公共图书馆奠基人之一，被蔡元培先生称赞为“裨补学界，有潜滋暗助之功，正吾人所当感谢者”。

1871年10月2日，美国圣公会的主教威廉斯为纪念其兄长、美国圣公会首位来华主教文惠廉，于武昌横街头创立了“Boone Memorial School”，1873年取中文名为“文华书院”，文华者即文教士在华传教之简称，又与中文“文章华国”暗含，可谓中西合璧，恰到好处。

1899年11月，正值武汉初秋时节，39岁的韦棣华从纽约来到武昌，探望在此传教的弟弟韦德生。后在韦德生的推荐下，进入文华书院担任英语教员。来华之前，毕业于美国波士顿西蒙斯女子大学图书馆学专科的韦棣华，已在里奇蒙德图书馆工作了近10年。在文华任教不久，韦棣华便发现学校书籍极为缺乏，出于图书馆工作的职业本能，遂将校园内的“八角亭”开辟成“报房”，意即阅报室，陈列外文报章杂志，供学生课外阅读。后向美国妇女援助会和教会期刊俱乐部募集书籍和款项，形成了最初的馆藏。1903年文华书院改制时，定名为文华书院藏书室——此即文华公书林的雏形。藏书室在文华校园内的大受欢迎，进一步触发了她在中国建立“一所可以真正地被称为公共图书馆的设置”“一所不仅供学生用，也供大众用的图书馆”的信心和勇气。

文华公书林之雏形八角亭

韦棣华虽然是一名虔诚的基督教徒，但是她的来华，并未负有传教的使命。鉴于韦棣华依托教会做出了卓有成效的工作业绩，美国圣公会于1904年任命韦棣华为世俗传教士。

1906年文华书院开始准备扩建成大学，于是韦棣华亲自策划，并向学校建议设立一所图书馆。为此，是年底，在阔别7年之后，韦棣华首次返回美国，开始了长达18个月的准备工作。不久，她在1907年1月的《差会的精神》杂志上发表了《为了在中国中部建立一所基督教的图书馆》，发出了“我们请求你们给予我们帮助来使我们的梦想得以成为现实，在华中地区出现一所基督教图书馆的呼吁”。文中除了提出建立这座图书馆的必要性和迫切性之外，还具体地提出了拟建立的这所图书馆的规模和所需款项。同年5月，她又在美国图书馆协会（ALA）第29届年会上宣读了《在一个中国城市的图书馆工作》的论文，介绍了她在武昌的图书馆工作的情况，并进一步阐述了在中国创设图书馆的必要性和可行性，第一次将中国图书馆情况向美国图书馆界做了介绍。在她的努力下，此次大约获得了一万美元的捐款和赠书。

1908 年夏，韦棣华从美国归来后，即着手图书馆的工程建设。1909 年 5 月，文华书院正式更名为“文华大学”。图书馆于 1910 年春落成，时“崇楼杰阁，馆址颇为壮观；中西书籍，虽不敢说搜罗宏富，也可算规模粗具”，正式取名为“文华公书林”，寓意“公之于众，而非文华独有”。韦棣华始终坚守这一点，直到逝世前，所立四项遗嘱中，首项便强调“文华公书林不作为华中大学（1924 年文华大学改组为华中大学）图书馆，必须保持独立，为民众服务”。因而文华公书林被誉为“武汉三镇各机关、各学校、各人士皆得而应用之公共图书馆也”。

文华公书林侧面

1930 年武昌私立文华图书专科学校（简称文华图专）建立时，韦棣华在华从事图书馆事业已有 30 余载。一年后，病逝武昌，享年 69 岁。“女士来华服务已三十年。初十年任教职于文华大学；十年后创办文华公书林；二十年后创办文华图专。女士一生志愿，在辅助中国，发扬文化。其首先着力之点，为图书馆事业。欲发展图书馆事业，首在人材之养成；故创办图书科以为根基。对于办理之人，则先期补助沈祖荣、胡庆生两先生留学美国专学图书馆学以便归国办理。对于经费则中外奔走，劝募维持；辛苦备尝，十年一日。其坚韧卓绝，远思长虑之精神，不可及也。”毛坤先生于 1930 年对韦棣华女士奉献中国图书馆事业的这段概括和评价可谓精当。

“文华公书林建筑巍峨、书籍繁富，固可云中国最早之新式图书馆也。”这座号称“十万元之建筑，三万册之图书”的文华公书林，左右两端的横檐上分别镌刻着“仰之弥高钻之弥坚；博我以文约我以礼”的横联；正中是“智识诸宝咸蕴基督”。体现着韦棣华作为

"世俗传教士"的宗教情结，更体现了她"智慧与服务"的图书馆精神与宗旨。

20 世纪初，图书馆仍是个新鲜事物，普通民众没有利用图书馆的现代意识，更没有去图书馆阅读的日常习惯。建成之初，在引起了短暂轰动之后，文华公书林不得不面对读者寥若晨星的困境。为了达到"人人皆能读其所当读之书"的目的，文华公书林举办文化展览，组织名人讲演，发展读者队伍，扩大阅读指导的服务范围，如此打开局面，实属不易。

在韦棣华的主持之下，文华公书林完全按照西方新式公共图书馆模式办理。"每日纵人阅览，不用券，不取资"，一举打破"酌取阅览费"的传统模式，并且"将文华大学的中西文图书期刊公开陈列，凡武汉地区各机关、学校及一般民众均可使用，同时打破旧式束之高阁的藏书楼观念，采取开架式供人阅览"，这在当时中国是绝无仅有的。然直到 1928 年，湖北省图书馆才结束"酌取阅览费"的历史，实行无偿阅览。正是在这样的阅览规制下，文华公书林的阅览量始终居于湖北公共图书馆之首。

为了更好地实现图书馆的功能，方便更多的读者阅读，文华公书林采取了灵活多样的服务方式。在依托本馆的基础上，分别在校外的圣迈克尔氏教堂和三一教堂设立了阅览室，前者主要为该教区的民众、学生和士兵服务，后者则主要为商人服务。

到 1914 年，韦棣华女士又采取了一种更为有效的服务方式——流动服务图书馆，文华公书林率先实现"巡回文库，将各种适用书籍，每五十册至一百册，装箱分送各欲借书学校机关陈列，以便就近阅览"。近代的巡回文库是为了打破图书馆物理边界的局限，拉近读者以及潜在读者与图书馆的距离，定期或不定期地将图书运到馆外的固定地点以便借阅或者直接送书上门的一种服务方式，也被称为"流动图书馆"。伴随着对现代图书馆服务于民思想的传布，巡回文库的服务，以文华公书林为中心，在武汉三镇逐渐展开。"在民国 15 年（1926 年）时，有二十三处，不特是武昌城内学校，就是附近的各地的学校、团体，以及远道邮便所在，也有巡回文库的往还"。据沈祖荣回忆："流动图书馆不仅把书送到政府机构和教会学校，而且也把书送到公共机构中去，像汉阳钢铁厂、粤汉铁路、扬子江工程公司等。有时公书林还服务到更远的地方：岳阳、九江、宜昌、南昌、上海、开封、西安和北京等。流动图书馆有时全是英文书，有时全是中文书，有时是中、英文书各半。"据 1932—1933 年的文华公书林巡回文库调查表显示，巡回文库借户已增加到五十七处。到 1936 年，巡回文库的规模发展到"共有一千二百余册书，各类都有相当而平均的数目"。

此外，文华公书林还重视文化的普及和阅读辅导工作，通过举办“妇女识字班”“儿童竞读会”等活动，以满足社会各阶层人士的需要，特别是底层民众的需求，充分体现了文华公书林“服务于众”的积极宗旨。在巡回文库流动书籍的选择上，也更多地考虑普通民众实际的文化水平以及阅读兴趣，选取了大批的人文社会科学类图书，如小说、游记、传记等书籍。

1921 年春，文华公书林举行扩充改造奠基，1922 年 1 月 18 日扩充改造工程竣工。扩充改造之后的文华公书林比原来扩大了三分之一。其后于 1924 年间“还经过一次再修改，是在文华公书林内添设阁楼，并加做内部装修”。其内部布置是：“一楼设办公室、专用学习室、教室、藏书室、普通阅览室、参考书和期刊阅览室。楼上设有公共阅览室、两间展厅、一间名为‘司徒纪念厅’的礼堂——这是为了纪念奥利维亚 · P. 司徒而设的——可容纳 1000 人就座。”到抗战前公书林的中外文藏书已达 44560 册，其中中文书籍为 11300 册，外文（主要为英文）书籍为 33260 册，基本流通的中英文书籍达 30080 册。此外，还建有若干特藏，其中“韦氏参考书专藏”“罗公瑟士纪念室西文汉学专藏”以及“孙公纪念室商学专藏”等在远东地区是独一无二的。图书馆学专业书籍包括中文书籍 700 册，英文和其他外文书籍达 18000 册，这在国内也是绝无仅有的。

扩充改造后的文华公书林

然而令人遗憾的是，曾经辉煌一时的文华公书林，在 1938 年武汉沦陷后被日寇侵占，其所藏 4 万余册书刊损失殆尽，其典雅的装饰被彻底破坏，其先进的设备被掠夺一空。抗战胜利后，又为先期迁回武昌的华中大学所占用。文华公书林从此失去了其公共图书馆的职能。

作为近代中国第一座新式公共图书馆，文华公书林为我国新式公共图书馆建立起到了示范、导引和促进作用。它破除了中国传统的私人藏书楼思想，将图书馆打造成为启迪民智的重要文化机构和服务民众的社会事业，从而开启了中国藏书楼走向近代图书馆的进程。

正如沈祖荣所说的："文华公书林是一座纪念碑，纪念着韦棣华女士在中国辛勤工作的三十年。……自 1910 年文华公书林开办以来，韦女士坚持于服务，不仅面向华中大学、文华中学和文华图专等不同单位的师生，而且面向武汉三镇的学者和普通民众，甚至更大范围。为了在现代图书馆学各个方面以身作则，为了将图书馆发展成为社会学习中心，图书馆制定了许多制度，如流通图书馆、图书点、分阅览室、图书采访、馆际互借、公共讲座、流动图片展、音乐会、图书馆示范讲座、戏剧表演、福音传道会等。韦女士的努力非常有价值，并得到了承认；更重要的是，得到的直接的和间接的成果，即时的和长久的效用，我们已经难以估计了。"

第二节

序幕与高潮：沈祖荣与“新图书馆运动”

以1917年为标志中国近代图书馆进入了一个新的历史阶段。这一年，除了标志着中国“新图书馆运动”的开始，同时也标志着中国第一代职业图书馆学家正式登上了图书馆舞台。标志性的人物与事件即是沈祖荣赴美学习图书馆学业归来，并于当年作了关于图书馆事业的演说。沈氏开宗明义地提出了“图书馆与藏书楼有别”的问题，在简单分析藏书楼的性质后，大量介绍了英、美、德等先进国家中有关图书馆事业的发展以及对图书馆事业的认识。他以其亲身经历，切身体会，谈论“图书馆与教育之关系”，认为图书馆的性质是“以开通民智、补助政教为前提”，由此揭开了“新图书馆运动”的序幕。

近代中国著名的图书馆学家沈祖荣晚年照

自近代以来，国内介绍国外图书馆者不可谓不多，从林则徐“放眼看世界”起，到洋务运动、戊戌变法以及20世纪初期的孙毓修、顾实等。但是，沈祖荣先生在1917年的讲演不同于以往诸多非职业图书馆界人士以及没有出国专攻本专业人士的浅层次的、泛泛而谈的、有的甚至是隔靴搔痒式的介绍，而是在深深地了解了国内外发展的不同，包括思想、学术、实体、读者、读物、政策、馆员等各方面，并在此基础上经过深入思考后推出的观点，被严文郁形容为“西洋图书馆学流入中国之先声”。

首擎“新图书馆运动”宣传大旗的沈祖荣，1914年夏受韦棣华女士的资助和派遣，赴美留学，专攻图书馆学。1916年7月又以优异的成绩获得了哥伦比亚大学理学士学位，成为中国历史上获得图书馆学学位的第一人。为了教育救国，回国后，沈祖荣先生依然决定供职于文华公书林，以宣传、倡导“美国图书馆事业”为己任。“1917年至1919年间，沈祖荣先生携带着各种影片、模型、统计图表等，奔赴全国各地，猛烈抨击藏书楼的陋习，广泛宣传图书馆的功用……”其足迹遍至湖北、湖南、江西、江苏、浙江、河南、山西等。虽然最初若干年的进展十分缓慢，但是这是一个令人窒息而又令人期待与憧憬的宣传期。

沈祖荣先生与夫人早年合影

正如沈祖荣所认识到的“欲推广图书馆事业，务必在中国组织培养人才之机关，将来学业有成，可以充图书馆之应用”。1920年5月1日，韦棣华在沈祖荣、胡庆生的协助之下，仿照美国纽约州立图书馆学院制度，以文华公书林为依托创建了我国第一所图书馆学教育机构——文华大学图书科，开图书馆学教育之先河。同年开始招生，毕业年限规定为两年。1922年，中国自己培养的图书馆学专业人才开始步入图书馆界，“其学员分别在厦门大学图书馆、上海商务书局图书馆、北京政治学会图书馆、北京协和医学图书馆、燕京大学图书馆、清华学校图书馆任事”。至此，“新图书馆运动”开始有了转机。

1924年，美国决定把庚子赔款退还中国用于文化教育，韦棣华女士要求管理这笔钱的“中国基金会”资助图书馆事业。为了确定在中国建立图书馆的实际需要，她请美国图书馆协会派代表来中国进行实地考察。应韦棣华的要求，美国图书馆协会于1925年4月26日至6月16日派美国前任图协主席、圣路易斯图书馆馆长阿瑟·E. 博斯特维克到中国进行了七周考察，提出了一个发展中国图书馆及其教育需要的资金报告。根据他的建议，基金会拨出50万美元建立七个图书馆，包括北京的国家图书馆及其四个分馆、其他六个城市的示范图书馆以及资助文华图专发展图书馆学教育。

1924年，以各个地方成立的省市图书馆协会作为基础，在退还庚子赔款用于图书馆事业事件的鼓舞下，加快了成立全国性的图书馆协会的步伐。1925年4月22日至25日，“中华图书馆协会”成立大会在上海召开，韦棣华女士在成立大会上发表专题演讲。6 月 2 日，中华图书馆协会在北京举行了正式成立仪式。中华图书馆协会的成立，标志着“新图书馆运动”达到了高潮。从此，中国开始由以宣传现代图书馆为主的“新图书馆运动”转入建设新图书馆事业的高潮。“一方参酌欧美之成规，一方稽考我先民对于斯学之贡献，以期形成一种合于中国国情之图书馆”的“新图书馆运动”，是中国近代图书馆史上的一场启蒙运动，在中国图书馆界的历史地位，可与“新文化运动”在中国的历史地位相类比：首先，在近代中国确立了美国式的图书馆事业发展方向，并对美国式的图书馆理念与方法进行了本土化改造，使现代图书馆学在中国得以建立；其次，催生了以文华图专为代表的图书馆学专业教育机构，而文华图专等教育机构的成立又促进了我国图书馆事业的发展和图书馆学理论研究的开展；最后，图书馆事业作为民国时期教育事业的重要组成部分，切实起到了开启民智作用。

积极投入到图书馆事业的建设中，这是“新图书馆运动”一大特点。与晚清相比，民国时期引领图书馆事业发展的主角发生了很大变化，曾在晚清发挥过重大作用的五大群体——西方传教士、开眼看世界的中国人、维新派、清末新政期间的中央和地方政府及清末地方士绅已纷纷退出历史舞台，代之而起的是教育部、中华图书馆协会和活跃在图书馆界的图书馆专家。教育部、中华图书馆协会作为领导机构和行业协会，其作用的发挥离不开图书馆学人的努力。

“新图书馆运动”中，我国产生了两代职业图书馆学家，首先形成的是中国第一代图书馆学家，出现了像沈祖荣、杜定友、戴志骞、李小缘、胡庆生等大师级的图书馆界人物，他们是“新图书馆运动”的主角，其中又以沈祖荣、杜定友、刘国钧和李小缘的成就最为突出。除杜定友毕业于菲律宾大学以外，其余清一色是从美国学成归来，接受的是欧美图书馆学的思想，故又称“留美的一代”。留美的第一代图书馆学家数量甚少，却是颇有能量的群体。特定的时代背景加上对图书馆事业高度的热情，使他们当之无愧地成为中国图书馆学的奠基者，成为跨越时代的成就卓著的图书馆学家。

所谓“文华一代”，是指1920年创办文华图专以后出现的图书馆人。在整个民国时期，图书馆事业的大部分人才都是文华图书馆学专业毕业的，他们不仅在国内图书馆事业中具有非常广泛的影响，在国际上也有很大影响，他们中在美国图书馆界有影响的人物有裘开明、桂质柏、查修、于镜宇（震寰）、童世纲、吴元清、汪长柄、岳良木、严文郁、徐家麟、王文山、顾家杰、徐家璧、李芳馥、曾宪三、房兆楹、徐亮、张葆箴、邓衍林、黄星辉。“文华一代”人数众多，有600余人。

1988年，程焕文首先提出“图书馆精神”一词，用来概括中国图书馆事业的前辈们献身图书馆事业，并且取得成就的“内在动力”。他认为这种精神大致包括这么几个方面：强烈的民族自尊、自信与自强精神；强烈的自爱、自豪与牺牲精神；大胆地吸收、探索、改革与创新精神；读者至上精神；嗜书如命精神。这种图书馆精神在民国时期图书馆学家的身上得到了淋漓尽致的体现。

第三节

建设与落幕：通俗图书馆、民众教育馆及图书馆部

纵观自鸦片战争以来至新文化运动中国进化的轨迹，第一期为器物层次变革，第二期为制度层次变革，第三期为文化层次变革。这三期变革皆由精英人物主导，参与主体缺少广大国民。“要拿旧心理运用新制度，决计不可能，渐渐要求全人格的觉悟”，意味着进入20世纪尤其是中华民国成立后，如何使国民觉醒，如何培养“新民”的问题凸显得更为迫切。

一言以蔽之，变革教育，培养“新民”实在是挽救危亡的要略。国人认识到此并付诸实践，从严复的“鼓民力、开民智、新民德”，到梁启超的“新民说”，再到陈独秀的“救国新民”主张，进而到晏阳初的“作新民”，可谓抓住了国运之根本。

民国元年，教育部设立社会教育司，明确规定“教育部置总务厅及下列各司：普通教育司、专门教育司、社会教育司”。社会教育司的职能，是面向普通民众设立各种文化设施和组织，进行普及性的社会教育，尤其强调通俗，其开启民智的基本意图很明显。1923年，中华平民教育促进会总会成立，以“作新民”为使命，倡导“凡是中华民国国民，无论男女贫富，只要他是在应受教育期内而未曾受教育的，或受过基本教育而缺乏公民常识的，都应领受平民教育”。南京国民政府成立后，在“唤起民众”的旗帜下推广民众教育。社会教育是民国时期除家庭教育、普通学校教育以外的，有计划、有目的、有组织的教育活动。通俗教育为社会教育的一部分，平民教育亦是社会教育的一部分，民众教育名理混乱，与社会教育名异实同。

“图书馆和教育有密切的关系，和社会教育更有关系。”“图书馆事业，是社会教育的一部分。它是比较别的事业更具体，更有永久性和独立性的一种社会教育。”“教育并不专

在学校，学校以外，还有许多的机关，第一是图书馆。”“现在的图书馆已经不是藏书的地方，而为教育的机关。”经过“新图书馆运动”的洗礼，这些由图书馆学人所倡导的观点，已经成为民国政府和社会各界人士的共识。

（一）短暂的通俗图书馆

通俗图书馆在民国初年属于通俗教育的一部分，归属于教育部下属机构社会教育司管辖。1915 年 10 月，教育部发布《通俗图书馆规程》，这是通俗图书馆制度化的基础，政府以制度的形式将图书馆建设列入整个社会教育规划中，要求各地政府设立通俗图书馆并面向普通民众开放。据 1916 年教育部对此作过的调查，全国公立、私立通俗图书馆已达 148 个，其中湖北省通俗图书馆数量最多，为 44 处；全年经费最丰，为 13800 元；藏书量最大，为 18000 册；每日平均阅读人次较多，仅省立一处每日阅书者平均 600 人。至“民国 15 年（1926 年）以前，计本市分设图书馆 5 所，备有图书报纸，以供民众阅览，除原在兰陵街一馆设有讲演部外，其余各馆均不讲演，亦无民众识字部”。

1916 年教育部调查各地区图书馆调查表（湖北省部分）

地名	书籍	阅览人数	成立年月
湖北	经部 507 种，32534 卷； 史部 713 种，22736 卷； 子部 635 种，21343 卷； 集部 621 种，15650 卷； 科学书 312 种，此外善本书 5 种	每月约 900 人	民国元年 （1912 年 10 月）

1916 年教育部调查各省通俗图书馆调查表（湖北省部分）

所属	图书馆数量	全年经费	藏书部数	每日平均阅览人数	备考
湖北	44 个	13800 元	18000 册	1800 人	省立一处规模宏大，阅书者每日平均 600 人

1916 年教育部调查各地区公众阅报所调查表（湖北省部分）

所属	图书馆数量	报纸种数	每日平均阅报人数	备考
湖北	103 个	16 种	50 人	省立 2 处，私立 25 处，余由公家筹办

（以上三个表格均录自《教育公报》1916 年第十期）

1918 年沈祖荣公布中国图书馆调查表（湖北省部分）

省别	图书馆类别	藏书卷数	每季阅书人数	书籍能否借出	馆长姓名	图书证券是否取资	每年经费
湖北	普通图书馆	中文 139369 册；日文 511册；西文 203册	计 1400～1500人	能借，本馆立有专章	杨寿昌	每券取铜元 1 枚	1464 元
湖北	武昌文华大学公书林	中文 1012 种，共 11771 册；西文 6704 册	7000 人	不用券，不取资	经理韦棣华，协理沈祖荣	每年 3500 元，购书及装订书费在内	—
湖北	武昌高等师范学校图书馆	中文 19680 册；日文 4355 册；西文 532 册	约 1600 人	除本馆及附属中小学教职员外，概不借出	由校长委员经理	不取费	无定额
湖北	武昌博文书院阅览室	中文 1678 册；西文 2257 册	1300 人	能借出	贾溥荫	不取费	百元

（录自《教育公报》第五年）

通俗图书馆在某种程度上对开启民智、增广民众知识、扭转社会风气，都有一定的影响，虽然在 20 世纪 30 年代，各通俗图书馆或被取消或并入公立图书馆，但其在普及教育中所起的作用是不容忽视的。

（二）民众教育馆及其图书馆部的兴起

1927 年南京国民政府成立后，以政府力量主导社会教育成为可能。1929 年教育部命令将全国的通俗教育馆改为民众教育馆，作为各级政府监督指导下对普通民众实施社会教育的中心机构。“民众教育馆是中国新兴的一种社会教育事业，也是中国特有的一种社会教育制度。它的性质，是一个综合的社会教育机关。它可以用多种方式和活动，去唤起民众，组织民众，训练民众。”1932 年南京国民政府颁布的《民众教育馆暂行规程》规定，各地民众教育馆可设立阅览、讲演、健康、生计、游艺、陈列、教学、出版等八部门，其中阅览部办理书籍、杂志、图表、报纸的阅览以及巡回文库、民众书报、阅览所等事务。1935 年又发布《修正民众教育馆暂行规程》，以教导、阅览、健康、生计、事务五组取代八部，其中书籍、杂志、报纸、图表、标本、模型馆内之阅览及馆外之借阅以及办理巡回文库、各种展览会等属阅览组。从南京国民政府成立到抗战爆发这一时期是民众教育馆及图书馆部繁荣发展的时期。

1929 年 7 月，湖北省教育厅特训令所管辖的各州县通俗图书馆及讲演所一律改为通俗教育馆，据《湖北省省县市通俗教育馆概况总述（一九二九）》记载：“昌毂奉令长鄂教育（注：昌毂即一九二九年六月到省任教育厅厅长之黄昌谷），见社会教育之不振，民众智识闭塞，乃毅然决然增加义务教育经费，扩充民众教育，将原讲演所与图书馆统改通俗教育馆，酌量地域之繁简及民众之需要，区分三等”，“一等馆至少须设讲演、阅览、编辑、游艺、平民识字五部以上；二等馆至少须设讲演、阅览、平民识字三部以上；三等馆至少须设讲演、阅览、平民识字三部。”故“原在兰陵街者，扩充为一等，馆内设编辑、讲演、识字、阅览、游艺五部，设馆长一人，馆员十一人，月支经常费一千一百六十元，并在新武昌路繁盛之区添设一等馆一所，原在粮道街之馆亦扩充为一等馆，又在宜昌、襄阳、武穴各埠创设二等馆各一所，二等馆较一等馆只少编辑一部，月支经常费八百二十五元。其他在省会者，依警区范围增设三等馆六所，每馆加委馆员一人，增设讲演部，月支经常费各二百三十元，并制订教育组织大纲暂行规程、办事细则、登记及任免各规程，以资遵守，又订通俗教育研究会、联席会及经费审查委员会各简章，以统一办法而联络情感；更修正预算书、考勤表、工作报告表，以备考照而资进行，每周委派循环视察，考查其情（勤）惰，并令各该馆职员按周填报工作报告表及讲稿，以定成绩之优劣；又凡遇各纪念日，举行宣传周，以阐扬党义，光大革命历史；至省外各县市亦促其增设。现查各县已成立通俗教育馆者，计通山等十八县共十九馆；已成立通俗图书馆者，有黄陂等十四县计十四馆；已成立通俗讲演所者，有武昌等二十四县计二十四所”。

1931 年，湖北省立实验民众教育馆成立，据《湖北省立实验民众教育馆之沿革、组织、建设、陈列品、图书、经费、重要章则和事业纪要（1931—1932）》记载：“馆设武昌城内兰陵街，初为湖北省立图书馆，其后另建新舍，改办宣讲所。民国元年，易名湖北省立模范讲演团，由教育司委任张难先为团长，嗣又更名湖北省立模范讲演所，于原馆之外，设有分所，委闵伯獬、蓝弥僧先后充任所长。民国 15 年（1926 年）秋革命军入武汉，遂由湖北党部接收，开办武昌市宣讲所，直隶于省党部宣传部。民国 17 年（1928 年）停办。翌年（1929 年）春，复由教育厅收办，称武昌通俗演讲所，嗣又改湖北省立第一通俗教育馆。适黄建中长教育厅时，改称省立第一民众教育馆。施因民众教育乃系新兴教育，其实施方法尚无成规可循，复于民国 20 年（1931 年）三月中旬，将该馆改办湖北省立实验民众教育馆”，馆址虽与省立图书馆毗邻，但事业目标，亦与图书馆不同，“录其目标如是：按民众之需要适足以改进人生观之图书则尽量搜集之；尽量搜集改进社会救济农村之图书或杂志；吸收及指导民众阅览书报以增进向学之兴趣。”

湖北省立实验民众教育馆成立之初，“现藏图书 6777 册，内有杂志 3112 册，依照王云五中外图书统一分类法，分为十大类，计总类 182 册……”，新购图书，逐次分类，编目之外，并另有非常时期教育论文索引之编制，刻正编制之杂志分类卡片目录。“计 21 年（1932 年）全年阅览者 38131 人。”

馆设阅报室 3 处，“订阅日报 20 份，计本埠（武汉）12 份、外埠 8 份，除每日陈列阅报处任人阅览外，并将重要处红笔圈点，以资注目。每日阅览人数在 140 人以上。且择重要日报数种，集至月终，汇订成帙，以供参考，计已装订者有 147 册，如遇有重要事件时，并编制索引，以便参考。备有汉口、上海、天津、北平大小报纸 20 份。”

除成人阅览室（普通阅览室）之外，还设有儿童阅览室，“备有儿童书报、儿童杂志、儿童丛书及儿童读物计 562 册，书报杂志任其取阅。丛书读物，依照阅书办法签名取阅。”为便利一般妇女增长知识起见，除特在儿童阅览室内开一妇女阅览室外，另编妇女阅读书目，便供取阅。

至 1936 年，据《五年来之湖北省立实验民众教育馆》（该文发表于民国 26 年《湖北民教》第一卷五期）记载：“本馆组织乃改分为宣传、编辑和实验研究三委员会以及事务、教导、辅导三部”。其中辅导部又内分陈列、图书、电影三股，其目标为“用巡回展览辅导，训练民众之研究与实验”，“利用图书为组织民众之研究与实验”，“利用电影教育予以组织及训练之研究与实验”。

除实行开架阅览、免费借阅等契合公共图书馆要求的规则，该馆图书股还实行颇有特色的读者阅读指导、巡回文库制度。

“对于阅览指导，多半做些纸面工作，在刊物登载几篇新书评介或是提要，我们认为这与民众阅览发生不了多大关系，所以我们注重口头上指导，凡阅览民众，凝思徘徊和东翻西找的，我都问他要看哪一类的书，然后介绍给他程度相当的书。如果他是无目的的，我就介绍新到的书给他看，这样既可以省得他翻查目录，并且也可以提起阅览兴趣。此外我们还有一个办法，也是一种阅览指导，就是新书陈列和中心陈列，这是随时令设施的工作，即如‘六三禁烟纪念日’就得陈列关于禁烟的图书，五月就陈列关于国耻的图书，诸如此类工作，月月都有。”

巡回文库共设三类：私塾巡回文库“原为六库，后扩充为十库，图书内容有各科教授法以供塾师之参考，有小学生文库供高年组学生之阅览，有幼童文库供低年级学生之阅读”；茶园文库“附设于本馆特约茶园内，许有三处：一为意福，一为湘斌，一为问津，除按日送日报两份，供茶客阅览之外，有民众读物百册，轮流巡回，每月更换一次”；公安局巡回文库“原系试办性质，是以先就与本馆毗邻之一分局试办，如结果良好，再求扩充，于其他分局。本文库于民国 25 年（1936 年）九月创办，图书内容除备普通常识之外，偏重于警察常识，定每月更换一次。于十月底收回，掉换新书。至于第二次换书，应在十一月底，辗转稽延，直至十二月中旬，仍未将书收回，查其原因，系因原有图书散失过半，无法收回之故……然以近日警察事务太忙，无暇顾及，以致图书散失过多，是以不得已暂行停办”。

不同于湖北省府武昌，自古为文化教育之中心，图书馆事业起步较早，实际上，直到 1929 年汉口特别市政府成立，直隶南京国民政府行政院，武昌和汉阳相继划出，汉口才有教育局，始将图书馆事业纳入社会教育行政。

据 1929 年《十八年度社会教育设施概况》记载：汉口特别市政府教育局未成立以前，仅工人学校 7 所及图书馆 3 所，“虽有几个通俗图书馆，然只能供识字的阅览，而不识字的，不能过而‘问津’”。1929 年 7 月，汉口特别市政府教育局成立，一年以来致力于“社会教育”，主要工作如下。其一，“即设置民众阅报牌七十座，使民众在休闲时间随时浏览，灌输一切公民知识，引起民众关心国事之兴趣。惟本市地面辽阔，人口众多，区区七十座阅报牌，实不足以应民众之要求，故特添制四十座，已调查适宜地点分别设置。”其二，“暂时成立民众茶园五所，特一区三码头谈笑楼改为第一民众茶园，中山马路生成里口味春茶楼改为第二民众茶园，硚口正街同德茶楼改为第三民众茶园，河街集家嘴怡心茶楼改为第四民众茶园，汉阳东门外码头改为第五民众茶园。”每园皆设：民众问字处，教读字句并解释字句之意义，代作书信、对联或契约等；书报阅览部，选择最有益之通俗图书，指导民众阅览，将每日报上重要消息，在揭示牌公布；民众游艺部，唱演有益民众之歌词戏曲，举行小规模之音乐会或游艺会；通俗讲演部，举行总理纪念周，举行各种常识演讲，举行党义演讲。其三，“接收由湖北省政府移交的通俗图书馆七所、讲演所一所，酌量分配，四馆改为民众教育馆，余三馆仍为通俗图书馆。复在汉口观音阁文庙、中山公园以及汉阳晴川阁新设三馆，共为七馆”，馆内设有图书、讲演、博物、游艺各部。

1930年，汉口特别市政府教育局改组民众教育馆，据民国19年（1930年）8月的《新汉口市政公报》记载：民众教育馆原为七所，汉口五所、汉阳二所，后以汉阳区划归省府管辖，乃将该区民众教育馆二所裁撤。嗣因教育部规定社会教育经费，只能占教育经费百分之二十，复裁撤二所，并将未裁之“第二”“第七”两个二等馆，改为三等馆；第七馆名称，改为第三馆；其未变更者，只有第一馆。但各馆内部，亦均尽量缩小，将该项经费移挪作学校教育经费。兹将现有民众教育馆内容列表于下。

汉口市民众教育馆一览表

名称	等别	内部组织	馆长姓名	地址	每月经费
市立第一民众教育馆	一等	图书部 博物部 讲演部 游艺部	李之□	观音阁文庙	955元
市立第二民众教育馆	三等	图书部 讲演部	丁任	中山路永康里	565元
市立第三民众教育馆	三等	图书部 讲演部	王治揆	中山公园	565元

（录自1930年8月出版的《新汉口市公报》）

是年冬，“中山路之第二馆又因房舍问题停办，因此本市之民众教育馆，只有观音阁之第一馆，中山公园之第三馆，巍然并存。”1931年，又据《第三民众教育馆改民众图书馆》（该文发表于1931年《新汉口市政公报》第二卷第六期）记载：“刘市长兼代教育局长后，以本市失学儿童日众，决将社会教育经费再事酌减，移充学校教育经费。因又将中山公园之第三馆改为民众图书馆。查该第三民教馆，原系三等馆，月需经费565元，改为民众图书馆后，月只需经费135元，每月可节省430元之谱。此次节省之经费，拟即移作开办学校之用，俾容纳一部分之失学儿童云。”后又将观音阁文庙的市立第一民众教育馆改为汉口市立实验民众教育馆。

汉口市立实验民众教育馆的工作门类繁多，1936年已内设宣传组、教育组、阅览组、康乐组、陈列组等。阅览组分二室：阅书室、阅报室。“阅报室现备有全国各埠大报46种、小报18种，任人翻阅，月终分别装订成册，以供阅者参考，每日阅报人200余人。”“阅书室内存有图书7000余册，杂志两百余种，儿童图书1000余册，阅书室门首置木牌两块，一为介绍新到书目，一为介绍新书内容，以引起阅者之兴趣，并举行‘卫生’‘防空’‘军事’等中心阅览，每日阅览人数常在300人以上”。另设儿童阅书室，“每周将儿童书籍分成三组，按组将目录书名悬挂，按目陈列，每日阅览儿童全日计算在200余名”，又“新制儿童阅书大圆桌一乘，陈书其上，儿童围桌而观，可容五六十人，管理者位于圆桌之中，管理指导，均极方便，星期及例假，则平均在200人以上”，且“每周定中心阅览，复将全部书籍，依其标准，统行更换一次，每届月终，举行阅读比赛一次，择其优者，酌给奖品，以资鼓励”。还购置普及教育车，“此车为郜爽秋发明，车身小巧，功用繁多，本年九月实行流动全市，并于宗关码头、一码头、大智门铁路、刘家庙等地设立施教处，其工作有七种：（1）巡回讲演；（2）流动展览；（3）民众诊断；（4）代笔问事；（5）书报阅览；（6）识字教学；（7）各种娱乐。此项工作实施，颇有成效。”

20世纪初“新图书馆运动”给图书馆事业的发展带来了新气象，又与民国政府提倡社会教育、普及图书馆相耦合，各省市新设大量民众教育馆，加上民众教育馆内设置的图书部以及公共图书馆，1936年全国拥有图书馆的数量为1925年的10倍，是1916年的17.7倍，较之1931年，数量增加了67%，职员增加了73%，经费增加了76%。然抗日战争的爆发，使中国图书馆事业遭受了极大的破坏，民众教育馆及图书馆部大幅萎缩，“新图书馆运动”随之结束。抗战胜利后，随着内战的爆发和国民政府的迅速崩溃，民众教育馆及图书馆部、公共图书馆终未能得到恢复和发展。

总而言之，“新图书馆运动”发轫于逊清，但配合新教育制度而谋普遍发展则在民国以后。在20世纪二三十年代，中国出现了前所未有的图书馆事业建设高潮，无论是从范围、规模还是到专业人员、业务发展等方面，都在当时社会、文化的大背景下轰轰烈烈地展开，惠及全范围的各类图书馆。它是晚清以降，社会上普遍存在的希望通过教育这条途径达到救国富国目的的一种反映。而图书馆作为推行社会教育的重要机构和场所，被认为有助于“启民智”“伸民权”“利民生”，因此宣传图书馆、普及图书馆的活动逐渐在社会上形成了一个高潮。

民国时期，在诸多知识界、文化界、教育界人士的发起和推动下，在民国政府的多方支持下，旨在面向广大国民的社会教育持续进行了30多年。“作新民”“唤起民众”的社会教育思潮和运动给后世留下了一笔宝贵的遗产，图书馆、博物馆、科学馆等教育设施后来继续沿用，有关规程制度也是后来社会教育或成人教育的张本。成绩并非斐然，然绝不能谓之无用。

03

第三章

中华人民共和国成立初期　新生与坚守

随着国民政府的崩溃，民众教育馆结束了它的历史使命。各地民众教育馆相继被没收和改造成为新社会的文化馆和图书馆，民众教育馆图书部成为新中国图书馆事业的一个来源。随着 1949 年中华人民共和国的成立，百年来救亡图存、民族独立目标的实现，中国历史的主题转换为建设家园、追求富强。这样，整合社会教育，重塑新民的历史任务又摆在了面前。

1949 年以后，随着国家性质的改变，图书馆成了广大人民的科学文化教育阵地，图书馆向广大人民敞开了大门。图书馆界提出了“千方百计为读者服务”的口号。各类型图书馆，特别是公共图书馆加强了图书流通工作，通过“请进来，走出去”等方式，达到为广大人民服务的目的。同时，还开展了多种多样的图书宣传、阅读辅导活动，配合当时的各项中心工作，在提高人民群众的科学文化水平，活跃群众的文化生活等方面，做了大量工作，取得了一定成绩。

第一节

历史渊源

武汉图书馆的历史可以追溯到19世纪40年代，或许更早。1945年10月，武汉光复，汉口市立民众教育馆成立（前身为汉口市立实验民众教育馆），辟有书报阅览室一所，并附办中山公园图书室（于民国35年（1946年）奉令移交汉口市立图书馆），书籍很少，原接收时只8000余册，后经征集劝募，又于民国35年（1946年）汉口市府拨款添置一部分，总数差不多有9000册（民国36年（1947年）奉令移交市图书馆2000余册），所有的图书，经整理分类编号，逐日开放。分类是用图书分类学的方法，编号仍用分柜别号法，因为书籍不多，很容易管理，取书还书的时间极短，生手与熟手无异。兹将当时图书分类统计及流通百分比数附下表。

武汉图书馆老馆外观

图书分类统计表

图书类别	册数	百分比
总类	7	1%
哲学	48	2%
自然科学	113	9%
社会科学	600	7%
文学	220	6%
应用科学	71	4%
史地	130	5%
教育	84	3%
艺术	25	3%
丛书集成	3112	1%
四库丛刊	490	1%
万有文库	490	12%
小学生文库	383	20%
新小学文库	120	12%
新购图书	110	14%
总计	6003	100%

根据以上统计，民众最喜欢的书籍乃是浅显的民众读物，其次是自然科学与社会科学书籍。就1945—1948年读者身份分析，以军人、学生、商人为多，工人、农人最少，统计如下表。

读者身份统计表

年份	阅览人数						合计
	军人	学生	商人	工人	农民	其他	
1945年10月至1945年9月	3259	3172	2078	972	977	2916	13374
1946年10月至1947年9月	4387	4198	4235	1029	864	3978	18691
1947年10月至1948年9月	4929	5170	3687	862	929	3817	19394
总计	12575	12540	10000	2863	2770	10711	51459

（以上两个表均录自1948年10月11日出版的《汉口民教》复馆三周年纪念特刊）

据民国37年（1948年）十月出版的《汉口民教》复馆三周年纪念特刊记载：汉口市立民众教育馆图书室“除了开放阅览外，还办了以下的几项工作：（1）介绍新书及杂志内容，指导民众阅读；（2）征集地方文献，已征得‘汉口市日侨管理处’挂牌一块，并经说明日本投降及被管理之经过，留作历史文献，永远陈列；（3）组织读书会，鼓励同人进修”。“然图书阅览工作存在一个大的缺点，就是书籍很少，其中又大部分是古书，一般民众不甚欢迎，普通的民众读物为数寥寥，致令民众常感失望，报章杂志，本为民众所欢迎，而整个办公费，尚不够订五份日报，杂志更谈不上了。”

1946年5月，国民党“汉口市政府”（以下简称“市府”）着手筹建汉口市立图书馆，并委派“市府”参事程发轫兼代馆长，当即接收由市第二女中代为保管之日伪汉口市立图书馆遗留的图书3.5万册，同时接收日侨和敌伪遗留的图书1700余册，暂时存放在汉正街循道会内（日伪汉口市立图书馆旧址）。是年8月，“市府”委派龚孟贤取代程发轫为正式馆长。9月，觅得长春街73号为馆址，这是一座三开间两层楼房。10月10日，正式对外开放。先后开放了报纸、期刊、儿童、普通等4个阅览室，普通阅览室兼管外借工作。每个阅览室可容纳20至30名读者。每周开放6天，星期一例假休息。平均每天接待读者约120人次。全馆设采编、阅览、总务3个部门，职工13人。当时藏书仅3万余册，以线装古籍为多，其中有《四部丛刊》《四部备要》《二十四史》《图书集成》《皇清经解》《古逸丛书》等。而社会科学、自然科学及现代文艺美术书籍甚少。难怪当时的报端感叹道：“凡要研究‘之乎者也’……可以每天去消磨一下时间，如果要找‘原子弹’和‘雷达’的名字或研究‘B29超空堡垒’的构造，暂时可不必去，它会使你失望。”足见市立图书馆建馆初期之困境。

汉口市立图书馆成立后面临最严重的问题就是经费奇缺。开馆之前，经“市府”同意，在娱乐捐内拨助捐款107万元添购新书，但由于书价高昂，仅购得儿童图书43册，科学书籍83册，各种辞典13册，杂志250册，挂图8幅。

当时，每月购置费为10万元，而日报每月订价为3000元，因此除购置一些外埠报纸和杂志外，再无力添购新书了。稍微贵重一点儿的书，都得四处求告，另行申请专款采购。如1948年7月购买的《万有文库》，耗资1.9亿元，就是申请专款购买的。当年一共采购新书4240册，其中《万有文库》就占去4141册，一年中采购的其他新书仅99册，平均每月只买书8册，只能说是“聊胜于无”。

为了摆脱图书奇缺的困境，图书馆曾试图向社会劝募。1946 年底，馆长龚孟贤在电台发出呼吁，发起捐募 1 万册图书运动，但响应者寥寥，收效甚微。1947 年 9 月，龚氏又在电台作报告，呼吁市民："有书出书，或寄存，或捐献，都很欢迎!"但此次募得的图书和期刊总共只有 452 册，报纸 72 份。1949 年初，每月购书仍只有 20 册。

1947 年 9 月，图书馆接收市民众教育馆附设在中山公园内的图书室。11 月，将图书室扩建为汉口市立图书馆第一分馆。

1948 年 3 月，根据"市府"指示，接收"雨农图书馆"(由当时国民党党、政、军、警要人和社会各界人士为纪念国民政府军统局局长戴笠〔字雨农〕即而设立的，馆址在黄兴路 25 号)，改为汉口市立图书馆第二分馆，对外仍称"雨农图书馆"。此时，总馆及两个分馆藏书共达 5 万余册，职工 28 人。汉口市立图书馆虽经费拮据，却千方百计开展各种活动，以扩大社会影响。如 1947 年 10 月，为配合辛亥革命纪念日的宣传，举办辛亥首义文物展览，征集的展品包括黄兴、田桐、黄侃、吴禄贞、章太炎诸氏之墨宝以及当时有关照片，影响较大。是年的青年节和儿童节，在汉口市商会举办全市儿童书法及科学画片展览，科学画片展览展品有 1500 件。1948 年青年节，又在中山公园举办美术展览。

1948 年 11 月，为纪念孙中山诞辰，推动社会运动，举办了一次汉口市公立、私立中学学生论文比赛，分高级组和中级组，拟定统一赛题，分发各学校，由各校初选 3 篇优秀作品送交图书馆，再由图书馆聘请名家复审，获得前 10 名者均得到一份珍贵奖品，奖品是向全市各机关团体募集而来的。

1949 年 3 月，在江汉关（今武汉关)、火车站添设书报流动站，申请专款购置两辆三轮车，改装为巡回书库，每库配备图书 500 册，定期服务。

此外，还经常开展放映教育电影、举办学术讲座等活动。

图书馆馆址设在长春街，偏离市中心甚远，读者极感不便。为在市中心区觅取新馆址，颇费了一些周折。

1947 年 6 月，汉口地皮大王刘歆生的儿子刘敦铺等，向"市府"捐献刘园（刘家花园简称，位于现在解放大道江汉北路口东侧）旧址地皮 500 平方米及西式房屋一栋，作为教育用地、用房，"市府"旋即决定拨交图书馆作为新馆址。但该房为当时武汉行辕特务团一个连所占用，"市府"无力找营房换回，致长期拖延未能交付使用，较好的新址终成泡影。

1948 年 10 月，馆址从长春街 73 号迁至长春街 59 号。1949 年 2 月，又迁至林森路（今一元路）旧市府内。不到 1 个月，又由林森路迁至胜利街 255 号（四维路口）楼上，连书库在内，一共只有 4 间房。

1949 年 5 月 16 日武汉解放。同月，武汉市军事管制委员会文教接管部派员接管了汉口市立图书馆及其分馆，当时全馆藏书 53328 册，工作人员 20 人。后因未开展业务活动，仅留 3 人看守书库及家具，其余人员陆续调离。7 月，改名武汉市立图书馆，馆址未动。

1950 年 9 月，馆址迁至中山公园。10 月，龚孟贤再度被任命为馆长。1951 年 3 月，改名武汉市人民图书馆。1952 年底，馆址迁至中山大道 1209 号（原金城银行旧址，即今武汉市少年儿童图书馆），并改名为武汉图书馆，于 1953 年 1 月 11 日正式对外开放。

第二节

筹设组建

为了满足市民日益增长的文化生活需要，武汉市文化事业管理局在汉口区中山大道南京路口1209号，设立了武汉图书馆。1953年1月1日，正值元旦佳节，武汉图书馆首先开放了第一阅览室，而学习资料室及研究室仍在积极筹备中。第一阅览室布置得朴素整洁，有充足而又柔和的灯光，陈列的通俗读物、连环画、一般社会科学和文艺读物，以及各地报纸30多种、杂志112种，可供150个人同时阅览。

10天之后的1953年1月11日，武汉图书馆正式开放。第二天，即1月12日，《长江日报》在头版头条报道了它的成立：“武汉图书馆（在汉口中山大道原金城银行旧址）已于昨天（十一日）全部正式开放。这个图书馆是在中山公园内的前武汉市人民图书馆的基础上扩大而成立的。现有线装书籍十万余册，各种新书四万多本，比前武汉市人民图书馆的新书二万八千多册增加了将近一倍。而且馆址设在市中心区，对广大读者前往阅览极为方便。”并详细介绍了武汉图书馆的设施和结构：“现在共设有第一阅览室、第二阅览室、学习资料室、研究室及外借处等五个部门。第一阅览室设在二楼，已于元旦开放，截至八日，已有一万多读者前去阅览，其中以工人、机关干部及青年学生最多。这里面陈列有一般通俗读物、连环画、文艺、社会科学书籍及各种报纸杂志。室内布置整洁，地方宽敞，安置有一百五十个座椅，每个书桌上都装置有一至二盏台灯，人们可以在这里安适地阅读各种书刊。第二阅览室设在三楼，里面陈列有文学艺术、科学技术、俄文书籍及其他参考书籍，可容读者一百人。学习资料室是专供各机关团体学委会的人员使用的，现在里面陈列有学习马林科夫报告的各种参考材料。研究室设在四楼，有三间小房，每间小房里有铁床一张，写字台一张，并有舒适的座椅及沙发，光线充足，陈设简单整洁。这个研究室专供各机关首长、工程师、作家及教授使用，可以短期住宿，不受开放时间限制，并专门派了一个服务员，为从事研究的人员服务。外借处备有各种图书，在金城大楼一楼，从今天起开始办理登记手续，凡持有机关、团体介绍信的都可以在这里借书，每次可以借三本，两星期以内归还。”武汉图书馆开放时间，一律规定从上午十一时起到晚上九时止。正式开放第一天，前往阅览室的读者竟达两千人以上。

武汉图书馆开幕了，这是新生的武汉市民的一个喜讯。

人们奔走相告，在街上呼喊着：

“好，你听着：武汉图书馆开放了！”

“什么？你说的哪个图书馆？在哪里？”

“在中山大道，就是原来金城银行的房子改建的。走吧，瞧瞧去！”

耸立在繁荣的中山大道中段的这座巨大的文化建筑物，地区适中，规模宽广，藏书丰富，是广大人民群众最喜爱的文化场所之一，被称为“百万市民的精神粮仓”。据开馆半年来的约略统计，到武汉图书馆阅览的读者，已超过了 24 万人次。每天，在图书馆的两个阅览室里，读者大约有 1000 人。在外借处，每天有 300 册左右的书籍借到读者手中。

1953 年 10 月 3 日，《长江日报》热情赞扬了市民热爱图书馆的盛况——《武汉图书馆——百万市民的精神粮仓》：“实在很难想象得出我们的读者是如何热爱读书，如何如饥如渴地追求着知识。清晨，在图书馆大门还未打开的时候，门前就越来越多地来了许多读者，馆门一开，他们几乎是奔跑一般地拥了进来，好像和亲人久别重逢似的去阅读自己心爱的书报。晚间，当休息的时间到来，图书馆门上鲜明的霓虹灯已经熄灭，铃声已经敲响的时候，还有读者捧着书抢读最后几行，尽量利用着这离去时的宝贵的一分钟。”

第三节

读者工作

武汉图书馆诞生之初，“十四个干部，十一万册图书，这就是当时的全部‘家当’”。读者们热爱着自己的图书馆，支持着自己的图书馆。短短的10年时间，藏书增加了6倍多。社会人士捐赠的书籍达九千册，包括革命文献、古旧图书、地方史料、碑帖报纸等，其中有许多罕见的珍贵资料，如李伯刚捐赠的革命先烈瞿秋白所译的《无产阶级之哲学——唯物论》（1927年《新青年》版），恽代英所译的《阶级斗争》（1923年《新青年》版）都是极难得的早期革命译著。武汉图书馆收集、保留并利用图书报刊和其他出版物，以宣传马克思列宁主义，向劳动人民和青年学生进行爱国主义与社会主义教育，并使民众获得文化科学知识，动员广大市民积极进行社会主义建设。

武汉图书馆成立初期收藏的珍贵文献

以丰富的精神食粮供应读者，不断地增多书籍报章杂志，这只是武汉图书馆的一部分工作。除此之外，在八千余读者中，武汉图书馆的工作人员积极了解他们的文化程度和职业情况，了解他们的阅读水平和兴趣，并对他们进行书刊推荐和阅读辅导。武汉图书馆设置了

武汉图书馆老馆读者活动举办现场

“推荐新书”的书架和“最近到馆新书”的目录栏向广大读者宣传新书、介绍新书。运用各种方法推荐有价值的好书，如高尔基逝世21周年纪念日，武汉图书馆在普通阅览室布置了“介绍俄罗斯文学作品”的专题书架，陈列了高尔基传记和其各个时期的代表作，同时还介绍了俄罗斯其他文豪的巨著。特别是针对青少年读者，经常性组织故事会，指导他们阅读有益的、优秀的书刊，帮助他们从好书中获得知识，以培养优秀品质，养成良好的读书习惯和读书方法，提高阅读能力和分析能力。如暑假期间，利用大部分青年学生的休假，根据《中国青年报》所推荐的暑期读物，武汉图书馆在阅览室专门设立了一个“暑期青年读物陈列处”，并出版了《文艺书刊介绍》。这些工作，受到了广大市民读者的欢迎。

1956年，中央提出了“向科学进军”的号召。同年7月，文化部社会文化事业管理局在全国图书馆工作会议上提出了《明确图书馆的方针任务，为大力配合向科学进军而奋斗》的报告，明确指出图书馆事业有两项基本任务：一项是向广大人民群众广泛流通图书，传播马克思列宁主义，进行文化教育工作，以提高他们的思想、政治和文化水平；另一项是向科学研究工作者提供图书资料，促进科学的迅速发展。响应中共中央提出的“向科学进军”的号召，武汉图书馆加强了为科学研究服务的工作，取得不小的进步。

1957年初，为了向科学研究工作者提供必要的图书资料，作为武汉地区图书馆学会筹委会成员，武汉图书馆积极参与由湖北省图书馆、武汉地区大专院校图书馆和科学研究机关图书馆等20多个单位共同编制的期刊联合目录的文化工程。这个期刊联合目录包括1949年以前各图书馆所藏的中文期刊和1955年以前的俄文及其他外文期刊，共计收入5900余种期刊，分订为三卷：第一卷中日文部，第二卷俄文部，第三卷英文及其他外文部。

与此同时，1957年6月25日，武汉图书馆开辟的参考阅览室正式对外开放。这个参考阅览室藏书丰富，据不完全统计：藏有线装书十万册，1949年前后出版的中外文书籍五万余册，还有中外报刊资料数百种。参考阅览室的服务对象为中外专家、具有大专以上文化水平的工程技术人员、中西医生、中学教员、作家、报刊编辑与记者和机关干部。这些专家和专业工作人员在办理领证手续以后，不仅可以借阅参考阅览室和本图书馆各部门的库藏图书资料，而且还能通过参考阅览室向全国各大图书馆甚至是苏联列宁图书馆借阅图书。

举办训练班，对基层图书馆进行业务辅导，促进武汉地区图书馆事业的巩固、提高和发展，也是武汉图书馆的工作重点。到1963年，据统计“已有七百四十四个受过业务训练的骨干分布在全市各基层图书馆，他们成了武汉图书馆联系读者的重要桥梁”。

第四节

“讲座办得好”

为了适应建设社会主义要求，迅速提高广大人民的文化科学技术水平，树立新时代的思想和道德的需要，满足广大干部、知识分子和人民群众学习马克思列宁主义的理论，学习时事政策，学习文化科学等要求，武汉图书馆采取“自愿领票听讲座”的方式，从1953年始，两年来成功举办了50多次讲座，内容涉及文学、哲学、自然科学等诸多方面。讲座开办之初，主讲人难请，会场难找，听众难留，效果不明显，在1953—1954年仅办了17次，而且内容偏重于文学鉴赏。到了1955年，武汉图书馆在举办了几次辩证唯物主义讲座后，情况就大大不同了。听讲座的人越来越多，其中很大一部分是干部与青年学生，还有不少工人和军人，部分知识分子、工商业者和宗教工作者也参与其中。广大的市民听众愈来愈不满足于零星的几个星期一讲的形式，他们要求讲座定期地、系列地举办。1956年始，“讲座”已正式列入武汉图书馆常规性的工作计划，这一年共举办了84讲，即：“马克思主义哲学”20讲，“政治经济学”和“经济问题”30讲，“自然科学”8讲，另有“文学”14讲，配合国家纪念节日的12讲。据当时的报章反映，“由于讲座内容多样，能适合不同听众的需要，因此有的人把它当作生活中不可缺少的精神食粮，认为它‘丰富了星期日的生活’，‘宁愿牺牲电影票，也要来听讲’”。

讲座办得又多又好，武汉图书馆由此备受社会各界的关注。1956年3月14日图书馆馆长应邀在《长江日报》上交流实践经验——《我们是怎样举办讲座的》。怎样才能办好讲座呢？根据武汉图书馆的工作体会，共有五点经验：“一、确定讲题。要配合党的中心工作，抓住一个时期的突出问题；同时还要了解群众需要什么内容，具备什么水平。选题既要有系统又要灵活，题目要简明通俗，易于吸引听众。如果有可能，最好事先做好一年或半年（最少一个月）的讲题规划，经研究确定后就向群众公布。二、认真挑选主讲人。既要要求主讲人对他所讲的专题有一些研究，同时也要适当注意政治条件、讲演技术、口音等；既要要求负责同志、知名人士担任主讲，也要广泛运用社会新生力量。主讲人确定后，要及时向他们反映情况，提供一些材料和要求。有系统的专题讲座，应该分别召开主讲人座谈会研究讲题中心要点，或者组成讲师团。三、组织听众要坚持自愿原则，不要向各单位分配名额或要求组织保证。经验证明：由图书馆主动送给各单位的票，出勤率低；而自愿来领票的听众，出勤率高。当然，必须事先做好宣传以吸引听众自动地来领票。四、有始有终。办一次讲座，不是讲完就了事，会后还要收集群众的意见和反映（可采取印发意见表的方法），集中整理交主讲人参考，提出的问题要分别情况公开或书面答复。在讲了三次之后，最好能召开一次听众座谈会交换心得和感想以巩固收获。五、充分运用群众中积极分子的力量。要善于动员他们利用业余时间做一些义务的宣传、组织工作。在这一方面，群众的热情是令人感动的，例如：气象台的听众愿为我们预报气候，以便选定较大的露天会场；学过速记法的听众自动地帮我们做记录；有一个学哲学的青年自学小组全体成员义务地来代我们收门票、发提纲，等等。”

第五节

流动阅览站

向市民敞开图书馆的大门，武汉图书馆不仅取消了限制读者借阅图书的各种不合理的规章制度，如押金借书、有保借书等，而且还广泛建立了图书阅览站。图书阅览站是由较大型的公共图书馆将藏书中适合于工农群众阅读的图书提出一部分，把各种图书送到工厂、工地、农村、机关、学校和居民点，主动地为劳动人民服务。

为了贯彻面向工农群众的服务方针，武汉图书馆通过流动书箱的方式有计划地把书籍向一些重点工厂供应，同时，也推广到基层建设工地，只要是切合工人实际需要的书报、通俗小册子、连环画等，就可以把众多的工人读者吸引到流动书箱旁来。

1954 年 3 月 22 日，武汉图书馆的流动阅览站正式设立在汉水铁桥工地。图书管理员带来了各种精美连环画和通俗小册子，在人力和物力上帮助工地建立了自己的图书室。自 1954 年 3 月 22 日至 9 月 13 日，武汉图书馆在铁桥工地阅览站吸引阅览读者约为 2. 5 万人，发展借阅读者 934 人，借出图书共计 36117 册次，其中连环画为 32965 册次，文学与科学技术书为3152册次。按工地固定和流动的总人数来计算，90% 以上的人都看到了图书。只要是休息的地方，不论是在宿舍或露天的阴凉处，经常发现不少工人拿着连环画在聚精会神地看着。由于很多工人把书就带在身边，因此，他们称赞书是“口袋里的粮食”。

1954 年 10 月 30 日，武汉图书馆应邀在《长江日报》上长篇介绍了流动阅览站的具体做法——《图书在汉水铁桥工地》：“第一，适应群众需要，满足群众要求。汉水铁桥工地内有各个工区，有成千的各工种的工人，在他们中有很大一部分都喜爱书刊，特别对有关历史和革命斗争的连环画感兴趣。因此，工地图书室根据群众的需要，尽一切力量组织和选购了很多这方面的书。对于文化水平较高的工人、技术人员和行政干部，也根据需要陈列一些文学和科学技术书籍。由于这些书的种类不多，因此采取‘预约传递办法’，使大家按预约时间的先后，都能得到想看的书。并且在借阅手续上力求简便。第二，工作采取主动，范围由点到面。由于有的工友住得比较远，有的因为突击工作忙，就不能来图书室看书。如今年三、四月间水上工区工作紧张时，工人们经过辛勤的劳动以后，下班就去休息了，很少有时间来借书；某兵团的军工住在汉阳，个别来借书也不方便。因此，工地图书室根据上述情况，在韩家墩家属居住区建立了图书分站；在军工间也组织集体借阅。这样主动争取将书刊由点到面送到各处的工作方法，受到了军工、工人和家属的普遍欢迎。第三，团结读者，依靠读者。通过图书借阅关系，管理人员为读者选书，解答问题，因此，逐步和群众建立了友谊关系。同时注意若干积极阅览的群众，将他们作为基本读者的对象，使他们以好的学习态度带动大家，并使他们随时随地参加到管理图书工作中来。”另外，武汉图书馆还通过与工地广播站的紧密联系，适当地做一些图书宣传工作。

第六节

送书下农村

为了进一步贯彻为人民服务的方针，深入农村为农业服务，武汉图书馆又积极开展了送书下乡的服务工作。1964 年 10 月，成立了专为农村服务的“农村书库”。1965 年初，又专设了一个农村工作组，配合春节农村文化活动，在春节前送书下乡，先后分别到远郊黎明、天兴、建设三个公社，送去了 500 多册新书。其中有毛主席著作单行本，新版的文艺读物如《红岩》《风雷》等，浅易的农业技术图书如《猪病防治员手册》《农业生产技术基本知识》等，以及配合春节文娱活动的演唱材料，还有一些群众喜爱的《故事会》、连环画。是年3 月，又抽调干部，到武汉郊区帮助公社生产队建立文化室，开展图书阅览活动。武汉图书馆的送书下乡，深入农村，受到广大社员的欢迎。一年来，图书馆在武汉市郊公社生产队建立了 44 个图书流通站，“送书下乡”图书 2. 4 万多册。

在广泛开展图书流动的过程中，武汉图书馆不是采取单打一的办法，而是以图书流动为中心，结合举办了若干图书管理员、故事员、读报员训练班，又进一步地推动了图书的阅读活动。1965 年 8 月，武汉图书馆分别在解放、建设两个公社举办了第一期“图书员训练班”，50 多人参加，通过“训练班”农民学会了自己管理图书并积极开展活动。武汉图书馆还先后在洪山区建设公社新集大队、汉桥区解放公社和岱山公社举办了“故事员训练班”，培训了近一百名农村故事员。农村图书管理员通过“讲故事”，更好地向社员们推荐好书、新书，大大提高了社员们借阅书籍的兴趣，收到了很好的效果。

第七节

停顿中的坚守

1971年4月，在周恩来总理的关怀下，全国出版工作座谈会在北京举行。8月，中共中央转发了国务院《关于出版工作座谈会的报告》。这次座谈会上讨论了全国的图书馆工作。报告中指出："图书馆担负着宣传马克思主义、列宁主义、毛泽东思想，为三大革命运动服务的重要任务，要加强对图书馆的领导，充分发挥它的作用。目前很多图书馆停止借阅的状态应当改变，要积极整理藏书、恢复借阅。"

这次会议之后，全国各类型图书馆逐步恢复了借阅和其他服务工作。1973年2月25日《长江日报》发表了《武汉图书馆努力提高服务质量》的报道：

"为了便利读者阅读马列书籍，武汉图书馆将《马克思恩格斯全集》的目录制成卡片，按字顺排列；将报纸杂志上发表的学习马列著作、毛主席著作的心得体会，或编成专题索引，或剪贴成专辑。编辑的报刊资料索引已有四十多类，剪报资料已有二十多种。另外，武汉图书馆还采用举办报告会、播放录音、图片展览、出墙报等多种形式，大力宣传马列主义、毛泽东思想。1973年上半年，已到工厂、部队、商店、机关、学校等单位，播放党中央的录音报告七十八场，听众达三万六千多人。"

"为了满足群众看书学习的需要，更好地为巩固社会主义经济基础服务，武汉图书馆认真做好图书管理、清查和借阅工作。除了通过武汉市新华书店采购新书外，武汉图书馆还经常同各地出版发行部门和有关单位联系，不断扩大图书来源，接待读者的人次和借阅图书的册次不断增加。1972年全年中，共接待了读者二十八万人次，借阅图书三十二万册次。对读者提出的要求，总是耐心细致地查找资料，尽量给予解决。”

“武汉图书馆还组织力量，走出馆门，面向基层，积极开展对全市基层图书馆（室）的辅导工作。采取召开全市性的图书工作座谈会、经验交流会，协助区文化馆举办业务学习班、编印业务资料等方式，帮助全市图书馆（室）积极开展图书工作。还注意在开放图书的过程中，开展书评活动，出版书评墙报，深入工厂组织书评小组，推荐好书，宣传新书，指导阅读。如1972年12月，成功举办书评报告会，评介长篇小说《金光大道》，吸引市民的积极参与。”

汽車图书舘

04

第四章
20 世纪 80 年代后回归与探索

1978 年以后，中国改革开放政策的全面实施和大力推进，不仅给公共图书馆事业带来了恢复和发展的大好时机，同时也向图书馆界提出了改革和深化改革的时代要求。尤其是 20 世纪八九十年代，世界发生了巨大的变化，新技术革命浪潮推动着社会生产力的飞跃发展，科学技术深入到日常生活的各个领域。一些发达国家已进入信息化社会，其图书馆自动化有了很大的进展。面对新技术革命的严峻挑战，只有不断探索和革新，才是图书馆界应有的对策。

第一节

恢复中的图书馆

1979年5月24日，湖北省文化局召开了湖北省图书馆馆长座谈会。会议期间，根据中央关于“发展各种类型的图书馆，组成为科学研究和广大群众服务的图书馆网”的指示，联系实际，参会者研究了图书馆工作如何在四项原则的指导下实现工作重点转移的问题，一致认为“各级图书馆在完成为科学研究和为广大群众服务的同时，应根据各自所处的地位和自身的条件，在服务对象和服务范围上有所分工，有所侧重。湖北省图书馆和武汉图书馆，应同时担负为科学研究和广大群众服务的任务，但以为科学研究服务为重点。县图书馆和武汉市所属区图书馆，应把向广大群众普及科学文化知识的工作，作为自己工作的重点，同时也要努力为本县、区的科学研究服务”。会议还要求，根据图书馆工作为“四化”服务的新精神，“图书馆加强藏书建设、目录建设和干部队伍建设，进一步清理、挖掘馆藏图书资料，扩大图书流通范围，延长开放时间，改进服务态度，同时，加强图书馆干部的培训工作，提高业务水平和服务质量”。

1984年武汉图书馆老馆门前读者排队办证

办展览。1979 年 9 月，湖北省图书馆、武汉图书馆、武汉市科学技术情报处、武汉市纺织科学研究所和武昌工人文化宫 5 家单位为了适应武汉市纺织工业发展的需要，充分发挥图书资料为生产、为科研服务的作用，联合举办了《纺织工业图书资料展览》，从 9 月 7 日至 20 日在武昌工人文化宫正式展出。展览简要介绍了武汉市纺织工业发展概况，展出了纺织工业方面的中外文图书、期刊、情报资料共 3500 余种。内容包括纺织基础科学、棉纺织、毛纺织、麻纺织、丝纺织、混纺、化纤、针织、印染、纺织机械、企业管理、产品标准以及有关自动控制、红外线和激光的应用等 14 个专题。其中英、法、日、俄、德等外文图书资料计 830 种，内容较为丰富。

开讲座。1979 年 12 月 10 日，为了使市民进一步了解朗诵这门语言艺术与话剧表演的密切关系，武汉图书馆邀请武汉话剧院著名演员作了诗歌和散文朗诵专题讲座。主讲人有着丰富的话剧舞台经验，朗诵造诣颇深，边讲解边朗诵边表演，绘声绘色，妙趣横生，不时激起一阵阵热烈的掌声。1981 年 9 月 24 日，武汉图书馆和武汉市影剧公司联合举办"纪念鲁迅诞辰一百周年"讲座，特邀武汉大学中文系现代文学教研室专家学者主讲，主题为《鲁迅及其作品》，其间放映根据鲁迅小说改编的电影《伤逝》。

《图书馆论丛》

人才培养。从 1979 年开始，武汉图书馆定期举办业务讲座，系统地讲授图书分类和编目的基础知识，有计划地培训基层图书管理员，以适应社会主义现代化建设的需要。这个业务讲座以区县图书馆、大型厂矿、重点科研单位和部分中学的图书管理员为对象，每次听课的约 300 人。为了提高讲课质量，讲课人对基层图书室面临的问题和要求做了广泛深入的调查，讲授时联系实际，深入浅出，有的放矢，受到图书管理员的好评。1985 年 9 月 1 日，为加强图书馆专业队伍的建设，经过武汉市政府有关方面批准，由武汉图书馆举办的电大、中专图书馆学专业班正式开课授教，专业班学员都经过统一考试，择优录取，首届电大班 84 名，中专班 96 名。

武汉图书馆坚持优质服务，注意变守摊式为开拓型。由于为“四化”建设服务，努力开创图书馆事业新局面的成效突出，1985 年 7 月 18 日至 23 日，在北京召开的全国图书馆工作会议上，武汉图书馆做了经验报告，报告的内容大致包括：现有藏书 172 万册，为进一步方便读者借阅，购进一套缩微仪，将中华人民共和国成立前旧报刊、历史资料摄入缩微胶卷，长期保存；取消了星期一关门休息的惯例，延长服务时间；为了扩大图书流通，除个人借阅、集体借阅外，还用汽车为郊区农村送书上门；重视基层图书馆（室）的建设，武汉市城区三级图书馆网已基本建成。

1986 年 10 月 1 日武汉图书馆老馆外借处正式对读者开架借阅

第二节

修志与咨询

1980 年夏，武汉图书馆获悉武汉市准备编修地方志，立即将为地方志编纂服务作为一项重点工作来抓。首先编辑了《（武汉图书馆）馆藏方志学资料索引》，专供修志人员学习方志学时查阅。当武汉市地方志编纂委员会办公室拟定《武汉志》篇目稿后，武汉图书馆及时抽派专人赶编了第一批《（武汉图书馆）馆藏〈武汉志〉参考资料目录》，向修志的专家提供了资料线索，为他们节省了查找卡片的时间。接着又辑录了《（武汉图书馆）馆藏〈武汉志〉参考资料目录》第二批和第三批目录，共收古今中外有关武汉的资料 8200 多篇。为了弥补馆藏武汉地方资料的不足，还选派工作人员专程到北京、南京等地征集了一百多种有关武汉的资料。1981 年全年武汉图书馆共接待修志的读者 8000 多人次，借出相关图书报刊 27000 多册次。此后，武汉图书馆继续征集地方资料，并运用多种方式，积极主动为编纂地方志服务，为此，受到有关方面赞许。

1984 年 2 月 12 日《长江日报》专题报道了武汉图书馆为修志做好服务工作的老馆员——姚海泉。作为武汉图书馆的筹建人之一，姚海泉在图书馆学和古籍文献等方面具有较深的造诣，撰写的论文《武英殿聚珍版及其识别问题》在中国科学院《图书馆工作》上公开发表，并在全国图书馆学会学术讨论会上宣读，备受学界关注。姚海泉曾参加了图书馆界编辑《全国善本书总目》的文化工程，为了完成武汉图书馆所承担的一部分任务，他常年蹲在书库里，从二十多万古籍书中，清理出大批的有较高文物价值、学术价值的善本书，顺利地完成了善本书的普查、鉴定和编目工作。为了更好地配合武汉市各战线编修地方志的任务，他夜以继日地查找书报期刊，收集有关条目 6800 余条，并加工汇编成册，定名《〈武汉志〉参考资料书目》。该书目在《武汉志通讯》二、三册合刊上发表后，受到了武汉地方史志界的好评。除此之外，多年来，通过刻苦钻研，他能够熟练地使用工具书的检索为读者提供参考咨询服务。如武汉农业药械厂为了加强企业管理，曾来函要求武汉图书馆查阅有关生产能力查定法的资料，在提不出书名的情况下，他从 1951 年至 1959 年机械工业出版社图书目录卡和工具书中很快查得了他们所需要的书籍，大获称赞。诸如此类，举不胜举。

第三节

“汽车图书馆”的新创举

武汉图书馆第一代“汽车图书馆”

为了扩大服务领域，1984 年 8 月 14 日，武汉图书馆在原黄陂县（现黄陂区）滠口、横店正式开设“汽车图书馆”。武汉图书馆定期将图书资料用汽车开到各借阅点，直接向读者开放阅览和外借。“汽车图书馆”在国内还是一种新的尝试。8 月 15 日，《长江日报》报道了武汉图书馆的新创举：“面向基层、定期巡回、送书上门、流动服务”的“汽车图书馆”开设的第一天，400 多专业户按自己专业需要，查阅了各种科技资料，其中近 40 个重点专业户办理了外借证。现场阅览，不要证明，不收费用，拿“牌”看书，选择自便，手续简便。一大批深藏在武汉图书馆的科技书籍和资料发挥了它应有的作用。

1986 年 6 月 29 日，武汉图书馆和武汉滨湖机械厂联合研制的 BH130TS 图书馆车，在全国文化科技成果展览及技术交易会上受到欢迎。同年 12 月 25 日，BH130TS 图书馆车通过技术鉴定，并获准批量生产。这种“图书馆车”，与中型客车大小相仿，在崎岖的山路上行驶，能运载藏书 2000 到 3000 册。到一个村庄后，“图书馆车”打开活动车厢板，就成了一座十分方便的临时图书馆。它的问世，是我国广大读者，特别是广大农民读者的一大福音。文化部决定“七五”期间在全国推广应用。

武汉图书馆第二代“汽车图书馆”

20 世纪 80 年代中期，武汉图书馆成功地首制装有书架的图书专用车，开展送书上门、免费借阅的“汽车图书馆”活动。随后各大图书馆纷纷效仿，全国的汽车图书馆一时竟达一百多家，然而，11 年间能坚持下来的却不到 10 家。而武汉图书馆的汽车图书馆活动，规模却逐年扩大，送书点从当初的 5 个发展到 12 个，到 1995 年，汽车图书馆的行程达 3 万多公里。

1996 年 4 月，武汉图书馆的“汽车图书馆”开进了武汉市公安局妇教所，向失足妇女提供图书借阅，并为劳教人员举办读书辅导讲座，配合干警组织劳教人员读书汇报会等。“汽车图书馆”还坚持每月一次为武汉市的监狱、劳教所等提供无偿外借、赠送图书资料，收到了较好的效果。1997 年 12 月 22 日，文化部图书馆司、深圳图书馆等联合举办报告会，对“武汉图书馆的‘汽车图书馆’近几年每月定期给我市一些主要监狱送书”的做法给予了高度肯定。

第四节

科技“赶集”新气象

武汉图书馆利用馆藏科技书刊丰富的优势，积极发挥“科技兴农”的作用。

1990 年 4 月，武汉图书馆与 13 个区县图书馆联合成立“武汉市公共图书馆文献信息开发利用协作网”。从此，加入“协作网”的 14 个图书馆每年拿出一定经费，派出专、兼职人员，从 20 多万册农业图书、近 200 种农科报刊中搜集整理有用信息资料，剪辑成册；各馆还与武汉市科委、武汉市农林局、华中农业大学等单位及 13 个区县的农科教部门合力，定期编印《科技兴农简报》，除定期“送书下乡”，还通过湖北电台的农村栏目播放科普知识。

武汉图书馆科教兴农的送书现场

武汉图书馆成立了小分队，经常下乡送书、送信息。为了扩大影响，小分队与武汉市说唱团、武汉市楚剧团等共同下乡，戏台子吸引了上千农民，小分队就在演出前搞科教活动。如今，小分队到哪儿，四乡八村的农民也会跟到哪儿，送去的“人工养鳖”“牛蛙养殖”等剪报资料，供不应求。武汉图书馆“不在农民身上盈利，尽好图书馆义务”的做法受到正在大力开展“科教兴农”活动的各基层的推崇。甚至1998年9月间，德国杜伊斯堡市图书馆馆长马丁·汉斯·索恩到武汉图书馆参观，图书馆向其展示了八年来坚持送书下乡、义务为“科教兴农”服务的做法。索恩先生连声称赞：“主动为读者服务，武汉同行了不起!”

八年来，武汉市14个公共图书馆通力合作，在各区县开展了多次大型“农科信息集市”，“赶集”的农民达5万多人，编辑整理的农科信息、资料惠及10多万农民。武汉图书馆在此期间开发信息资源并重点跟踪服务“星火”项目50多项，其中属部、省、市级以上科研项目达20多项，该馆也被武汉市农科教办、武汉市人事局联合授予“武汉市农科教结合工作先进单位”称号。

第五节

信息服务新尝试

随着市场经济的迅猛发展，人们对信息的需求量越来越大。鉴于很多企业受到财力、人力等因素的限制，无法利用报刊这一巨大的信息源为自己创造效益，1993 年 5 月 28 日，武汉图书馆在武汉开办第一家信息剪报服务中心。这个中心有国内 3000 余种报刊作后盾，还与国内各大信息机构有合作关系，能够提供的剪报内容大致包括经济政策信息、国内外市场预测及动态、金融证券、期货市场、新产品科技、房地产等 30 多个专题，用户也可自选专题，规定剪报内容。用服务中心工作人员的话说："您能想出什么题目，我们就可以从报刊中给您找什么题目，复印下来，专门送给您看。"由于剪报内容是从全国各地报纸精选出来的最新动态和信息，因此对经营者了解本行业动态、市场需求及发展趋势有很大帮助。开办不足 2 个月，就有多家用户表示了需求兴趣，并且预订的 10 多个专题的剪报资料中心，都按期发送给用户，颇受欢迎。

武汉图书馆拓展特色服务再辟新径。1996 年 9 月 27 日，武汉图书馆的广告资料馆落成，吸引了湖北省一大批广告从业人员参观。据了解，在当时国内从事收藏、展示、研究和借阅各种广告资料的专业资料馆，仅此一家。武汉图书馆的广告资料馆收藏了 4 万多件藏品，尤以民国时期太阳烟草广告公司的广告最为珍贵，此外还收集了广告学和广告设计类书刊、电视广告录像、报纸杂志广告剪辑、实物广告、企业形象册、公关营销创意案例等，其中国外广告资料占 60%。广告资料馆除一般性借阅广告资料外，还可利用计算机等为用户联机检索全国图书馆、行业协会、科研机构以及国家信息中心的广告类信息。广告资料馆已与《市场时报》合作，每周出一期广告学专版，且将进一步联合广告学专家向广告从业人员、客户开展咨询服务，并不定期举办专题广告展或研讨会。这是武汉图书馆充分开发馆藏资料、拓展特色服务的又一种新尝试。

第六节

“数字化”走在前列

书山路漫漫，鼠标指迷津；学海浪滔滔，电脑作轻舟。

1992 年 12 月 12 日，武汉图书馆的自动化流通管理系统通过专家鉴定，由此在湖北省公共图书馆界率先实现计算机化。1993 年 1 月 9 日，《文化报》报道称：“武汉图书馆计算机流通管理应用成果得到专家认可，达到国内最先进水平，填补了公共图书馆计算机流通管理应用成果上的空白。”

1996 年 2 月中旬，武汉图书馆启用自动化集成系统，实现了图书管理计算机化。馆藏图书均进入计算机系统进行流通；图书采购、编目、信息服务等也都在自动化系统内进行管理。读者到图书馆办证还书手续化繁为简：只需凭身份证便可随时到外借处办理计算机借书卡；还书时，读者只需用连接计算机的光笔在所还书的条码上一扫，信息即刻存入还书者的档案库，再不用手工查卡填单。武汉图书馆实现图书管理计算机化以来，大大方便了借阅者，图书馆一天的借阅量高达 1400 多册，较前增加 300 多册。不仅如此，武汉图书馆的自动化系统还可以帮助读者查阅上海图书馆制作的“中文社科报刊篇名数据库”、首都图书馆制作的“中国国家书目回溯数据库”，以及武汉技术交易所研究开发的“技术交易信息管理系统”的“技术供需项目信息库”“国家重点推广成果库”“拔尖人才专家库”中的信息。

湖北省公共图书馆界首家电子阅览室——武汉图书馆电子阅览室，1996 年 9 月 2 日正式对外开放。在这里，读者可以通过计算机阅读全套《四库全书》，查寻武汉图书馆 150 万册藏书目录，1989 年以来全世界中文报刊文章题目等。阅览室计算机已与武汉信息交易所的交易网、武汉长信网联网，24 小时向读者提供最新世界政治、科技、经济信息。电子阅览室的兴起，标志着武汉图书馆工作方式和对外服务方式的又一次革新。

从1992年武汉图书馆在湖北省率先实现计算机管理图书流通，短短5年时间，武汉图书馆已拥有计算机50多台，自动化管理延伸到图书采、编、阅览、外借等各业务环节，使图书馆工作质量和效率大为提高：通过计算机，图书采购和书库编目整理快捷科学且差错少，150多万册藏书的图书数据库也很快建立起来；以前该馆3年办一次借阅证，手续繁杂，如今每天都能办理借阅证，计算机自动为3万多读者“注册登记”；读者借书，只需凭借阅证经计算机“认证”，大大提高了借还速度。

管理及设施的现代化进一步带动了武汉图书馆的二次文献开发。武汉图书馆的声像室已拥有微缩机、Betacam编辑录放机、索贝电视图文机等声像资料搜集整理及修改制作系统。除此之外，更得益于计算机这个现代化的好帮手，武汉图书馆开设了全国首家广告资料馆，汇集3万多件各类出版物上的广告原件、宗卷实物和2000多册广告书籍期刊，并且在湖北省首创了剪报服务项目中心。

20世纪的百年中，中国图书馆事业的发展有两个最好时期，一个是20至30年代，另一个是80至90年代，后一个比前一个成绩更大，发展更快，变化更大。这时期，武汉图书馆工作重点转向了为经济建设、科学研究和社会教育服务，除保管文献和传授知识外，还担负着传递信息和开发智力资源的重任。这个时期的最大特点，就是实现了计算机自动化管理，这为武汉图书馆跨入21世纪信息化、数字化、网络化时代，做好了充分的准备。

05

第五章

21 世纪初　发展与壮大

20世纪的中国图书馆事业犹如滚滚洪流奔腾向前，不断洗刷着历史的尘埃，荡涤着历史的污垢，淘汰着历史的沙砾。当世纪末的数年瞬息即过以后，中国图书馆事业将带着20世纪的光荣历史遗产迈入新的历史纪元。在20世纪末与21世纪初这段世纪之交的关键时期，党和国家、各级政府对图书馆作为社会文化公益事业的关心、重视、支持提高到一个新高度。武汉图书馆抓住这个文化大发展、大繁荣的历史机遇，将新馆建设推向一个前所未有的高潮，进入了一个至今最为辉煌的历史发展时期。

第一节

两难境地

翻开上个世纪80年代的老报纸，扑入眼帘的报道中，一方面是有关武汉图书馆门庭若市、座无虚席的盛况，一方面又是图书馆“客满”为患，读者竟无“立锥之地”的抱怨。1984年11月15日，《长江日报》刊登了《读者建议市图书馆增添阅览室桌椅》一文，并就此现象深度解析：经调查，武汉图书馆出现这种情况主要原因有三：其一，经费不足。其二，藏书量逐年增多。图书馆的藏书已由1958年的40万册增加到现在的150万册，这就缩小了阅览室的实际面积。其三，来图书馆学习的人数增多。由于广大青年渴求知识，一些上电大、职大以及到大学走读的学生，经常到图书馆学习，这样就把图书馆本来有限的座位占去一部分。阅览室只有260个座位，实际每天读者达五六百人。

上个世纪90年代武汉图书馆阅览室“座无虚席”的盛况

多年来，为了尽量满足读者的需要，武汉图书馆的工作人员克服了很多困难。1989年底，为了解决读者阅览空间的不足，武汉图书馆外借处加层翻新改造，书库使用总面积由原来的402平方米扩大到改建后的708平方米，可容纳藏书15万册，服务设备也有显著改善，新设了微机室。1992年，阅览大厅又维修改造，面积扩大近300平方米，增加阅览座位100多个，增添新书2万余册，同年又增设了报刊部和声像部。为了向多元化服务领域拓展，满足广大读者需求，1993年，武汉图书馆成立期刊外借室，打破了长期以来期刊不外借的老规矩，1000多种热门期刊可供外借。1994年3月，武汉图书馆又新辟“参考工具书检索室”，容纳各类社会科学、自然科学工具书、家电图集等2000余册，设阅览席位40余个，读者可凭证件直接进入书库阅览。图书馆大胆改进现有服务模式，针对研究型读者的需求，1994年，被称为武汉图书馆“总书库”的文献参考部实现向全市专业研究人员开放。

然而，随着“四化”建设的加速发展，武汉图书馆确实面临建设与需求的两难境地。

武汉图书馆老馆的期刊阅览室、目录室、外借室

第二节

新馆建设

创建于1953年的武汉图书馆，发展到90年代中期，藏书量达150余万册，占地面积近6000平方米，年接待读者40多万人次，对于这座有着700万人口的大武汉而言，武汉图书馆已经是超负荷运载了。作为“没有围墙的大学”，700万武汉市民盼望它面貌一新。

武汉图书馆新馆侧面外观和夜景

面对发展中的困难，武汉市有关部门高度重视公共文化事业的进一步发展。1994年初，武汉市政府通过议案，正式确定了武汉图书馆新馆建设工程，从初步确定的建设方案看，未来这一高层建筑总面积将达2.8万平方米，藏书量可达300万册，是旧馆的3倍，设阅览席2000多个，是目前7倍多。馆藏文献的采编、加工、存储、检索等将采用现代化设备。据了解，按此方案建设的新馆在当时全国省会城市的公共图书馆中名列前茅。

同年2月8日，作为武汉市“九五”期间八大标志性文化工程之首的武汉图书馆新馆工程，在汉口建设大道一侧奠基了，媒体称“这预告了一个历史的结束：借用一家商业银行楼36年的武汉图书馆，书库狭小，大批图书打捆堆放，无法上架流通。”

1997年1月18日，中华人民共和国成立以来武汉市政府投资最大的公共文化建筑——武汉图书馆新馆工程正式开工。新馆工地的临时办公楼里，挂着彩色设计图，描绘了未来新馆的“容貌”：绿树掩映间，整体建筑以浅蓝色调为主，主楼12层，裙楼3至5层，有雕塑、拱券、山墙等装饰；建筑外形采用圆弧形构图，6个大小不同的半圆形和扇形楼体围绕同一圆心排列，如一部半开的书卷；大面积楼身和屋顶采用透明材料，使阅览室空间灵活且节约光源。1月19日，《长江日报》以响亮的《精神文明建设标志性建筑——武汉图书馆新馆动工》为题作了报道。

2000年11月14日，晚上8点，最后一位读者——武汉市轮渡公司职工段建勇步出武汉图书馆，在他的身后，这座位于南京路86号、已有54年历史的老武汉图书馆徐徐关上了历史的大门。

11月15日，《长江日报》专辟一版报道了武汉图书馆的新旧交替，一方面总结了武汉图书馆旧馆历经半个世纪的功业——《武图五十余年的贡献》：20世纪50年代，武汉市很多大型工程上马都离不开图书馆这座“资料宝库”。此外，图书馆还派专人携图书报刊到各大工地驻扎，丰富工地文化生活。武汉图书馆还多次办班培养各层次的图书管理队伍，请来专家为广大读者举办各类讲座。1984年，图书馆利用一部卡车兴办“汽车图书馆”，在边远郊区及农村散发农科资料、送书上门。1985年文化部把武汉图书馆的这一经验向全国推广。地方文献资料是武汉市宝贵的文化资源，一直备受文史界关注。除了本地专家学者，每年还有不少海外人士亲自前来查询，武汉图书馆成为国际文化交流的桥梁与纽带。这些地方文献还得到了越来越多经济界人士的青睐，为经济发展增添了更多文化氛围。这些资料还为国企、民企、合资、外企等单位及时提供所需的各类统计数据与商业信息，如“五芳斋”了解外地同行业的发展情况，“麦当劳”调查武汉及周边地区的投资环境及消费潜力，“绿之源”开拓外地市场、扩大业务范围等，都离不开武汉图书馆的帮助。

另一方面又向市民绘就了即将开放的武汉图书馆新馆的全貌——《多功能的新馆》：新馆外观设计新颖，形如一本打开的书卷，圆形大厅透亮的玻璃顶、澳洲砂岩装饰的圆柱、螺旋上升的书状吊灯流动着现代韵律，光明旋、饕餮纹、三组青铜透雕则散发着楚文化的魅力。坐落于金融一条街的武汉图书新馆，是武汉市 1949 年以来财政投资最大的文化设施项目，是目前国内城市中规模较大的一座图书馆。新馆注重读者多层面的需求及多功能的发挥，设有计算机检索中心、多功能报告厅、电子阅览室、展览厅等，配有先进的计算机、中央空调、通信、防火安全系统，还专为读者提供了自习阅览室，设计了无障碍通道供残疾读者使用。

2000 年 12 月 30 日上午，这座“如一本打开的书卷”的图书馆正式开馆。武汉图书馆以极富文化内涵的雄姿迎来了世纪之交的第一批读者。

武汉图书馆新馆对外开放的当天读者排队办证的场面

新馆建筑规模气势恢宏、荆楚文化氛围浓郁，总投资 1.5 亿元，工程建设历时 4 载，总建筑面积 3.3 万平方米，阅览席位 2147 座，服务面积是老馆的 6 倍，藏书容量 350 万册。新馆增设了多功能报告厅，配有先进的音响广播系统；电子阅览室能通过计算机快速查找图书资料，多媒体室可提供网上阅览，并存有微缩资料；在开架阅览室，读者可任意选择书籍；目录厅设有卡片式目录、计算机检索和导读系统，极大方便了读者借阅。

武汉图书馆新馆正面外观

武汉图书馆新馆是当时中国省会城市图书馆中规模较大的一座，堪称20世纪与21世纪之交中国图书馆新馆建设的代表作之一，并一举成为武汉市在告别旧世纪、跨入新纪元的历史进程中，加快、加强文化建设的重要标志。它与武汉图书大世界、武汉杂技厅、武汉影城、武汉广播电视中心、武汉体育场、长江日报社等标志性文化设施一起，正构筑着新的武汉文化形象。

2000年6月，武汉图书馆成为国际图书馆协会联合会（IFLA）的机构成员。2002年8月19日，《长江日报》报道了《李静霞出席国际图联大会，湖北佬首获发言权》，称："武汉图书馆馆长助理李静霞，17日启程赴国际图联大会宣读论文。这实现了湖北省图书馆界在该组织上发言零的突破。"据悉，第68届国际图联大会于8月17日至24日在英国格拉斯哥举行，参加此届大会的中国代表有80多人，在大会上发言的仅3人，李静霞是其中之一，其宣读的论文是《以武汉地区公共图书馆为例看中国的公共图书馆如何开展公民的信息素质教育》。此外，她还有幸成为此次会议中唯一获得发言资助金的亚太地区代表。

世纪之交，武汉图书馆不仅屹立在现代都市的文化中心，而且实现了站上图书馆事业国际大舞台的光荣梦想。

第三节

发展新高潮

在20世纪末到21世纪初，以新馆建设为标志，武汉图书馆进入了跨越式发展的新时期，它既是量的扩张，更是质的提升，为图书馆事业在新世纪的进一步发展打下了基础。21世纪以来，全国公共文化事业发展迅速。2002年党的“十六大”做出战略部署，推进文化体制改革；2007年党的“十七大”提出深化文化体制改革，兴起社会主义文化建设新高潮，推动社会主义文化大发展大繁荣。抓住大时代新契机，武汉图书馆事业焕然一新。

武汉图书馆汤湖分馆鸟瞰图及场馆内景图

经过21世纪初期的不懈努力，武汉图书馆拥有借阅合一阅览室、参考文献阅览室、古籍阅览室及多功能报告厅、学术活动室等多个功能服务区16个，并配有计算机网络系统、卫星通信系统、安全防护监护系统等现代化智能设施设备，2012年图书馆加入“无线城市，智慧武汉”项目，成为全市首批公益免费上网试点，实现了无线网络全馆覆盖。至此，武汉图书馆独享210M的互联网宽带接入，配备了专用存储设备，磁盘容量达到111.6TB。共有计算机终端424台，其中读者用机234台，设有数据信息节点1081个，15台检索专用计算机，供读者进行自助查询。

武汉图书馆非常注重馆藏资源建设，一方面着力丰富信息资源的种类多样性和多层次性，另一方面通过发放调查表、召开读者座谈会等方式，深入调研读者阅读需求，合理规划馆藏资源，努力打造信息资源种类齐全、数字资源与实体资源虚实结合的文献资源保障体系。

除了不断购置传统的纸质中外文图书、中外文报纸期刊外，武汉图书馆持续提高数字资源的建设能力，以提高管理和服务数字化水准，并高效整合了数字图书馆推广工程、文化信息资源共享工程、公共电子阅览室建设、移动数字阅读工程建设。其中，“数字资源免费获取”集合百万册电子图书、7600万篇中文期刊，13878万篇外文期刊、386万篇学位论文、370万篇中文会议论文、8300万篇中文报纸、21605集学术视频、15506集有声读物等数字资源，面向持证读者提供免费浏览或下载。外购数据库13个，包括维普信息资源系统、万方数字资源系统、博看网、读秀学术搜索、天方有声图书馆、清华大学学术期刊数据库、国务院发展研究中心信息网、E线图情、领导决策信息支持系统、“知识视界”科学教育视频库、外研社外语资源库、库客数字音乐图书馆等大型数字资源库。自建数据库24个，其中包括特色数据库如馆藏古籍书目数据库、馆藏期刊书目数据库、馆藏家谱书目数据库等，体现湖北地域文化的数据库如湖北历代人名数据库、辛亥革命历史数据库、武汉大事记等，记录武汉地区发展的武汉经济数据库、武汉文化数据库、武汉教育数据库等专题数据库。2013年又新购超星的“学术视频”和“移动图书馆”、库克的“音乐图书馆”、外研社的“外语学习资源”、盛大的“有声图书馆”等数据库。此外，还通过接受地方出版社呈缴样书、受赠等方式从各渠道各方位丰富馆藏资源，2013年收到地方出版社呈缴样书

2313种（其中地方439种）3774册，受赠中文图书804种（其中地方284种）1696册。同时，武汉图书馆“市民之家”分馆为读者提供全国一流的公共图书馆数字资源服务体验。“市民之家”分馆是利用先进的信息技术和丰富的馆藏资源建立的智慧图书馆阅读示范基地，是全国文化信息资源共享工程武汉图书馆支中心。“市民之家”分馆面向市民提供便捷的自助办证、书目查询、网上续借、政务信息查询、参考咨询、讲座直播、数字阅读及文化资源浏览等服务。该分馆最大程度地满足了全市广大群众对文化信息资源的需求。

武汉图书馆“市民之家”分馆

截至2015年底，武汉图书馆馆藏文献总量已达272万册（件），其中古籍22万册（件），数字资源容量达到274TB，接待读者283万余人，书刊外借一百余万册次，网站点击近千万次。已建成集印刷文献、电子文献、缩微文献、视听文献、网络文献为一体，学科门类齐全、虚拟与实体馆藏相结合的文献资源保障格局，形成了以中国哲学、法律、经济、碑帖等学科为重点，以地方文献和古籍文献为特色的馆藏体系。

“武汉市爱心助残阅读推广基地”揭牌仪式

武汉图书馆新世界百货分馆中使用耳机收听各类数字资源及阅读电子书的读者

武汉图书馆始终坚持“读者第一、服务至上”的办馆理念，进一步全面推进免费开放服务，坚持365天对外开放，并努力加强基础设施建设，取得了明显的服务成效，产生了广泛的社会影响。同时更加突出以用户为中心，适应都市文化及现代化大都市建设的需要，提供更为便捷的服务，全面应用RFID技术，借助无线网络和自助服务设施，实现智能化、人性化的图书馆管理模式。针对特殊人群，武汉图书馆提供更为人性化的服务。通过与地方残联、协会、公益慈善机构沟通、合作，图书馆设施设备、阅读环境都在逐渐完善。资源建设上，大力加强大字本读物、盲文、有声读物及电子图书的配备，搭建相对完善的残疾人信息服务无障碍体系，并通过网站、手机服务等多种技术服务手段，通过“读书进基层”活动开展知识援助，为低收入群体提供信息服务，为外来务工人员、待业群体提供技能培训等服务，为监狱服刑人员、戒毒所戒毒人员送去温暖，对其进行感化教育。与此同时，积极发挥“武汉图书馆专家咨询委员会”与“徐明庭工作室”的作用，建立了一支高水平的咨询团队，完善市情咨询机制，面向社会各行业，提供学科与行业信息咨询服务。逐步完善学科馆员制度，为科研人员提供课题跟踪服务，为中小企业等提供专题信息服务，充分发挥图书馆服务科学研究与经济发展的作用。

武汉图书馆积极打造读书服务品牌，拓展公共图书馆的社会教育职能，打造市民终身学校，为武汉市建设学习型社会提供了有效的资源支撑和智力支持。为了助推武汉市“读书之城”品牌建设，武汉图书馆在原有的图书馆借阅、咨询等基础性服务上，重点建设了一系列层次分明、类别清晰、重点突出、大小不一的不同层面并深入不同人群的读书品牌活动，打造覆盖全市和可持续发展的全民读书阅读服务模式，即“推广阅读”——公益讲座展览活动，“品鉴阅读”——读书沙龙活动，“科普阅读”——素质教育活动，“启蒙阅读”——青少年阅读活动，“快乐阅读”——娱乐竞赛活动。

武汉图书馆通借通还工程、24小时自助图书馆工程、文化共享工程、数字图书馆推广工程、公共电子阅览室建设、流动服务网络体系等重点文化惠民工程稳步推进，覆盖全市的图书馆服务网络已基本形成，尤其是通借通还工程以及24小时自助图书馆取得了显著的成就。

作为武汉地区公共文化服务体系的中心馆，武汉图书馆承担着武汉市图书馆学会工作，负责对全市14个区图书馆进行业务指导并开展协作协调，促进武汉市公共图书馆的整体发展。武汉地区图书馆联盟、国家图书馆与武汉市人民政府《战略合作框架协议》的签署、武汉图书馆“市民之家”分馆的开馆、24小时自助图书馆的开通以及“读书之城”项目的推动等举措，不仅极大地促进了以武汉图书馆为中心的武汉地区公共文化服务体系的建设，而且进一步彰显了武汉图书馆在整个服务体系中的中心地位。

武汉图书馆在公共图书馆体系中的引领作用，不仅仅表现在硬件资源的优势，更重要的是在服务方式的创新实践，其先后被评为国家一级图书馆、全国首批古籍重点保护单位、全国首批“数字图书馆推广工程”试点单位，并获得全国“全民阅读示范基地”、湖北省“十佳图书馆”“省市级文明单位”等荣誉称号。

“中国图书馆学会年会·中国图书馆展览会”主题展览

武汉图书馆馆长李静霞与国外图书馆馆长亲切交流

近一个世纪以来，武汉地区的图书馆发展谱写了中国图书馆事业世纪史之重要的一章。蓦然回首，一切均将成为历史，唯有永恒的梦想和现实的追求始终引领着中国图书馆事业。从维新派试图以创办图书馆事业来振兴中华开始，20 世纪初，图书馆人抱着教育救国的理想，以图书馆事业为强国富民的根基，以唤醒民众、启迪民智为己任投身于开拓与建设中国图书馆事业；20 世纪中期，图书馆人抱着建设社会主义新中国的理想，以为科研服务、为人民大众服务为己任而投入到振兴中国图书馆事业的建设之中；20 世纪末期与 21 世纪初期，图书馆人又抱着建设社会主义现代化强国的理想，以服务“四化”，提高全民族科学文化水平为己任而投身到振兴中国图书馆事业的洪流之中。一切都在变，唯有图书馆人振兴中国图书馆事业进而振兴中华的强国之梦始终未变。

武汉图书馆

特色篇

进入 21 世纪，武汉图书馆已走过了半个多世纪的风雨历程，它的荣辱兴衰始终与这座历史文化名城武汉紧密相连。2011 年武汉市委、市政府专门出台了《关于打造“文化五城”、建设文化强市的意见》，提出武汉要在 5 年时间内建成“文化五城”，打造文化强市。其中，建设“读书之城”为“文化五城”之首，统率着“博物馆之城”“艺术之城”“设计创意之城”“大学之城”的建设，要让“爱读书、勤读书、读好书、善读书”成为武汉市民的一种生活、一种习惯、一种追求。武汉是全国第一，也是全国唯一提出“读书之城”的城市。这个规划不仅是图书馆传统的延伸，而且也预设了更为宏大的远景和梦想。

国家图书馆与武汉市人民政府《战略合作框架协议》签字仪式及武汉地区图书馆联盟启动仪式

武汉图书馆秉承“公益性、基本性、均等性、便利性”的原则，始终以“传承文明、传播文化、启迪民智、服务社会”为己任，全力实施“四种服务结合（大众服务与专业服务、阵地服务与延伸服务、传统服务与创新服务、常规服务与网络服务）、三项建设同步（文献资源建设、人才队伍建设和管理制度建设）、五大文化惠民工程并举（文化信息资源共享工程、数字图书馆推广工程、公共电子阅览室计划、古籍保护工程和武汉市公共图书馆通借通还工程）”的发展战略。历经多年的不懈努力和大胆创新，武汉图书馆先后推出了“24 小时自助图书馆”“武图汽车图书馆”“武汉地区图书馆联盟”等一系列项目，有效打通了全市阅读推广的网格脉络，实现了“普惠均等”的文化共享格局，同时打造出诸如“名家论坛”“武图市民学堂”“品鉴阅读”等一大批有影响力的知名读书活动，形成了长年坚守、普惠全民、服务无界、社会参与等特色鲜明的公众形象。这一切都彰显着武汉图书馆对于投身公共文化服务建设的理想与追求。

“金秋读书季”24小时自助图书馆宣传推广活动

06

第六章

公共服务　武汉模式

当前，公共图书馆服务体系建设迎来了重要的战略机遇期。一方面，构建覆盖全社会的公共文化服务体系已经成为国家战略，公共图书馆服务体系作为公共文化服务体系的重要组成部分是优先发展对象；另一方面，随着我国综合国力的日益强大，公共文化事业发展的经济基础得以不断巩固和加强，公共图书馆服务体系建设的基本条件全面具备。面对难得的发展机遇，在社会各界的大力推进下，武汉市公共图书馆服务体系建设方兴未艾，蓬勃开展。

十七届六中全会以来，武汉市文化建设进入到前所未有的黄金发展期，武汉市政府明确提出“打造文化五城，建设文化强市”奋斗目标，要求文化工作不断为建设国家中心城市、复兴“大武汉”提供强有力的精神动力和智力支持，把加快构建覆盖城乡、惠及全民的公共文化服务体系作为文化建设的重点。为此，武汉市不断增加公共财政和人力资源投入，坚持发挥图书馆的公益性、公共性和开放性，推动公共图书馆事业进入一个新的发展阶段。

第一节

基本概况

近十年来，武汉市政府尤其重视以武汉图书馆为依托的公共图书馆服务体系建设和提升，大力打造城市图书馆集群，以实现人力、信息、服务、技术等方面的共建共享，构建一个覆盖面广、布局合理、互通互联、资源共享的网络体系，努力为城乡居民提供功能完善、方便快捷、开放均等的图书馆服务，并取得了阶段性突破。现已建成 2 个市级支中心（武汉图书馆、武汉少年儿童图书馆），14 个区级支中心（具体包括硚口区图书馆、江岸区图书馆、江汉区图书馆、武昌区图书馆、青山区图书馆、汉阳区图书馆、洪山区图书馆、汉南区图书馆、东西湖区图书馆、蔡甸区图书馆、新洲区图书馆、黄陂区图书馆、江夏区图书馆和江岸区少年儿童图书馆），建立了 130 个街（乡镇）和 1885 个村级（社区）基层服务点，服务网络覆盖全市乡镇社区及 90% 以上的行政村，初步实现了以武汉图书馆为龙头、区图书馆为骨干、街道（乡镇）和社区（村）图书室为节点的城乡全方位发展的公共图书馆服务体系。

一、基础设施建设

截至 2014 年 8 月，在武汉市 14 个城区的 14 座公共图书馆中（不包括武汉市少年儿童图书馆、江岸区少年儿童图书馆），10 所被评定为国家一级图书馆，4 所被评定为国家二级图书馆，共建筑面积 61315 平方米，阅览室座位共 6717 个，读者用计算机共 696 台，流动汽车图书馆共 15 台，其中江汉区有 2 台汽车图书馆；14 所公共图书馆每周平均开放时间为 63. 4 小时，其中 11 所图书馆 Wi-Fi 覆盖，为读者提供了良好的阅读和学习环境，是图书馆开展各项服务的基础保障。详情如下表所示。

武汉市公共图书馆基础设施情况统计表

名称	基础设施情况							
	建成时间（年）	建筑面积（平方米）	场馆评估等级	阅览室座位（个）	读者用电脑（个）	每周开放时间（时）	流动车数量（个）	Wi-Fi 覆盖（是/否）
武汉图书馆	2000	32000	一级	1507	234	84	1	是
蔡甸区图书馆	1988	2037	一级	380	34	60	1	是
东西湖区图书馆	1988	2109	一级	410	49	64	1	是
汉南区图书馆	1980	2008	二级	938	31	65	1	否
汉阳区图书馆	2010	3377	一级	450	37	63	1	是
洪山区图书馆	—	在建	一级	70	21	61	1	是
黄陂区图书馆	1985	1762	二级	280	22	56	1	是
江岸区图书馆	1984	3018	一级	361	32	64	1	是
江汉区图书馆	1996	3022	一级	380	37	66.5	2	装修
江夏区图书馆	1987	2550	一级	380	29	60	1	是
硚口区图书馆	1979	3000	一级	429	47	63	1	是
青山区图书馆	2010	3200	一级	504	57	60	1	是
武昌区图书馆	1978	1500	二级	214	34	60.5	1	是
新洲区图书馆	1985	1732	二级	414	32	60	1	否
合计	—	61315	—	6717	696	—	14	—
备注	图书馆等级，指在全国图书馆评估中的评定级别，具体指国家一级、国家二级公共图书馆							

二、资源建设情况

文献资源建设是公共图书馆开展服务的保障，随着通信技术和网络技术的发展，数字资源建设也越来越受到重视。尤其是武汉开展数字资源建设推广工程，政府对于电子资源的采购越来越重视。每年武汉市政府对于公共图书馆的投入资金均按照 22% ~23% 的幅度在稳定上涨，且电子资源采购费用在总投资中所占比例也逐年稳步增加，具体资源建设投入情况如下表所示。

武汉市公共图书馆投入情况统计表（年投入、文献购置费用）

名称	财政投入情况								
	年总投入（万元）			文献购置费用（万元）			电子资源购置费用（万元）		
	2011	2012	2013	2011	2012	2013	2011	2012	2013
武汉图书馆	1969.4	2442.6	2893.8	—	—	—	—	—	—
蔡甸区图书馆	167.7	229.6	265.8	20	20	25	0.1	0.14	3
东西湖区图书馆	153.3	201.27	346.75	25	30	72	0.1	3.2	4.5
汉南区图书馆	35	40	49	3	5	8	0.3	0.5	0.8
汉阳区图书馆	100	127	150	15.1	19.3	21.8	0.3	0.1	0.1
洪山区图书馆	166	163	160	21	43	55	0.3	0.3	0.3
黄陂区图书馆	164	227	310	13.8	16.2	19.8	0	0	0
江岸区图书馆	107	137	112	16	16	16	0	0	0
江汉区图书馆	206.3	227	278	25	25	35	0.63	0.45	0.3
江夏区图书馆	110	120	206	15	19	45	0.1	0.1	0.1
硚口区图书馆	109	151.9	233.1	23	24	26	0.15	0.15	0.16
青山区图书馆	169	175	186	30	30	30	0.18	0.18	0.18
武昌区图书馆	10	52	60	73.74	76.51	87.8	0.2	0.5	3
新洲区图书馆	150	165	190	12	12	12	0	0	0
合计	3616.7	4458.37	5440.45	292.64	336.01	453.38	2.36	5.62	12.44

对于馆藏资源的建设，以及每册图书的流通率情况，统计数据见下表。由此表可见，每册图书的流通率比较稳定，波动不是很大。

武汉市公共图书馆资源建设情况统计表

名称	资源建设情况								
	馆藏书总量（册）			年度新书增长量（册）			平均每册图书年流通率		
	2011	2012	2013	2011	2012	2013	2011	2012	2013
武汉图书馆	2418253	2520720	2616773	57810	102467	96053	—	—	—
蔡甸区图书馆	146031	153136	199740	7509	7105	46604	84%	96%	68%
东西湖区图书馆	190155	198968	210000	6030	8813	11032	80%	81%	76%
汉南区图书馆	87745	91950	99530	2948	4205	7580	68%	60%	85%
汉阳区图书馆	131452	137477	158510	3505	6025	21033	127%	125%	150%
洪山区图书馆	178741	185850	200000	6288	7109	14150	42%	39%	52%
黄陂区图书馆	115833	119859	125000	4004	4026	5141	50%	52%	55%
江岸区图书馆	153695	157962	194661	6134	4267	36699	100%	2%	10%
江汉区图书馆	200729	209930	230000	9251	9201	20070	47%	63%	43%
江夏区图书馆	178371	185095	208000	6503	6724	22905	82%	83%	91%

（续）

名称	资源建设情况								
	馆藏书总量（册）			年度新书增长量（册）			平均每册图书年流通率		
	2011	2012	2013	2011	2012	2013	2011	2012	2013
硚口区图书馆	180000	192308	212907	10000	12308	20599	74%	66%	58%
青山区图书馆	193407	204242	216889	12473	10835	12647	64%	65%	91%
武昌区图书馆	197653	240470	272470	13172	42817	32000	66%	62%	55%
新洲区图书馆	105938	109873	117601	3602	3935	7728	99%	89%	93%
合计	4478003	4707840	5062081	149229	229837	354241	—	—	—
备注	江岸区图书馆由于2012至2013年期间搬家，基本没开放								

三、从业人员的情况

武汉市公共图书馆从业人数不断增加，而且从业人员队伍整体素质在不断提高。从业人员主要由在编人员、合同制聘用人员和志愿服务工作者构成，详细情况如下表所示。

武汉市公共图书馆从业人员情况统计表

名称	从业人员情况										
	在编人员				聘用人员				志愿者		
	人数	平均年龄	本科以上	专业技术	人数	平均年龄	本科以上	专业技术	人数	平均年龄	本科以上
武汉图书馆	157	44	117	152	9	28	5	0	80	20	64
蔡甸区图书馆	17	42.5	4	17	5	37.5	1	0	3	62	0
东西湖区图书馆	10	42.8	3	8	9	37	1	2	9	25	1
汉南区图书馆	7	48	1	7	7	48	1	7	0	—	0
汉阳区图书馆	7	42	6	3	6	42	2	0	2	21	2
洪山区图书馆	13	41	13	13	1	30	1	0	0	—	0
黄陂区图书馆	23	40	2	20	23	40	2	20	2	23	1
江岸区图书馆	12	44	7	7	0	0	0	0	0	—	0
江汉区图书馆	11	45	10	9	5	32	1	25	35	26	0
江夏区图书馆	16	42	15	15	6	45	1	0	30	20	26
硚口区图书馆	14	45.9	9	11	2	48.5	1	0	5	43	3
青山区图书馆	10	45	9	8	7	45	1	1	2	40	0
武昌区图书馆	9	41	4	6	0	—	—	—	5	52	1
新洲区图书馆	27	42	16	23	23	42	16	23	0	—	0
合计	333	43.3	216	299	103	39.6	33	78	93	33.2	34

武汉市公共图书馆注重人才队伍的培养和发展，在图书馆从业人员系统中，高级职称和中级职称比例不断增加。本调研组调查了武汉市公共图书馆从业人员的学历背景、培养培训、职称考核等基本情况，其中本科及其以上学历的从业人员比例过半，且有不断增加之趋势，业务人员也在考评中业绩突出，高级与中级职称人数在不断增加，详细情况如下图所示。

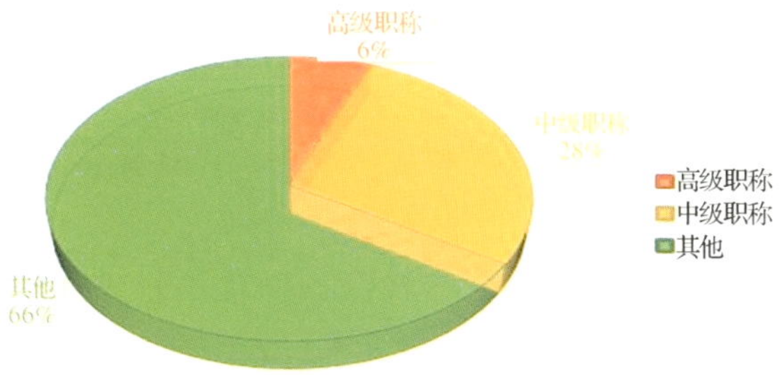

武汉市公共图书馆从业人员职称情况

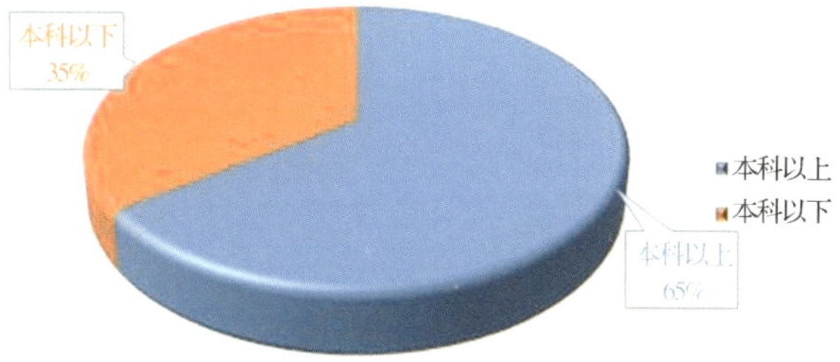

武汉市公共图书馆从业人员学历结构情况

四、读者服务情况

武汉市各级公共图书馆不仅硬件设施良好、馆藏资源丰富，而且提供各种类型的优质、专业服务，吸引了大批市民办证入馆学习、休闲、娱乐、交流、参加讲座、参与培训或者寻求专业服务与帮助，营造了良好的阅读氛围，为武汉打造“读书之城”做出了贡献。武汉市图书馆不仅每年的服务群众人次和开展文化活动人次不断攀升，而且服务类型也在不断拓展升级。除基础办证与借阅等服务外，还开展专题检索服务、解答咨询服务、为科研生产服务、为上级领导提供信息服务、社会教育与用户培训服务等，加之不同主题的报告会与讲座，武汉市公共图书馆的流通率不断提升，办证人数也在不断增加，详细的情况如下表所示。

武汉图书馆及汤湖分馆宽敞的阅览空间

武汉市公共图书馆读者服务情况统计表（办证、流通）

名称	读者服务情况								
	服务群众（人次/年）			开展文化活动次数（次/年）			现有对外服务窗口（个）	现有馆外服务网点（个）	现有持证读者数（千人）
	2011 年	2012 年	2013 年	2011 年	2012 年	2013 年	2013 年	2013 年	2013 年
武汉图书馆	1740000	2090000	2320000	132	210	272	10	50	50
蔡甸区图书馆	38423	204350	48107	35	128	90	8	25	6. 7
东西湖区图书馆	30000	33000	23198	48	60	48	8	29	17. 3
汉南区图书馆	16000	22000	30000	25	40	40	7	21	3. 1
汉阳区图书馆	8620	24995	15049	22	30	53	7	35	3
洪山区图书馆	150000	150000	153000	30	30	30	6	25	4. 6
黄陂区图书馆	19000	20000	22000	21	20	22	10	50	4
江岸区图书馆	21000	34000	23000	31	18	30	7	71	1
江汉区图书馆	150000	150000	122000	52	49	82	9	95	6
江夏区图书馆	35000	55000	58000	75	88	84	9	281	0. 62
硚口区图书馆	30000	33000	45000	38	58	64	7	53	0. 59
青山区图书馆	150967	158356	148001	36	38	94	7	27	6. 6
武昌区图书馆	4500	5000	10000	10	52	60	6	70	2. 8
新洲区图书馆	157000	178000	183000	37	40	48	8	30	4. 8
合计	2550510	3157701	3200355	592	861	1017	109	862	111. 11

总而言之，武汉市在不改变现有公共图书馆行政管理体制的前提下，采用市、区两级财政分担建设机制，实现以市级图书馆为业务中心馆、区级图书馆为区级业务总馆、街道社区图书室为区级业务分馆、24 小时自助图书馆为补充的“中心馆-总分馆制”的运营模式，通过统一的图书馆集群管理系统将散落在全城的服务网点联结一个“图书馆群”，并以流动图书馆为纽带，借助现代化物流实现文献资源在各服务网点全流通，分阶段逐步推进建设，最终建成服务网络覆盖全市、组织结构科学合理、文献资源统一调配、服务质量基本一致、运行高效节约、普遍均等的公共图书馆服务网络，实现“一馆办证、多馆通借；一馆借书、多馆通还”的新型图书借阅模式。

第二节

特色服务

武汉市政府不断健全和完善以武汉图书馆、武汉市少儿馆为龙头，各区图书馆为支撑、乡镇（社区）图书室为基础的图书馆服务网络，以实施社会文化重点工程为契机，全力推进武汉市文化信息资源共享工程、流动服务工程、24 小时自助图书馆及通借通还等工程的建设与发展。以打造城市文化品牌为抓手，武汉市公共图书馆根据自身条件和区域特点，积极探索讲座、展览、荐书、培训等特色服务领域，大力建设本馆独有的文化精品。

武汉市公共图书馆紧紧把握行业发展的时代脉搏，实现服务空间的融合：图书馆在原有文献典藏和书刊阅览功能的基础上，导入电影院、博物馆、音乐厅、美术馆、科技馆等服务空间功能，形成巨型开放式教室。一体现在服务内容的融合，讲座、展览、主题图书馆、音乐鉴赏、经典诵读、科普教育等成为图书馆的服务载体。二体现在服务对象的融合，将不同性质、功能的图书馆融为一体，模糊和淡化了原有图书馆服务对象的界限。三体现在社会大教育体系的融合，使图书馆的城市教育与学校教育、社会教育融为一体，提供了广大市民继续学习、终生教育的场所。

一、江岸区图书馆

作为“全国文化信息资源共享工程”江岸区分中心，江岸区图书馆实现了与国家文化信息资源共享中心的链接，面向市民开展数字文献信息服务和网上资源共享工作。江岸区图书馆现纳入了武汉市公共图书馆计算机信息服务网络，实行“通借通还”联网服务，全区建有 7 个 24 小时自助图书馆，并在社区、机关、企事业单位、部队等单位设立“江岸区图书馆图书专柜”，定期为其提供免费图书借阅服务。形成了以江岸区图书馆为中心、流动车为纽带、以服务点为终端，覆盖全区、街道、社区的江岸区流动图书服务网络。

二、江汉区图书馆

江汉区图书馆坚持免费服务的公益导向，以文化共享工程和市区通借通还等文化惠民工程为抓手，让全区的民众充分享有公共文化的更多资源。为积极配合武汉市推进“读书之城”建设，除了主办“知识工程”少儿读书活动外，坚持开展了“金桥”读书、评书活动，“金桥”流动讲坛，图书流动进基层以及读书征文、书画比赛等多种形式的读书服务活动。2010 年以来开办的“金桥”流动讲坛服务全区社区、学校、部队、机关等各层次群众，共计 150 余场，2 万余人，深受读者的好评。于 1987 年创办的“金桥”读书、评书活动，坚持至今已举办了 25 届，活动荣获文化部颁发的全国第十四届“群星奖”（服务奖）、武汉市委宣传部颁发的“宣传思想工作创新奖”。

三、硚口区图书馆

硚口区图书馆实行开架借阅、预约借书、图书代购、送书上门、馆际互借等多种服务方式。全年 365 天对外免费开放，并坚持到市第一聋哑学校举办书评、书展活动，捐赠连环画及科普读物，常年举办“每月一讲”讲座、“知识工程”读书系列、世界读书日、图书馆服务宣传周、优秀图书“十进”、优秀电影放映、各类展览以及培训等活动。率先与武汉图书馆联网开通通借通还、一证通用服务；在全市区级公共图书馆中，首个安装智能化读者查询系统，配置移动检点车和可视化查询机各 1 台；在韩家墩街简易社区，建成全市首家社区视障图书室。现已构建“平方公里图书分馆”21 个、馆外服务点 37 个，为居民群众提供“15 分钟文化圈”服务，共享工程基层服务点达 130 多个，其中宝丰街图书分馆接入了全市公共图书馆通借通还服务平台，基本建成了资源丰富、技术先进、服务便捷、覆盖城乡的市、区、街道三级图书馆服务网络。

四、汉阳区图书馆

近年来，汉阳区图书馆以科学发展观为指导，紧紧围绕区委、区政府的中心工作，秉持“读者第一，服务至上”的原则，着力改善阅览环境、加强硬件配套建设、丰富服务项目，勤恳工作，开拓创新，图书服务水平显著提升。图书馆全年无闭馆日，实行全开架借阅，发放借书证，为读者提供预约借书、资料代查、参考咨询等服务，开展为工读学校、老年公寓、中小学校、监狱、部队和农村送书上门服务。坚持举办“图书馆服务宣传周”“迎新春读者赶集会”“科教兴农赶集会”“汉阳区文化庙会”等图书文化宣传活动。组织开展“书香汉阳，全民阅读”“知识工程”等系列读书活动等。

五、武昌区图书馆

武昌区图书馆借阅实行全开架，全年接待读者，在武警总队、武警武昌中队分别成立区图书馆分馆。组织开展“红领巾读书节”活动，举行书画、演讲等形式的比赛，举办座谈会、读书征文、演讲比赛等形式的活动。武昌区政府将充实“社区图书馆”作为为居民办的十件实事之一坚持了 8 年，武昌区图书馆作为具体实施单位，投入大量人力，逐步实现了以区馆为中心、街道文体中心为抓手、各社区图书室为基本点的三级服务网络。制定了《武昌区图书馆分馆管理办法》，积极推行总分馆制，统一签订协议，统一挂牌，统一借阅制度，统一配送图书，目前已建社区图书室 93 个。2013 年在全市实施通借通还时，率先实现了市、区、街道（社区）的通借通还。2014 年武昌区创建湖北省公共文化服务示范区，积极争取省馆旧址作为武昌区图书馆，得到武汉市领导的支持。目前正在积极根据旧址的情况，设计符合公共图书馆事业发展的方案，争取早日为市民服务。

六、青山区图书馆

青山区图书馆本着“读者第一，服务至上”的服务宗旨，全年 365 天免费开放，采取开架借阅、预约借书、电话续借、送书上门、馆际互借等多种服务方式，全方位为读者服务。青山区图书馆致力于倡导读书、组织各种读书活动，举办各种形式的读书报告会、演讲会、故事会、知识竞赛等，举行大型“红领巾读书读报奖章”活动，坚持“图书宣传服务周”，抓好“知识工程”少儿读书系列活动。目前已建立分馆 2 个，馆外服务点 27 个，辖区居民可就近享受公共文化资源。在 2013 年，与武汉图书馆联网，开通“通借通还”“一证通用”服务。

七、洪山区图书馆

洪山区图书馆坚持以品牌带服务，以服务创品牌，广泛开展以“阅读、求知、益智”为理念的读书活动，送书进社区、学校、军营，开展基层馆业务辅导等工作，援建军营图书馆（室），组织全区“知识工程”少儿读书系列活动和“百千万读书工程”等特色活动，形成了“洪山文化”品牌效应。洪山区图书馆建立了服务 10 个街道文化站、142 个社区图书室的流动书库；引入了射频识别（RFID）现代技术，实现了区级图书馆在全市各级图书馆的通借通还与数据共享。

八、东西湖区图书馆

东西湖区图书馆实行全年对外开放、全开架借阅。开设光盘阅读室、作家文献陈列厅、10 个基层服务点，以及开设社区分馆，建立文化信息资源共享工程基层服务点，实现了东西湖区共享工程基层服务网点全覆盖。1997 年率先实行图书馆计算机管理，为读者增设了 OPAC 联机书目检索、电子导读“信息之窗”、Internet 服务、网上图书馆等服务。2013 年，增添了身份证读卡器、上网指纹识别器、盲文点显器、图书自助借还机、电子报刊阅读机、电子图书借阅机、电子听书机等智能化借阅设备。

每年举办“热情八月，同享书香”、“书香・东西湖”图书漂流、“知识工程”少儿读书系列比赛等多个品牌读者活动。设立了特色图书馆——湖北作家文献中心，受到国内外文学作者的关注，目前已收有海内外 4600 余位作家 11700 余件的著作、手稿、传略、照片等文献资料。经湖北省文化厅批准，东西湖馆正式挂牌“湖北作家文献中心”特色图书馆。积极参与“红领巾读书节”少儿系列竞赛活动、读者联谊会、送书下乡活动，“知识工程”少儿读书系列比赛，农家书屋主题宣传活动，图书漂流，24 小时自助图书馆宣传等。

九、汉南区图书馆

近年来汉南区图书馆始终坚持“以人为本，服务至上”的理念，将办馆宗旨贯穿日常工作，本着人性化的服务理念，坚持优质服务、便民服务、惠民服务，处处为读者着想，事事以读者为先，不断提升图书馆的社会服务效益。汉南区图书馆始终坚持送书上门服务，设立馆外汽车流动服务网点，提供基层图书馆（室）业务辅导、科技参考咨询、科技信息服务、科技跟踪服务等；组织举办书法、绘画等艺术培训班，开展书法、绘画、演讲、作文等竞赛活动，开展形式多样的“科技服务周”“图书馆服务宣传周”活动；成立汉南区读者协会，组织开展专题研讨、交流科研成果、书评联谊会等多种形式的活动。此外，努力为科教兴农服务，设立偏远农村学校流动图书阅览服务点，开展定期送书上门服务。

十、蔡甸区图书馆

蔡甸区图书馆长年开展文献阅览、外借、咨询、检索、定题跟踪和信息发布等服务，向读者提供纸质、磁盘和光盘等不同介质的文献。主要服务特色是针对“三农”和青少年举办读者活动。近年来每年举办大型“科教兴农”活动 10 次以上，编印并免费发放《农事信息》《科技拾萃》等二次文献 3000 册份以上。超 100 人次下乡指导各基层点开展农家书屋、文化信息资源共享工程建设，免费发放农业科技光盘 300 片以上。连续 6 年举办农民读书报告会、农民读书征文，并结集出版读书征文。馆内专设“农业文献借阅室”，为全区科技示范户提供定题跟踪服务。依托“陶宏开工作室蔡甸工作站”面向全区青少年长期提供免费心理咨询，累计接待约 2000 人次。常年举办心理知识培训、讲座、报告会，举办青少年培训、“知识工程”少儿读书系列活动。连续 5 年开展“读书之星——十佳青少年读者”评选表彰活动。

十一、黄陂区图书馆

黄陂区图书馆实行全开架期刊借阅，全馆图书服务采用自动化系统管理。2011 年起，对读者实行全面免费开放。2013 年底全市图书馆通借通还业务全面提档升级，开设自助借还、自助检索服务，在前川、盘龙城等人口密集区域安装了 24 小时自助图书馆。每年在全区 629 个“农家书屋”和 634 家共享工程基层服务点集中举办各类培训辅导工作，同时在部分单位、学校、社区、部队建立了 60 个流动图书服务点，建设覆盖全区的文化信息资源共享工程基层服务点，极大地满足了基层群众的阅读需求。

十二、新洲区图书馆

新洲区图书馆全年免费开放服务，节假日不闭馆。少儿活动成绩突出，设少儿阅览室，举办少儿“知识工程”读书比赛，开展了丰富多彩的读者服务活动，元宵有奖猜谜会、花朝节科技下乡、科技宣传服务周、全民阅读系列活动、名家论坛等活动深受市民喜爱，特别是元宵猜谜会连续举办了三十多年，已成为新洲区文化服务品牌活动。

十三、江夏区图书馆

江夏区图书馆除办理借书证外，增发“家庭通用借书证”，在搞好阵地服务的同时，坚持图书馆服务宣传周活动。开展“知识工程”少儿读书比赛活动，举办江夏区青少年“五彩杯”书画大赛；在文化惠民工程建设中，建成 292 个文化共享工程基层服务点和 281 个农家书屋，利用流动汽车定期为农民及特殊群体送书上门；坚持科教兴农服务宣传，采用多种形式为全区 23 个乡镇农民开展科普，如发布信息、放映科技录像、举办科技讲座、科技展览、发放科教资料等活动，延伸服务领域。

第三节

典型案例

武汉市各行政区自然环境和人文环境各不相同，政治、社会、经济发展状况各不相同，各行政区在公共文化事业的投资也稍有差异，在把握各区公共图书馆建设状况的前提下，本节试对武汉市几个公共图书馆创新服务的典型案例进行分析。

一、江汉区图书馆：金桥书评

“金桥书评”读书评书活动通过开展群众性读书，引导大家多读书读好书，用最简便的阅读方式加深自身知识底蕴，提高自身学养，而且立志明理，让更多的群众把读书作为毕生习惯。为了使“金桥书评”真正成为联系作者、编者和读者的“桥”，为读者找好书，为好书找读者，1989 年“金桥书评”活动纳入区委、区政府的总体目标，从此，作为精神文明建设的重要载体越来越多地引起了各级领导的高度重视、人民群众的广泛参与及新闻媒体的普遍关注。截至 2014 年，江汉区已坚持不懈举办 25 届“金桥书评”活动，第一届“金桥书评”创于 1987 年，活动历时 27 年，是江汉区参与度最广、贯穿全年的品牌读书活动，是江城耳熟能详的文化品牌。近十年，“金桥书评”已形成万人读、千人评、百人赛。这项读书活动已走出书斋、挺进广场、深入社区、渗透家庭，发展到至今 70 多万人加盟。

“金桥书评”越滚越大，江汉区文体旅游局拨款 6 万元购置流动书车，兴办“金桥”流动书屋，专门给辖区 12 个街道的图书室配送介绍江汉风土人情的书籍，并且在每个街道图书室专门开辟“江汉之窗”书架，共为辖区机关团体、企事业单位、学校、社区、武警部队等送书 60 余万册次。另外，为特殊残疾人送书上门是江汉区“金桥书评”的特色之一。在金桥书友里，还有一些老年盲人，他们依旧习惯“触摸”传统的纸质盲文图书来阅读。为了让这批特殊书友有书可读，区图书馆特地从全国各地购回400多册盲文图书，只要盲人打一个电话，图书馆就派专人送书上门。

“金桥书评”作为特色鲜明的群众性读书活动，在省市乃至全国影响范围广泛。“金桥书评”先后被评为武汉市“宣传思想工作创新奖”，被中国文化部评为全国第十四届“群星奖”（服务奖），被编入《全国政治思想工作一百例》《精神文明年鉴》《武汉年鉴》等，具有良好的社会舆论效应，受到广大读者、业内人士、专家学者及领导的高度赞扬。

二、硚口区图书馆：平方公里图书馆

硚口区图书馆创新服务理念，开拓新的服务模式：从单一的静态服务到多样的动态服务，从一馆一点服务到一馆多点服务，在全区建立“平方公里图书馆”，贴近社区，走进企业，踏进军营，开进特殊群体，共建硚口区图书馆分馆。“平方公里图书馆”，即在城区每一平方公里范围内建立一个图书馆。它打破行政区划对小型图书馆发展的限制，以服务的便利性为首要考虑因素，以一平方公里为服务辐射范围，力求保证城区居民每走10～15分钟便可到达一座图书馆。“平方公里图书馆”具有小型、分散、数量多、方便居民四个显著特点，兼具图书馆和社区中心的功能，为居民提供个性化、多样化的文献信息服务。

硚口区面积46平方公里，常住人口80万人，社区130个。截至2013年，共建立“平方公里图书分馆”20个，为“平方公里图书分馆”送书累计28次，共27048册。各“平方公里图书馆”均有独立馆舍空间，馆舍面积均在30平方米以上，使用面积的比例达80%，每周服务时间均在40小时以上，每年举办培训以及讲座，尤其重视街道图书馆工作人员的培训工作。

三、武昌区图书馆：街道图书室的通借通还平台

近年来，武昌区政府将为基层图书室送图书列入政府十件实事之列。作为一项实施文化惠民的重点工作，为把实事办好，区图书馆共为14个街道60多个社区配置了图书。全区构建了以区图书馆为中心，以街道中心文体站图书室为基干，以社区图书室为基点的三级公共图书馆服务网络。2013年区图书馆将与市图书馆通借通还网络连接，使武昌地区市民借阅图书更加方便、快捷。

2012年以来，武昌区图书馆一直将图书通借通还列入一项重点工作，早计划、早安排，克服资金不足、人员少、任务重等不利因素，全馆动员，加大施工力度。目前已在5个街道图书室安装了通借通还平台，5个月内将完成全区其他街道的布点工作。其中南湖华锦社区图书室的图书已全部达到通借通还所需16位条码，华锦社区图书室从而实现图书借阅的均等化、普遍化，同时也标志着武昌地区图书通借通还向数字化迈出了坚实的一步。

四、洪山区图书馆：读书品牌活动

武汉市洪山区结合“883行动计划”率先开展社区“百千万读书工程”，即全区建一百个图书室，培养一千户“五好”文明示范家庭，评选一万名读书学习积极分子，以读书立德、因读书增智。目前，各具特色的读书活动正在该区90余个社区形成热潮，通过读书征文、讲演比赛等活动，引导居民群众多读书、读好书，为创建学习型城市发挥了重要作用。

洪山区各阶层、各战线均参与到“百千万读书工程”中来，实现了全民阅读的预期目标。全区各街乡、委办局、人民团体紧密配合，形成推动“百千万读书工程”大宣传格局：在《洪山宣传》开辟“书香江城”专栏，推荐、评论一批好书，分享读书经验，将“百千万读书工程”纳入《读书之城建设实施方案》。此外，全区机关、社区、农村、企业、学校深入推进“百千万读书工程”，创新服务意识，丰富活动载体，努力在全区各阶层、各战线营造浓厚的读书氛围。

洪山区“百千万读书工程”充分发挥典型示范带动作用，把洪山“读书之城”建设进一步推向深入。活动得到群众一致好评，受到上级领导的充分肯定。在“百千万读书工程”十余个子活动开展过程中，省市媒体都进行跟踪报道，社会影响广泛。

五、江夏区图书馆：农民读书知识竞赛

江夏区图书馆按照“农家书屋”工程建设的指导精神，深入开展“书香江夏·追求卓越”全民阅读活动，连续三年举办江夏区“新华杯”农家书屋、文化共享工程农民读书知识竞赛活动，旨在丰富农民的文化科技生活，保障广大群众充分享用“农家书屋”等文化资源，提升文化共享工程的服务水平。

江夏区“农家书屋”、文化共享工程，在区委、区政府的高度重视下，于2010年底实现281个村农家书屋全覆盖。各街道办事处、开发区大力支持，精心组织安排农民知识竞赛活动，在丰富农民文化生活、提高农民科学种养殖技术等方面发挥了积极作用。

农民读书知识竞赛活动的举办，充分展示了“农家书屋”、文化共享工程建设五年来的成果：农民群众通过看书学习，在思想观念上发生了巨大变化，认识到知识和文化在生活中的重要性；“农家书屋”、文化共享工程给农民群众带来了快乐；农民群众通过读书上网掌握实用技能，增强致富本领；扩大社会影响，争取社会各界对“农家书屋”、文化共享工程更多的关心与支持。

综上所述，武汉市公共图书馆服务体系秉承灵活、务实的建设理念，充分整合全市公共文化资源，通过分项目实施、逐步推进发展，多途径吸收社会力量扩大建设成果，在借鉴先行者建设经验和不断总结本地区建设实践中，走出了一条独具特色而又可资借鉴的发展之路。

全市“阅读达人”风采

07

第七章

特色阅读“品牌”文化

这是一座观乎人文的图书馆。鸿儒大家每逢周末坐而论道，市民读者相聚一堂凝听智慧，孩童少年如饥似渴汲取养分，特殊群体畅享阅读绽放精彩。武汉图书馆一直都是全体市民的朋友和伙伴。

这是一座温情满满的图书馆。盲童在流动图书车上聆听智慧的声音，老人在家门口就能自助借还书，残障人士在馆内专区享受阅读便利，进城务工人员在工厂也收获着书香滋养。武汉图书馆正以拳拳爱心在公益活动中传递温情。

这是一座品牌闪耀的图书馆。经过数十年对阅读服务的探索和实践，武汉图书馆已基本形成贯穿全年的 5 大特色阅读服务活动版块，包括公益讲座、公益展览、读者培训、多主题荐书、图书漂流。进入 21 世纪，作为武汉“读书之城”建设的主阵地之一，武汉图书馆继续围绕这 5 大版块，以“新春活动季”“4.23 江城读书节”“暑期活动季”以及“金秋活动季”四个大型系列活动为重点，策划、整合、打造了层次分明、类别清晰、重点突出的“武图悦读”读者活动体系，进一步加大活动力度、扩大活动范围、增强活动影响力，营造出浓厚的阅读气氛和文化氛围，全力助推“读书之城”建设。

第一节

阅读，从武汉图书馆出发

打造文化强市，从阅读开始。作为“全国阅读示范基地”的武汉图书馆，将阅读推广活动规范化、固定化、常态化，持续打造“武图悦读”系列读者活动，包括名家论坛、社科讲坛、市民学堂、武图展览、读者沙龙、i 品书香、流动书香、小图爱阅、武图之声等 9 大阅读子品牌，涵盖了公益讲座、读者培训、展览、荐书、图书漂流、青少年阅读推广、科普活动等多种类型。历经十余年成长，名满江城，每年活动 400 多场、30 余万受众，武汉“读书之城”的阅读环境风生水起。

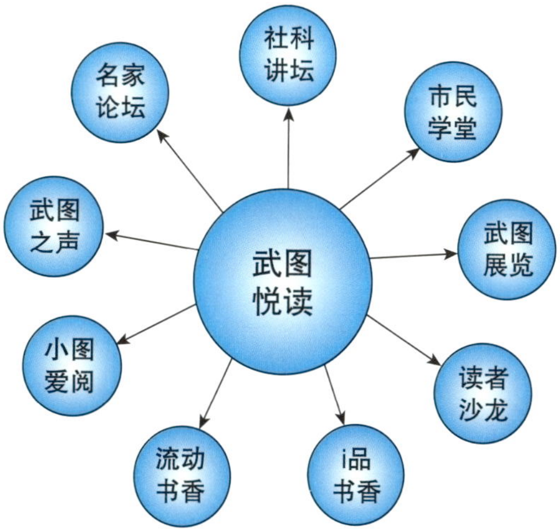

武图悦读系列活动

武图悦读 · 名家论坛，主流文化的品牌典范。名家论坛是由武汉图书馆承办的大型公益性市民讲堂，创办自 2003 年，始终以“大众化、公益性”为指导思想，广邀天下名师鸿儒，逐步形成了大众选题、高端讲座、免费参加、立体传播、效益明显、长期坚持的六大特色。经多年沉淀，名家论坛收获了众多听众，备受《光明日报》《中国文化报》等媒体关注，曾荣登“武汉市十大读书品牌”榜首，并获“全国全民终身学习活动品牌 100 强”荣誉称号。

武汉图书馆举办的“名家论坛”“社科讲坛”等大型公益讲座

武图悦读·社科讲坛作为城市周末的文化课堂，是武汉图书馆与武汉市社会科学界联合会联合主办的科普性大型公益讲坛，也是湖北省社会科学普及教育基地。讲坛创始于2008年，以“关注民生问题，普及科学知识，传播先进文化，弘扬科学精神”为主旨，以贴近市民生活、弘扬地方文化为特色，广邀地方文化名人，为广大市民构筑了有效的社会科学知识普及平台。

武图悦读·市民学堂，亲近生活的文艺精粹。市民学堂是武汉图书馆持续发展的公益培训活动，旨在打造市民终身学习的优选场所，于每周日上午举办，邀请专业培训师、时尚达人、心理咨询师等各领域专业人士，开办内容涉及计算机基础知识、新信息技术应用、数据库应用、信息检索、图书馆知识以及礼仪、生活、手工、健康等方面的培训。网上市民学堂同时开放，面向持证读者提供百万册电子图书、5000位国内名师的10万集授课视频等免费海量学习类资源。

丰富多彩的市民学堂、读者沙龙活动

武图悦读·读者沙龙，以书会友的第三空间。读者沙龙曾在2012年“武汉‘读书之城’系列评选活动”中荣获“十佳书友会”称号。它秉承“开放、互动、分享阅读”的活动宗旨，打造城市文化交流的第三空间，以读者兴趣为导向，组织策划讲座听友会、读书会、名剧名作赏析、摄影发烧友分享会、优秀读者评选等活动，形成阅读、摄影、茶艺、电影、历史、旅游等各式各样的兴趣圈子，为读书人提供分享交流的平台，让优秀思想在交流中碰撞出新的火花。

武图悦读·流动书香，知识传递的文化轨迹，是武汉图书馆以老年人、残障人士等特殊人群为重点对象，策划开展的阅读推广活动。通过组成武汉图书馆文化志愿服务队，以汽车图书馆为载体，以遍布武汉三镇50台自助图书馆、74个流动服务点为阵地，深入社区、农村、福利院、军营、机关、广场、学校、厂矿、劳教所等处开展讲座、展览、有奖征文、故事会等多种形式的文化活动。

武汉图书馆举办的“武图悦读·流动书香”活动

武图悦读·武图展览，图文阅读的视觉盛宴。武图展览紧扣彰显地方特色、促进文化交流的办展宗旨，除常年在馆内举办多主题公益展览外，更联合全市各区图书馆、高校图书馆组建武汉地区图书馆展览联盟，与社区、福利院等80余家单位合作，年均举办优秀展览巡展百余场。同时，武图展览积极参与国际文化交流，主办的专题展览分别于2012、2015年入选国际图联大会海报展，成功展示武汉地区文化建设成果。

武汉图书馆举办的“武图悦读·武图展览”活动

武图悦读·小图爱阅，萌芽成长的阳光沃土。小图爱阅关注青少年阅读推广，通过不断创新推出的各类活动，如故事会、主题荐书、亲子共读、假期图书馆实践活动等，激发青少年读者的阅读兴趣，培养阅读习惯、提升阅读能力。组织有序是小图爱阅人气渐长的重要因素之一，固定时间、预告内容、开通 QQ 群、建立积分奖励机制等措施推出，吸引越来越多青少年读者和家长的持续参与。

武汉图书馆举办的“武图悦读·小图爱阅”系列活动

武图悦读·i 品书香，通向未知的瀚海航灯。“i”含义丰富，它是 information（信息咨询）服务读者；它是 internet（网络化、数字化）构建阅读新平台，它是以 i（我）为本分享书籍；它是以 i（爱）阅读为核心提倡全民阅读，武汉图书馆通过形式多样、主题丰富、参与度高、趣味性强的各类荐书活动，引导传播先进文化、营造浓郁书香氛围。如“扫一扫，好书带回家”电子书推介活动，通过馆内展板、官方网站、微信、微博、50 台自助图书馆发布精选电子书二维码，读者扫描二维码即可在线阅读电子书全文，真正做到了带给市民所见即所得的阅读体验。

武图悦读·武图之声，聆听智慧的天籁之音。它是由武汉图书馆与武汉广播电视台音乐广播合作开办，分“名家论坛”广播版、悦读武汉、i 品书香三个板块在武汉音乐广播 FM101.8 不同时段播出。主打栏目“名家论坛”广播版依托武汉图书馆品牌讲座，浓缩精品讲座内容，让更多的市民能够聆听到名家的声音。特色栏目“悦读武汉”最接地气，深入挖掘馆藏文献资源，探寻属于江城独特的人文风情、千古佳话、轶闻趣事，讲好武汉故事。i 品书香栏目回归图书馆最本质的环节——读书，按藏书时间脉络分主题荐书，每期节目自成系列，方便受众选择收听。目前，各栏目收听率均居排行榜前列。

武汉图书馆与武汉广播电视台音乐广播合作开办“武图之声”广播节目

阅读，从武汉图书馆出发。这座知识的殿堂，是读书人心中智慧的宝藏，是爱书人眼里天堂的映像。它印刻着都市繁华下的文化坚守，也哺育着城市发展中的智力资源。来吧，走进武汉图书馆，这里，正时光静好，阅意盎然！

第二节

江城读书节：不一样的“节日”

对一座蓬勃发展的城市而言，图书馆的使命和价值，不仅是要展示城市的文化形象，更应成为市民文化生活的重要组成部分。为倡导全民阅读，建设“读书之城”，营造现代都市浓厚的读书氛围，武汉图书馆积极探索、潜心研磨，十年磨一剑，创立起“武图悦读”主题阅读推广活动品牌，并依托活动内容，结合文化节点，进一步打造了“江城读书节”——城市的阅读日大型公益读书活动。通过读书节的举办，联合武汉市各区公共图书馆及社会各界力量，共同致力于推动全民阅读，采用精准定位、品牌再造、丰富内容、提升品质、社会参与等多种形式降低市民阅读门槛，使阅读无处不在，无时不在，从而培养市民对中华优秀文化的认同感和自豪感，提升城市的文化品位与文化竞争力。

“全民阅读十周年暨‘江城读书节’系列活动”启动仪式

一、注重顶层设计，打造“图书馆 +”合作新模式

“江城读书节”活动采取统一设计、统一宣传、统一实施的方式，围绕“图书馆 +”服务做文章。武汉图书馆携手全市、区各公共图书馆联合行动，并力邀书店、邮政、商场、媒体等单位组成阅读推广“大联盟”，充分发挥各战线阅读阵地作用，结合各单位实际服务特色，精心策划丰富多彩、主题新颖的阅读活动，集中展示武汉市公共文化建设成果。在 2016 年“江城读书节”活动现场，由武汉市、区 15 个公共图书馆与在武汉市注册的实体零售书店倡议组成武汉地区“公共图书馆 + 书店”联盟，倡导全民阅读、均等共享理念，并承诺提供更为开放、优质的服务给江城市民。“公共图书馆 + 书店”联盟的举措对于发挥读者与图书馆及书店、市民与政府间的知识桥梁和文化纽带作用，激发城市活力，助推武汉“读书之城”建设意义重大。经过一个时期的酝酿和磨合，各组成机构的优势将充分发挥，势必发挥出更大的“联动效应”。

武汉图书馆馆长李静霞发布《2015 年度武汉市公共图书馆阅读报告》

武汉地区“公共图书馆 + 书店”联盟代表宣读倡议书

与此同时，武汉图书馆还积极实施“走出去”战略，主动挖掘社会各行业与阅读元素的结合点，力图将阅读文化细胞植入城市的各个角落。2016 年 4 月 23 日，武汉图书馆联手新世界百货，共同打造了一个文化信息资源服务新场馆，并在国内首创将图书馆数字资源引入人流聚集的消费场所，利用快捷的移动阅读服务、数字资源听书服务提升图书馆多元服务内涵，让市民在购物的同时也能免费享受高品位文化休闲服务。

“一馆一品”特色活动

二、推广阵地服务，开启“阅读 +”活动新格局

武汉图书馆“江城读书节”活动充分发挥图书馆作为阅读主阵地的作用，围绕“阅读从图书馆出发”活动主题，紧扣主旋律及时政热点，积极推广阵地服务，并不断丰富活动主题和形式，打造活动新格局。2016 年“江城读书节”活动以“阅读红色经典”为宣传重点，启动仪式上，首发了“全民阅读 10 周年”纪念邮票以及《长征的故事》等新书；利用大数据分析平台，发布了《2015 年度武汉市公共图书馆阅读报告》，对市民的阅读特点和趋势进行分析，为今后的全民阅读工作提供参考；出炉了大众票选出的“图书馆读者喜爱的 10 本书”，积极发挥图书馆弘扬主流文化对读者阅读倾向的引导价值。此外，为树立阅读榜样，由全市公共图书馆联合推选出武汉市表现卓越的“阅读达人”并对其进行表彰，以鼓励更多市民爱上阅读。

“阅读达人”代表风采展示

活动期间，不仅有与阅读及图书馆相关的讲座论坛、经典朗诵、古籍修复技艺展示、青年读书节、阅读指导主题书展、武汉公共图书馆事业发展联展等活动，也有摄影沙龙、手工课堂、绘画书法比赛、3D 打印体验等各类互动体验活动，以满足读者不同层次、不同方面的信息文化需求。

武汉图书馆与读者之间的各类互动体验活动

三、搭建技术平台，引领“体验 +”阅读新天地

为顺应现代化的阅读新趋势，武汉图书馆积极运用各种新媒体拓宽阅读服务，广泛推出了电子书阅读体验、电子书推荐、数字图书系统展示、24 小时自助图书馆宣传推广等活动，引领“体验 +”服务新内涵，并搭建了“实体图书馆 + 数字图书馆 + 移动图书馆”三位一体的综合阅读服务平台，为大众提供基于移动推送的阅读资源、基于借阅记忆的阅读空间、基于阅读交流的学习社区，让大众“从图书馆出发”，走入阅读新领域，从而让更多的人利用图书馆，熟知图书馆的资源、服务、活动、空间与设施等信息。

同时，武汉图书馆馆员积极利用互联网新技术平台，例如微信、微博等，开启基于社交的阅读推广。通过不断地尝试和技术调整，武汉图书馆目前已可以实现“江城读书节”的微信直播，在今后的“江城读书节”上，市民将更便捷、近距离体验读书节的各项活动及网络服务。

四、彰显阅读关怀，创造“服务 +”公益新价值

对少年儿童、老年人、残疾人等特殊群体提供阅读服务是“江城读书节”活动的关注重点。2016 年 4 月 16 日，武汉图书馆汽车图书馆联合社会力量，召集自驾俱乐部的车友及爱心企业组成“书香关爱车队”，走进武汉市蔡甸区奓山街檀树村新民小学，开展“随车多带一本书　流动书香暖童心”的公益阅读关爱行动。除本馆工作人员外，共计 40 余名志愿者参加了此次活动，给孩子们带去少儿读物 400 余册，书包、足球、象棋等学习娱乐用品近百件。在檀树村新民小学的食堂里，馆员、志愿者和孩子们欢聚一堂，几位从农村走向城市的车友向孩子们介绍如何通过阅读改变人生道路、汲取知识获得前进的动力。“真人图书馆”的故事以自身的阅读体验，带领孩子们感受书籍的力量。4 月 23 日，武汉图书馆携手武汉市残疾人社会服务中心，依托馆内“爱心助残阅读推广基地”，邀请部分特殊人士到馆体验数字及有声读物阅读辅导活动。活动期间，武汉图书馆依托全市区图书馆多个流动服务点，联合社会各界力量，深入农村、养老院、福利院、学校等服务站，开展关爱留守儿童、老年人、残疾人等文化志愿阅读推广活动，充分发挥图书馆公益服务平台作用，让社会各类弱势群体都能够免费享受图书馆提供的阅读服务。

文化助残数字阅读体验活动

“凡益之道，与时偕行”，在阅读推广不断深化和拓展的今天，为了让更多的市民多读书、读好书，武汉图书馆不断整合和调动与阅读相关的各项要素，打造“江城读书节”这样一个面向全体市民需求、适应社会变化发展的不断衍生的有机综合公益性活动。时至今日，该活动在理念、模式、范围、内涵和影响上的创新及发展，已日益超越往日各类阅读文化节的规模，逐步形成了“弘扬主流文化价值、夯实阵地走向民间、线上线下充分结合、科技人文相互交融”等一些新的时代特点，受到社会各界媒体的热切关注，《长江日报》、凤凰网、腾讯网等全国多家媒体单位集中报道，对“江城读书节”的举办给予重点关注和好评。据统计，2016 年的“江城读书节”系列活动，引发全市线上线下近百万人次的参与，社会影响力巨大。

第三节

名家论坛：感受名家风范

名家论坛——著名作家王跃文讲座现场

为满足市民日益增长的知识文化需求，武汉图书馆抓住了公益讲座活动平台这一发展契机，于2003年11月1日与武汉市作家协会合作举办“武汉地区文学系列讲座”，这一系列讲座作为“名家论坛”的前身，从此拉开了周末讲座的帷幕。

2005年5月武汉图书馆与《武汉晚报》社合作，逐步拓展主讲人和选题的层面，扩大讲座的宣传力度，提升讲座的影响力，成为武汉地区启动较早、规模较大的公益性讲座，并逐步成为武汉图书馆的服务品牌“名家论坛”。论坛以传播科学文化知识、提高民众素质为宗旨，以突出武汉特色与贴近百姓生活为原则，开设了政治、经济、军事、文化、科学、艺术、教育、生活等诸多方面的系列讲座。

为了将这一服务品牌做大做强，成为武汉城市的文化品牌，武汉市委领导召开专题会议讨论和研究了活动方案，决定在原有基础上对讲座进行改版，借鉴外地讲座经验，彰显武汉城市特色。2007 年 5 月，在中共武汉市委宣传部的高度重视下，武图“名家论坛”由武汉市委宣传部、武汉市文化局、武汉图书馆联合改版升级为全新的公益性公共文化论坛——“中国武汉名家论坛”。2007 年 5 月 8 日，全新的“名家论坛”正式在武汉图书馆与广大市民见面。改组后的“名家论坛”组织机构加入了党政机关——武汉市委宣传部、市文化局，科研机构——武汉市社会科学院，宣传媒体——武汉市教育电视台、《武汉晚报》社、长江网等。由政府决策，科研单位把关，三维媒体立体宣传，再加上“名家论坛”原有体系，组建起了强大的武汉“名家论坛”城市公益讲座品牌。

一、“名家论坛”的发展与成就

十多年来，“名家论坛”以“大众化、公益性”为指导思想，以“关注民生、陶冶情趣”为主题，立志向公众提供公平、均等的文化服务，逐步形成了大众选题、高端讲座、免费参加、立体传播、效益明显、长期坚持六大特色。

论坛坚持“让名家为百姓服务”的理念，将高端知识平常化，融入百姓文化生活之中，进而推动社会人文精神的培养。论坛不仅依托区位优势，邀请本地高校、科研机构等单位的专家名嘴，同时锁定北大、清华、复旦等著名高校，中央电视台、凤凰卫视等媒体名流，邀请学识渊博、眼光独到、见解精深、思维敏捷的专家学者来到论坛为市民开讲。多年来陆续邀请到名家论坛的有文学品鉴者梁晓声、周国平、阿来、叶永烈、二月河、曹文轩等，有历史演绎家易中天、阎崇年、王立群、葛剑雄、钱文忠等，有社会点评者石齐平、阮次山、梁文道等，也有财富点金人秦朔、刘彦斌、叶檀等；还有百姓保健师洪昭光、曲黎敏、中里巴人等。名家严谨的科学精神，高深的学术造诣，精彩的妙语表达，为市民群体提供了丰富的文化信息、广阔的文化视野。

与此同时，武汉“名家论坛”着力于本土文化的发展，力推本地专家学者共计 18 名，如著名评书表演艺术家何祚欢、华中科技大学人文学院院长何锡长，武汉大学文学院副院长于亭等。并专门策划了一系列以地方文化以及武汉建设为主题的讲座，如武汉市文联副主席何祚欢老师主讲的《商业都市大武汉》，武汉市规划研究院院长于一丁老师主讲的《武汉城市空间格局：从“三镇鼎立”到“1=6”》等专题讲座。这一系列讲座向广大市民呈现出一个生机盎然的大武汉，带领市民去解读武汉市的文化历史、领略武汉市的新风貌与新格局。

“名家论坛”评选的优秀听众

讲座结合武汉“读书之城”的建设要求，特别推出了“悦读”系列主题活动，通过“经典阅读”“从阅读到写作”等系列主题引导推广阅读，通过“书籍设计之美”等主题展示阅读之美，多方位地诠释了读书的魅力，呈现出文化的曼妙之处。“名家论坛”也将部分精华讲座内容经过汇总编辑，正式出版了《中国文化启示录》系列丛书。每次讲座结束后，图书馆都会选出与讲座主题相关的书籍和主讲人著作加以推广，来带动读者在讲座之余通过阅读继续感受名家风范和文化的魅力。而来武汉图书馆开讲的名师们，无不被图书馆为城市阅读所做的贡献深深感动，王蒙先生、杨叔子院士、梁文道先生等多位大师纷纷为武汉市民推荐了高品质的文书雅卷，武汉图书馆也为此特别开设了“专家签名专著馆藏展示区”，向市民展览名师赠予的书籍并提供借阅服务。

《江城名家论坛》第二辑

二、“名家论坛”的新媒体互动

为了使市民更为详细地掌握名家论坛的动态，足不出户就能欣赏到名家论坛的讲座，武汉图书馆利用武汉图书馆官方网站开设了“武图讲座”专栏，建立专题讲座音像资料库，在互联网上供广大市民分享；同时结合手机移动图书馆、QQ 群、微博、微信、邮箱等网络媒介，打造了一个零成本、无距离的即时沟通桥梁。市民可迅速便捷地获取讲座预告、视频信息，与举办方展开交流，形成良好的互动氛围。考虑到市民参与度极高导致会场座席不足的实情，论坛利用广场上的电子显示屏、教室以及学术活动室开设多个讲座分会场。并于 2010 年创造性地与全市十三个区级公共图书馆签订了讲座联盟协议，无偿为联盟馆提供讲座资源及视频资料，同时在条件成熟的东西湖区馆、硚口区馆设立了“名家论坛”讲座分会场，在其他联盟馆设立视频分会场。市民可从网络、区图书馆、市图书馆等多渠道来聆听名家之声，感悟文化魅力。专题节目曾创下近 1 个点的极高收视率。《光明日报》《中国文化报》《长江日报》《武汉晚报》等多家媒体也争相报道讲座信息累计近千次，被媒体和广大市民誉为“百姓的快乐学堂”。

如今，“名家论坛”已在实质意义上满足着武汉市民的精神文化需求，提高着市民思想文化素质，也提升了城市文化品位。“酒是陈的香”，相信随着品牌历史厚度的积累，“名家论坛”将发挥出更大的作用来推动武汉地区甚至华中地区文化辐射的深度和广度。

第四节

社科讲坛：普及科学新知

自从“名家论坛”获得广大市民高度赞誉后，武汉图书馆继续积极拓展更多的讲座渠道，开展公益性普及讲座，来丰富市民的阅读生活。“社科讲坛”由此诞生。“社科讲坛”于2008年由武汉图书馆与武汉市社会科学界联合会联合创办，包含了“社科讲坛”和“社科讲坛地方文化系列知识讲座”两大版块。

“社科讲坛”主题活动现场

“社科讲坛地方文化系列知识讲座”以武汉市高等学府、科研机构为依托，弘扬地方文化的本色，邀请当地专家学者举办了一系列以武汉历史、文化、建筑、艺术为主题的讲座，例如黄鹤楼的建筑设计师向欣然老师主讲的“黄鹤楼古今谈”，武汉大学陈锋教授主讲的“汉口的兴盛与武汉的国际化进程”等。对本土的城市文化精神进行了提炼，对湖北省的历史文化进行了挖掘，同时增强了市民对城市的认同感、归属感和责任感，凝聚了大武汉的城市精神和力量。

社科讲坛地方文化系列知识讲座简表

讲座内容	主讲人	时间
故纸堆里的老汉口	肖琴学	2014-07-12
汉口租界的变化	吴明堂	2014-07-05
卢氏家族与武昌蛇山的历史情缘	卢纲	2014-06-07
寻找武汉老字号	王琼辉	2013-11-09
俏皮的武汉话	朱建颂	2013-09-28
用收藏为武汉历史写注脚	葛亮	2013-09-14
博物馆与城市记忆	刘庆平	2013-08-24
儿时的记忆——武汉老童谣	彭翔华	2013-08-17
武汉旧影	郭迅	2013-08-03
汉口里分的文化魅力	董玉梅	2013-07-20

沉浸在精彩讲座中的读者

“社科讲坛”本着“关注民生问题、普及科学知识、传播先进文化、弘扬科学精神”这一宗旨，以贴近市民生活、具有本土文化气息为原则，于每周六上午在武汉图书馆二楼报告厅开展与人民群众经济生活、政治生活、文化生活和日常生活紧密相关的科学知识普及讲座，大力普及社会科学知识，让大众化、生活化的社科知识更好地进入百姓生活，塑造和培育市民的科学思想、科学方法和科学精神，全面提升市民的人文素质，全力助推“创新武汉”“和谐武汉”的建设。

社科讲坛 2014 年讲座简表

讲座内容	主讲人	时间
环保历程，绿色梦想	柯志强	2014-11-08
学术大师的气概与气韵	王小清	2014-11-01
阅读国学经典，感悟孝道亲情	许刚	2014-10-25
商业人际沟通	潘文富	2014-10-11
《增广贤文》与现代社会生活	王斌	2014-09-27
徐志摩：无关风月	胡俊修	2014-09-13
不要辜负这个地球的美	张庆	2014-08-23
婚姻家庭与心理健康	贾洪武	2014-08-16
国防形势与周边安全	黄海波	2014-08-09
如何做一个富有人格魅力的人	雷五明	2014-08-02

历经5年的不断发展和完善，2014年“社科讲坛”推出了崭新的系列讲座，不仅涉及市民工作、生活、个人修养方面，如“我的创业之路”“如何保护我们的眼镜”“如何做一个富有人格魅力的人”；还囊括了对中国传统文化艺术的宣扬，如“书法传承”“茶与中国传统文化”；更有对国际社会热点的关注，如“乌克兰变局及其对大国关系的影响”；对历史和人性的反思，如“甲午中日战争反思录”“道德困境，如何破局”。这一系列主题鲜明、涉猎广泛的社科讲座为市民开启了一场知识生活与文化艺术之旅。

除了在馆内举办社科讲座外，为加强社会主义新农村建设，将图书馆高质量的讲座服务延伸到农村和社区，使社会科学知识更大范围地普及到每个农村和社区群众的日常生活之中，武汉市图书馆还经常将社科讲坛的讲座光盘送到各个农村、社区进行播放，做到月月有讲座下乡、进社区。

“社科讲坛”自2008年创办以来，截至2016年12月底已累计成功举办讲座180场，接待现场听众46800余人次，武汉图书馆官方网站“社科讲坛”专栏讲座点击量累计高达10万余次。与同日举办的名家论坛形成了良好呼应，两者相得益彰，深受广大市民的支持和喜爱。

应广大读者的呼吁，“社科讲坛”将其中60场讲座中的精华部分收录编辑成册，出版成《武汉社科讲坛集萃》，分别置于各区图书馆以及武汉图书馆以供读者浏览借阅。《武汉社科讲坛集萃》的出版进一步扩大了“社科讲坛”的影响。湖北省社科联在调研了“社科讲坛”的工作后，于2013年12月7日在武汉图书馆设立了省级社会科学普及基地，对“社科讲坛”这一品牌活动在社会科学普及工作上取得的成就做出了表彰。

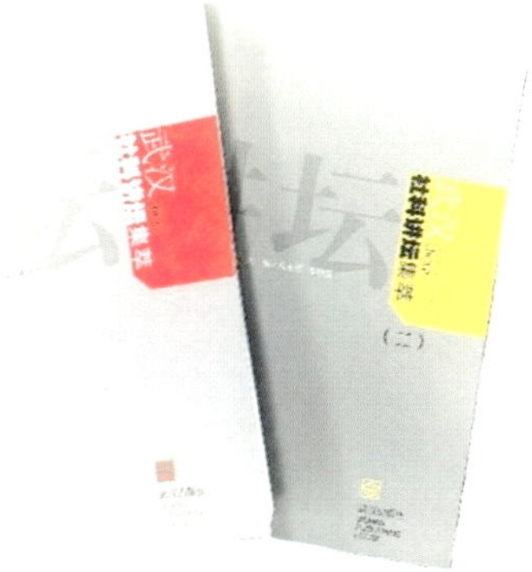

《武汉社科讲坛集萃》

08

第八章
通借通还　智慧互联

作为中国重要的科教中心城市，武汉将“市、区公共图书馆通借通还”工程作为政府“十件实事”之一，五大文化惠民工程之一，在最大程度上助推武汉“读书之城”建设。武汉图书馆正全力实施“通借通还”工程，最大限度降低阅读成本，让更多的人能就近借阅所需图书，最大限度降低阅读成本，从而推进全民阅读，构建一个公平、便捷、高效的图书馆服务网络，为武汉市建设“智慧城市”“幸福城市”“国家中心城市”，实现在中部地区率先崛起做出贡献。

第一节

“一卡通用，通借通还”

“一卡通用，通借通还”是一种全新的服务方式和理念，它不但打破时间和空间的局限，而且打破了读者所属馆和文献所有权的局限，使文献信息资源在更大的范围内实现共享，是彰显公共图书馆“公益、共享”价值理念的重要举措。

通借通还服务网络建设是在不改变现有武汉市公共图书馆行政管理体制的前提下，采用市、区两级财政分担建设机制，以武汉图书馆为业务中心馆、区级图书馆为区级业务总馆、街道社区图书室为区级业务分馆、24 小时自助图书馆为补充的“中心馆-总分馆制”的运营模式，通过统一的图书馆集群管理系统将散落在全城的服务网点联结一个“图书馆群”，借助现代化物流实现文献资源在各服务网点全流通。通过分阶段逐步推进，最终建成组织结构科学合理、文献资源统一调配、服务质量基本一致、运行高效节约，全市覆盖的公共图书馆服务网络，实现“一馆办证、多馆通借；一馆借书、多馆通还”的服务目标。

在武汉市政府的关注与主导下，武汉图书馆通借通还服务网络取得了突破性进展。为支持武汉市十件实事之“市、区公共图书馆通借通还工程”和“24 小时自助图书馆工程”，2013 年市财政拨款 1370 万用于两项重大工程建设。在市文化局主持下，由武汉图书馆具体落实，在总结多年建设经验基础上，经过考察调研、专家论证、馆长协商，最终形成了切实可行的《武汉市公共图书馆通借通还工程建设实施方案》。

2014 年 1 月 1 日，武汉市、区 16 家图书馆已全面展开通借通还服务。读者只要持有市区各馆的图书证，就可在任何一家图书馆借阅、归还书籍，真正迈出了连锁式图书馆服务的第一步。

第二节

“中心馆-总分馆”特色

武汉市通借通还工程首创先例，采取“两个市级中心馆合作，搭建联合管理平台”的双中心管理模式，运用“分层通借通还”运营模式，并借力第三方技术支持，建立服务外包型技术维护模式，构建通借通还服务平台，集成各类文化信息和服务载体，建立一揽子文化服务推送模式，处处显示出武汉在“文化五城”建设中的创新理念。

一、双中心馆管理模式

武汉市公共图书馆总分馆很有特色，采取两级总分馆系统联盟的模式，即由武汉图书馆、武汉市少儿图书馆和各区图书馆组成总馆联盟。每一个总馆结合自身优势，在统一规划下，以加盟、直营、合作和委托等多种形式开展分馆建设。基本运作框架如下图：

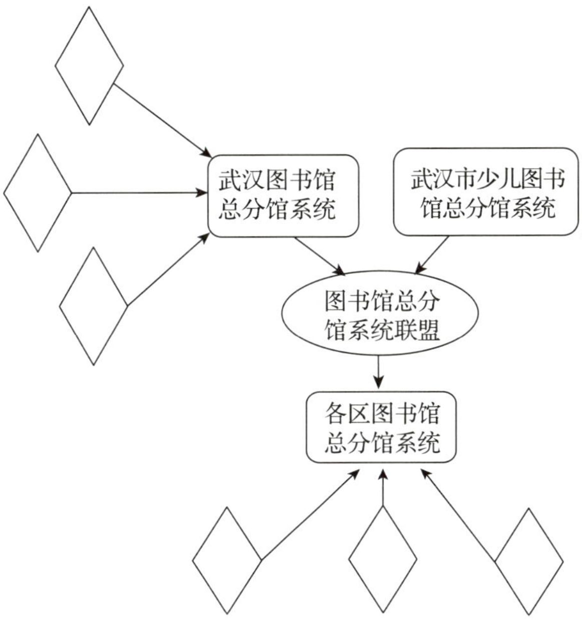

总分馆系统联盟基本运作框架

目前，全国其他城市图书馆通借通还服务网络建设，无论是总分馆建设模式或区域性图书馆服务网络建设模式，均采用一个中心馆（或总馆）的管理模式，这种管理权高度集中的模式对中心馆（或总馆）要求非常高，伴随着服务网络的不断延伸，中心馆（或总馆）承担任务过多，压力巨大。

因此在现有的总分馆系统联盟的基础上，武汉市公共图书馆通借通还服务网络建设采取双中心馆管理模式，即依托现有的两个市级公共图书馆，建立以武汉图书馆为中心馆、武汉市少儿图书馆为辅中心馆的双中心馆管理模式。武汉图书馆负责制定建设标准、管理制度、业务技术标准和规范，搭建联合管理平台，对全市通借通还工作进行督导和监管，并负责相关技术的总指导。武汉市少年儿童图书馆负责制定全市公共图书馆联合编目规范，对现有集群系统内的书目数据进行清理维护，对通借通还书目数据实行规范控制，并负责全市编目人员的技术培训。

二、分层通借通还运营模式

通借通还工程在实施“中心馆-总分馆”的基础上，通过统一平台和规范，实现分层通借通还运营模式。武汉市 14 家区级公共图书馆中，多数区级馆拥有较好的硬件、管理、技术、资金条件，如青山区图书馆馆藏总量19万、年度购书经费30万、已建分馆22个；硚口区图书馆馆藏总量18万，年度购书经费23万、已建分馆51个；江汉区图书馆馆藏总量21.7万、年度购书经费25万，已建分馆30个。由此可见，采用分层通借通还运营模式，更能发挥各区馆在本区内协调建设的优势，分担中心馆建设压力，总体上鼓励各区网络建设个性化发展，按需建立区级业务分馆。武汉市公共图书馆通借通还服务网络建设选择以市级图书馆为业务中心馆、区级图书馆为区级业务总馆、街道社区图书室为区级业务分馆、24小时自助图书馆为补充的“中心馆-总分馆制”三级运营模式。

三、统一的技术平台，实现RFID全覆盖

武汉地区图书馆根据发展现状，以武汉图书馆为中心馆，专人管理自动化集成系统，实现RFID全覆盖，这是武汉地区公共图书馆“通借通还”的一大亮点。全市图书馆馆际之间利用一个计算机网络相互连接，其中市图书馆与成员馆之间呈星形方式连接，计算机网络以VPN方式组网，而每一个成员馆的流通模块采用Interlib系统与中心馆连接，与总馆之间采用VPN技术形成虚拟专用网络。通过高效的网络管理平台，武汉图书馆作为市中心馆和数据管理中心，配备专用宽带，武汉市少年儿童图书馆和各区图书馆采用VPN专线方式与市中心馆管理平台连接。

四、完善的物流管理平台

武汉市公共图书馆通借通还工程，按分级承担、分层循环规则，建立中心馆物流配送中心和各区馆物流配送中心两级物流体系，由市、区财政分担两级物流费用。武汉图书馆负责全市通借通还图书分拣配送中心的管理，定期到市少儿图书馆及各区级总馆收集流通图书并进行二次分拣配送。各馆并不实行统一采购，各馆采购的文献资源产权归各馆，通过设立通借通还专架、区域集中物流方式解决了文献资产权管理问题，各馆设立专架对非本馆图书进行集中存放并向读者提供借阅。同时，市级物流配送实行服务外包方式，由外包服务方承担图书分拣配送中心建设、物流配送路线、物流人员及车辆安排等工作，武汉图书馆对其进行监督和管理。

五、有规则可循的保障机制

为保证通借通还工程的顺利进行和有效实施，武汉图书馆总结先前试点的经验，通过深入调研、专家论证及反复磋商，制定了《武汉市公共图书馆通借通还工程建设实施方案》，对武汉市通借通还工程的建设模式、建设内容、建设步骤进行了详细描述，对组织领导、各部门工作职责也做出相应的细化，确保了该项工程顺利进行。此外，还制定了《武汉市通借通还图书采购指导意见》《武汉市公共图书馆文献联合分编规范》《武汉市通借通还系统管理及维护规范》《武汉市公共图书馆系统流通规则》《武汉市公共图书馆系统代码标志规则》及相关管理制度和业务技术规范，这些规范性文件都为通借通还工程提供了全面、详细的部署和规定。

24小时自助图书馆

24小时自助图书馆

09

第九章
"24 小时自助"满城大书房

便捷的阅读方式、广泛的服务网络、丰富的文化资源、创新的服务手段使武汉市“24 小时自助图书馆”成为“读书之城”建设进程中一道亮丽的风景线。自助图书馆系统最根本的出发点就是“送服务上门”，将图书馆服务延伸到城市各个角落，将图书馆的资源充分利用起来，形成以图书馆为中心，自助图书馆网点遍布的创新服务平台，促进全民阅读。作为图书馆的新兴模式，“24 小时自助图书馆”是“以读者为中心”的创新实践，对保证公民享有开放、平等的文化权益，提升公民文化素质，起到重大的作用。

24 小时自助图书馆

第一节

“就近就便”新理念

2012年12月26日，第一批25台自助图书馆在武汉街头亮相，分布在7个中心城区和3个开发区的商业步行街、文化广场、公园、大型社区等人流密集、交通便利的公共区域，引起了市民的强烈反响。2013年，围绕6个新城区各建点2个、7个中心城区各建点1个（青山区2个），东湖高新、武汉开发区建点2个、武汉图书馆建点1个的总体方针，全市第二批新增25台“24小时自助图书馆”于12月31日正式投入使用，服务对象侧重于新型城镇化区域中的青年农民工群体。截至2015年，武汉24小时自助图书馆服务点如下图所示。

“24 小时自助图书馆”以“就近就便”为服务理念，为读者提供贴心的 24 小时服务，是永远开放的城市书屋。它以人文关怀为主导，以服务创新为目标，集成了图书馆自动控制、数据通信和数据处理等技术，以及相关的安全技术和生产工艺，是人性化、数字化、智能化与传统图书馆的完美结合，把物理的图书馆和数字的图书馆有机地结合在一起，把人文理念和高科技产物完美地结合在一起，把中心图书馆服务和社区图书馆服务巧妙地结合在一起。

如今，武汉市 24 小时自助图书馆俨然是一个个遍布于武汉三镇的小型图书馆，其功能齐全、操作简便、布点科学，同时不受时间限制、借阅耗时短，这些优点让自助图书馆颇受读者青睐。同时，24 小时自助图书馆还将与武汉地铁公众的自助图书馆对接，届时将形成遍布三镇、惠及城乡的庞大的自动图书馆服务网络。

24小时自助图书馆分布网点

江岸区
市民之家·金桥大道
吉庆街·中山大道黄石路路口
市青少年宫·解放大道正门
汉口江滩·三阳路广场右侧水池树阵
解放公园·沁芳桥
大江园·江大路南苑中门
汉口花园二期·后湖大道正门

江汉区
龙王庙公园·大兴一路路口
江汉经济开发区·发展一路江兴路路口
市博物馆·青年路正门
中山公园·啜茗轩茶社
武汉图书馆
民主一街·汉剧院宿舍

硚口区
硚口公园·中山大道正门
辛家地·古田二路融侨锦城
宗关·轻轨宗关站出站口
江城壹号创意园·古田四路南泥湾大道

汉阳区
人信汇广场·汉阳大道
莲花湖公园·汉阳大道正门
自立社区·鹦鹉小道中商平价
24路终点站·阳新路

武昌区
首义文化公园·楚善路彭刘杨雕像广场
水果湖步行街·西入口
昙华林·市十四中
四美塘·和平大道新一佳超市

青山区
绿荫广场·和平大道
青山区青少年宫·沿港路正门
钢都花园·园林路中百仓储

青山区
118街坊·建二路中商平价

洪山区
南湖水上生态公园·书城路正门
凯乐桂园·虎泉路地铁出口站
关山荷兰风情园·民族大道正门
街道口·珞瑜路街道口献血屋

东湖高新技术开发区
光谷软件园·软件园路A1栋汉口银行光谷支行
佛祖岭社区·流芳一路佛祖岭社区服务中心
武汉国家生物产业创新基地·高新大道666号

武汉经济技术开发区
沌口文化中心·联城路郭蔡路路口
全力北社区·沌口街全力北路

东西湖区
六顺路·街心花园
二雅路·汉口银行

江夏区
江夏区体育馆·熊廷弼路
世纪广场·北华街路口

蔡甸区
区文体广场·树藩大街
金家上城·汉阳大街新都汇

黄陂区
奥特莱斯广场·盘龙大道
黎黄陂广场·黄陂大道

汉南区
碧桂园小区·汉洪高速汉南区出口
区文化馆·汉南大道文豪酒店

新洲区
区人民广场·古城大道
阳逻·阳光路天河影城

24 小时自助图书馆分布网点

第二节

“自助借还”新体验

武汉24小时自助图书馆深入市民生活，为读者带来了新的体验。数据表明，截至2013年12月26日，仅第一批25台共流通图书20.5万册次，服务人次10.2万，新增持证读者6300人。2014年1月至4月，50台自助图书馆供应图书9.83万册次，服务人次4.6万。2014年读者调查进一步显示，武汉市84%以上使用过自助图书馆的读者，对自助图书馆所提供的各项服务均表示满意，72%的读者认为自助图书馆的使用改变了其传统获取图书的方式；44%的读者平均每周至少一次以上使用自助图书馆。中央电视台、《中国文化报》、人民网、新华网等20多家媒体都对武汉市24小时自助图书馆的开通和运行情况进行了专题报道和宣传。

24小时自助图书馆初创以来，为了提高市民对这一新式借阅方式的知晓率和使用率，武汉图书馆不断推出大型宣传推广活动。继2013年成功举办“24小时自助图书馆服务宣传周”后，2014年4月“武汉全民阅读日”，武汉图书馆再次推出“24小时自助图书馆宣传推广”活动。市、区两级公共图书馆借助24小时自助图书馆平台，开展了现场咨询、图书推荐、服务宣传、读者培训、科普展览等各类型服务宣传活动31场，全市近2万名市民沉浸在享受阅读的乐趣中。

武汉市民踊跃参加武汉图书馆开展的“24 小时自助图书馆宣传推广活动”

据统计，2014 年“武汉全民阅读月”，全市 50 台自助图书馆共流通图书 2.9 万册次，服务 1.3 万人次，创下自助图书馆开通以来流通图书和服务人次的新高，较上次最高值同比增长 45%。

武汉 24 小时自助图书馆以贴心、便捷、优质的文化服务，开展“江城书香”街头建设，为建设“文化武汉”“魅力武汉”“幸福武汉”做出了贡献。

第三节

“三网融合”新模式

随着全市公共图书馆通借通还工程的实施，武汉市图书馆界迎来了资源整合、结构优化的新机遇，市民通过一张公共图书馆通借通还读者证即可实现“一馆办证、多馆通借；一馆借书、多馆通还”的新型图书借阅模式。同时，第四代新汽车图书馆在汽车图书馆创建成立三十周年之际投入使用，极大提升了武汉图书馆馆外服务的深度和广度。武汉图书馆抓住机遇，将全市公共图书馆流通图书进行数据整合作为资源储备，以各区图书馆、汽车流动服务点、24 小时自助图书馆服务点为服务基站，通过新汽图、各区流动图书车、24 小时物流服务的流通干线进行串联，对全市公共图书馆通借通还网络、汽车流动服务网络、24 小时自助图书馆服务网络进行数据、图书、物流的三连通，实现三网融合，构建立体式的公共图书馆服务网络，力求为市民提供“15 分钟步行圈”的阅读服务，“让读书的身影遍布武汉市的每一个角落”。

在“读书之城”的建设中，图书馆不仅仅是资源提供单位，更肩负着构建市民终身学习体系，着力培养市民崇尚阅读、自觉阅读良好习惯的重要使命。武汉图书馆依托 24 小时自助图书馆广泛的服务网络、实时信息发布平台、集群化管理系统，不断优化图书配送结构、提高图书更新频率、全面提升服务效能，借助媒体宣传推广、读者培训、主题荐书等措施，培养读者良好的阅读习惯，努力打造自助图书馆品牌服务的新形象。

10

第十章 “汽车图书馆”流动服务网

汽车图书馆，又称为“流动图书馆”，其作用是把图书馆流通服务延伸到社会的各个基层。为逐步改变城乡及各区文化服务发展不平衡状况，保障弱势群体的基本文化权利，从2005年起，武汉市每年投入100万元，计划用3～5年的时间在武汉市建立一批流动图书书库和基层（乡镇、社区、村）流动图书室。由此，以流动图书服务车为纽带，以市级图书馆为龙头，各区图书馆为分中心，社区（村）图书馆（室）为基层流动服务点的图书流动服务网络基本形成。

第一节

四代“汽车图书馆”

1984 年 8 月 14 日武汉图书馆大胆创新，积极拓展图书馆的流动服务功能，在全国图书馆界率先创建了“汽车图书馆”。最早的第一代“汽图”车是一辆大货车，首次为偏远的原黄陂县（现黄陂区）滠口乡、横店镇的农民读者送书上门服务，以满足他们对读书的渴望，对科技致富的追求。一经推出，备受欢迎。

1985 年 10 月初，由武汉图书馆、武汉滨湖机械厂联合研制的“汽车图书馆”专用车试制成功，并于同年 12 月 16 日启用。1987 年第二代“汽车图书馆”在文化部召开的第四次科技成果鉴定会上获四等奖，引起文化部的极大关注，并在全国公共图书馆中大力倡导“汽车图书馆”的服务功能。1994 年，武汉图书馆被文化部授予“全国汽车图书馆工作先进集体”称号。由此，全国图书馆并纷纷组建“汽车图书馆”，一度掀起高潮。

2000 年 12 月 30 日，武汉图书馆乔迁新馆。恰逢乔迁之喜，服务功能更完善的第三代“汽车图书馆”于 2001 年元月诞生了。至此“汽图”车已巡回跑遍了武汉市的大街小巷和十三个辖区，深入到社会福利院、社区、居委会、学校新农村及城镇化区域等 66 个服务点，特别值得一提的是，四个远城区的新农村也感受到了“汽图”服务的浓浓暖意。

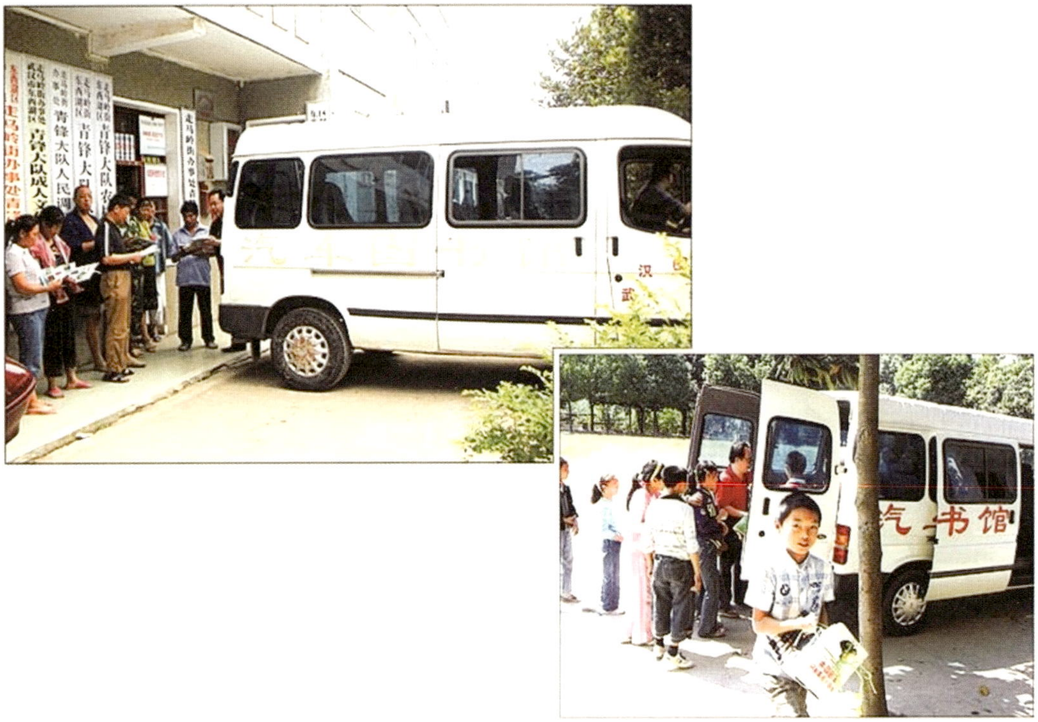

武汉图书馆第三代“汽车图书馆”

2013 年，为推动全民阅读，完善和发挥公共图书馆衍生服务的职能，武汉市文化局投资 60 万元为武汉图书馆购置了第四代“汽车图书馆”。新一代“汽车图书馆”依托“设备 + 技术 + 资源”的核心理念，配备笔记本电脑、图书充消仪、条码扫描仪、打印机、投影仪，安装图书馆自动化管理系统，通过无线上网等现代通讯技术与图书馆实时互联。车内主要有图书借阅区、办公服务区、读者阅读区，身兼借阅、服务、活动三大功能。汽车开到哪里，图书馆的服务就“跟随”到哪里，相当于一个“行走着”的迷你型图书馆。完善的服务功能，先进的服务手段，便捷的服务方式，丰富的文化资源，受到广大市民的青睐，被称为“身边的流动书房”。

武汉图书馆第四代“汽车图书馆”

第二节

市馆—区馆流动服务体系

2005年武汉市启动了流动图书服务网络体系项目的建设，改变了长期以来武汉图书馆单独利用“汽图”车开展流动图书服务的状况，武汉市流动图书服务开始进入由点到面、规模发展的新时期。项目建设中，坚持信息资源共建共享，不断完善管理体制与运行机制，拓展服务范围，创新服务形式，打造服务品牌，取得了良好的社会效益。武汉市流动图书服务网络体系经过几年的建设，已经形成由武汉市、区的流动图书书库和基层（乡镇、社区、村）流动图书室组成的，市、区、乡三级全覆盖的流通服务网络。

武汉图书馆利用“汽车图书馆”开展的活动

一、坚持共建共享，盘活文献资源，提高公共文化供给水平

近几年来，国家加大了文化惠民工程的建设力度。武汉市文化局抓住这一契机，将流动图书服务网络体系建设与全国文化信息资源共享工程、农家书屋等重点文化工程进行统一规划，坚持共建共享，提高资源利用率，形成工作合力，构筑起一个无地域限制、全时段服务、全面覆盖的文化信息资源网络。截至 2010 年，通过共建基层服务点、共享数字资源、共创传输渠道等方式，流动图书服务联合共享工程开展文化信息资源服务活动 600 余场次，惠及市民 70 余万人。

二、统筹城乡文化发展，推动基本公共文化服务均等化

武汉市流动图书服务在保障全民共享基本文化权益方面，体现了对基层群众特别是相对信息匮乏的广大农民的深层次、多方位、强力度的关注。市、区两级图书书库坚持“需求牵引”的原则，加强面向“三农”的资源建设，不断促进农村基层服务点的建设，努力使农村基层服务网点成为具有信息服务、教育培训、开展文化娱乐活动等多种功能的文化

中心。截至2010年，在全市各乡镇、街、村建立的农村基层流动服务点已达1776个，在全市所有村镇的覆盖率达到87%。

三、贯彻公共图书馆公益普惠精神，保障特殊群体文化权益

长期以来，武汉市流动图书服务网络体系建设以流动服务车为载体，把文化服务的触角延及老年人、未成年人、劳改人员、城市低收人居民、残障人士、进城务工人员等特殊群体，充分利用图书、电子资源，积极发展多种形式的流动文化服务，为各种层次的读者服务，体现了公共、公开、公益、共享、平等、自由的公共图书馆核心价值与服务理念，成为延伸服务范围、尊重公民文化权利的重要举措。

迄今为止，全市共设立流动服务点达66个（见下表），辐射社会各个区域，包括社会福利院、社区居委会、学校、新农村及城镇化区域等。

汽车图书馆部分流动服务点

序号	所在区域	服务点名称	序号	所在区域	服务点名称
1	江岸区	江岸区社会福利院	17	硚口区	宗街新合社区
2		四唯街平安社区	18		宝丰街公路社区
3		武汉市流浪未成年人保护中心	19		宗街发展社区
4		百步亭花园社区	20		长丰街丰竹园社区
5		武汉老年大学	21		汉水桥街皮子街社区
6		武汉市第三十中学	22	汉阳区	汉阳区社会福利院
7	江汉区	江汉区社会福利院	23		江堤街文化站
8		万松街武展社区	24		湖北省交通规划设计院
9		万松街青松社区	25	东西湖区	常青花园社区
10		万松街居家养老服务中心	26		走马岭街青锋大队
11		民意街舞台社区	27		慈惠街石榴红村
12		花楼街苗家码头社区	28		吴家山街开屏里社区
13		唐家墩办事处文化站	29	江夏区	安山镇株山村
14		唐家墩天门墩社区	30		五里界街锦绣村
15	硚口区	硚口区社会福利院	31		法泗镇文化站
16		韩家墩街云鹤社区	32	蔡甸区	奓山街星光村

（续）

序号	所在区域	服务点名称	序号	所在区域	服务点名称
33	蔡甸区	消泗乡文化站	37	黄陂区	罗汉寺街金寨村
34	黄陂区	祁家湾张店村	38		木兰乡大余湾民俗文化村
35		木兰乡柿子小学	39		武湖农场国强图书馆
36		罗汉寺街文体服务中心	40	新洲区	辛冲镇虎山村

武汉市流动图书服务网络体系建设自启动以来，不但积累了丰富的经验，而且取得了极为显著的成绩。在流动服务网络中，武汉图书馆的“汽车图书馆”始终占据主导地位，是流动服务的主力军。它促进了武汉市文化信息资源的真正共建共享，保证了武汉市基层民众的基本文化权利。

徐明庭工作室

11

第十一章

收藏武汉　传承文脉

城市如人，是有灵魂和记忆的生命体，如 19 世纪美国著名作家爱默生所说“城市是靠记忆而存在的”。城市记忆是在历史长河中慢慢积淀起来的，凝固了千百年的历史信息与文化基因。一砖一石，一街一巷的历史遗存，一点一滴的地域文化，都是一座城市记忆的最有力印证，不仅记录着城市兴衰、变迁、演进的沧桑岁月，承载着城市从蹒跚学步的童年到英姿勃发的青春的成长印迹，更让这座城市焕发出文化的光彩与独特的魅力。

文献是历史信息的重要载体。武汉图书馆拥有丰厚的文献资源与文化家底。馆藏地方文献不仅是对武汉源远流长的历史的记录，更承载与丰富着这座城市历久弥醇的文化积蕴。透过散发文化气息的文献资料，读者往往能触摸武汉往昔和现在乃至未来的脉动，与城市进行超越时空的精神对话。

第一节

文献室“小地方”

纵观武汉图书馆地方文献事业 70 年的发展历程，大致分为三个阶段。

一、20 世纪 50 年代蹒跚起步

早在武汉图书馆筹备期间，当时汉口市立图书馆的工作人员就已经着手武汉地方文献的收集。

1952 年 7 月，图书馆接受民政局拨交图书 2899 册，采购人员将张难先和李书城等人手迹作为特殊文献选出，单独收藏。

武汉图书馆地方文献阅览室

1953 年武汉图书馆正式对外开放后，时任领导在摸清整个图书馆的藏书后，认为当时武汉图书馆的藏书有限，远不能与湖北省图书馆相比，而武汉图书馆若要在全国图书馆界占有一席之地，必须有特色，走自己的路。加强武汉地方文献建设，就是特色之路。

1957 年 3 月，武汉图书馆在《长江日报》刊登启事，征集武汉地区文献资料，包括中华人民共和国成立前出版的有关武汉地区政治、经济、市政建设、水利等书刊资料。同年成立了武汉图书馆采购委员会，制定采购原则与标准，其中尤以线装书以及地方志书为主要的采购对象。

这样，武汉图书馆地方文献工作起步了。

二、20 世纪八九十年代，风生水起

1978 年党的十一届三中全会后，武汉图书馆的各项工作重入正轨。

为了抢救中华人民共和国成立前的武汉文献，武汉图书馆采访人员只争朝夕，穿梭于武汉各大出版社、书店以及大街小巷，奔走于北京、南京、青岛、湖南、四川等地，通过收购、复印等方式收集散落各地的武汉文献，如从青岛图书馆复印一批《武汉市政公报》，从江苏省图书馆复印回《汉口商业月刊》，从广州图书馆购买回《武汉工人运动史》等。功夫不负有心人，武汉图书馆地方文献品种和数量都得到极大的补充和丰富。

文献的收集是地方文献工作的第一步，而如何利用文献则是图书馆地方文献工作的重心。20 世纪 80 年代，全国地方志第一次工作会议在北京召开，掀起了全国修志高潮。随着武汉市修志工作紧锣密鼓地开展起来，武汉图书馆这个“小地方”的知名度也越来越高。

当时，为了积极配合武汉市的修志工作，图书馆人将馆藏旧报纸、旧期刊中有关武汉的篇目摘录出来，制作了 1 万余张索引卡片，编辑了 9 批《“武汉地方志”参考资料目录》，方便专家查找。时任馆长王荣宝连续在《武汉方志通讯》上发表了《试谈地方志的创新问题》《方志编写杂谈两则》《我们怎样制作资料索引卡片》等文章，就新时代方志理论与方志编撰体例的创新进行探索，这些文章极有参考价值。馆员徐明庭参与了《武汉市志·人物志》《武汉市志·文化志》等多部市志的修撰与审校。1981 年，武汉图书馆被评为编修方志先进单位。

三、2000 年到现在，双室创立

21 世纪晨光熹微，一桩喜事降临武汉图书馆，于 2000 年 12 月 31 日乔迁，几代图书馆人的愿望得以实现，接踵而至的是武汉图书馆地方文献室的成立。

地方文献阅览室在武汉图书馆新馆五楼，占地 400 余平方米，面积不大，功能齐全，划分为“政府信息专区”“武汉文献展示区”“武汉地区作家作品展示区”“武汉地区出版社新书展示区”“书库”“阅览区”6 大功能区。内藏武汉文献 35000 余种，集藏、用、阅于一体。是武汉市民了解家乡、阅读家乡、研究家乡之佳处。

2002 年，武汉三镇百业腾腾，全市阅读武汉、研究武汉热情高涨，而此时的武汉图书馆地方文献工作青黄不接、人才匮乏。领导大胆决策，返聘地方史专家、老馆员徐明庭回馆，主持地方文献的参考咨询及研究整理工作，并于 10 月 30 日创立徐明庭工作室。

武汉图书馆“徐明庭工作室”

第二节

“小地方”传播大文化

“1954 年 2 月，接受中南图书馆（湖北省图书馆）赠送的《张文襄公治鄂记》和《辛亥武昌首义》两书。”

“1980 年，……先后从北京、上海、南京、广州、重庆和云南、青海等省市采购和复制了大量有关武汉及湖北的地方资料。”

……

如此，一本本记载武汉山川形胜、郡县沿革、名胜古迹、街衢市井、物产趣闻、诗文遗作等的特色文献，如涓涓细流终究汇集成荆楚文化的汪洋大海，聚集于武汉图书馆地方文献室这斗室之地，并大放异彩。

武汉图书馆地方文献室举办的“武汉地区方志与年鉴展”

品读武汉——2014 年武汉地区出版文献展

武汉图书馆地方文献室举办的“惟楚有才著作展”

在“阅读武汉”“海选汉宋好书”书展中，读者可尽情畅游巍巍黄鹤楼、千载古琴台、碧绿东湖水、野趣木兰寨，以及晴川阁、归元寺、长春观、红楼、八七会址、农讲所等名胜古迹；可深切感受武汉特有的磨子会、荷叶灯、祭灶神、放河灯、甘蔗节、东岳庙会等民俗魅力；可大饱眼福，诸如中华大酒楼的武昌鱼、小桃园鸡汤、老通城豆皮、蔡林记热干面、四季美汤包、五芳斋宁波汤圆、谈炎记水饺等汉味名吃。

在“纪念辛亥革命”“抗日战争”图片展中，那一张张泛黄的历史照片，诉说着百年武汉史诗般的壮举和沧桑，读者从老照片中看到辛亥首义的硝烟，体会到抗战岁月的艰辛，震撼于武汉民众“敢为天下先”的胆量和不屈不挠的意志。

第三节

真实的见证：讲“故事”的老人

在汉口老里弄给读者讲故事的徐明庭老先生

武汉图书馆地方文献室有个会讲“故事”的老人，老人每天坐在工作室，给认识的、不认识的一波又一波的专家学者、市民大众、地方史爱好者，津津有味地讲述武昌鱼，讲述花楼街，讲述江汉关，讲述刘歆生……。这位老人就是人称“武汉通”的徐明庭老先生，武汉图书馆的一名资深馆员。

承庭训，钟情武汉文化

徐明庭，1927 年出生于武汉市黄陂区蔡榨镇鸿界山下姜徐家村一个书香世家，一岁时随家人移居汉口，从此，开始了他与武汉、与图书馆不解的情缘。

徐明庭热衷于研究武汉掌故，一方面因长期生活在武汉，大到战争灾荒，小到里巷传说，他都亲历亲闻，记忆犹新。另一方面得益于其祖父的循循善诱。祖父徐文陔乃晚清秀才，于旧学造诣颇深，曾写过《汉皋竹枝词》《万城堤防辑要》等。因而，徐自小在其祖父的垂训下，3 岁起就开始严格的旧学训练。

1944 年，少年徐明庭从汉口市立高级师范学校毕业，考进成都一所大学。他一有时间就钻进祖父的书房，饱览祖父的藏书。藏书中有许多武汉地方书籍，如《汉口竹枝词》《汉口丛谈》《黄鹄山志》《大别山志》《武昌要览》……，皆让他爱不释手。

1953年武汉图书馆筹建，26岁的徐明庭已在武汉文化界崭露头角，遂调到武汉图书馆从事研究工作，这次的调动与徐明庭的志趣竟不谋而合，他如鱼得水……

痴答疑，耽于“讲故事”

“讲故事”是图书馆的一项重要工作。在图书馆工作达30年之久的徐明庭更加深谙于此。

30余年里，徐明庭埋首于记述武汉的历史书籍，对武汉往昔了然于心。正是因为有了这份深厚的功底，以及他对武汉的那份挚爱，那些脍炙人口的老武汉故事，徐老随时都能信手拈来，脱口而出，“武汉有个鸭蛋壳”“四官殿的传说”“百年老店高黏除”“张之洞制谜与猜谜”“黄鹤楼飞金”“黄鹤楼上看翻船”……在他娓娓讲述之中，老武汉便从一个又一个的传说中鲜活起来。徐老“武汉活字典”的美名不胫而走，找他“讲故事”的读者越来越多。

武汉大学著名教授冯天瑜这样评价徐明庭：“一个地方是不能离开像徐老这样通晓地方掌故的专家的。在武汉，要多几个像徐明庭这样的人就好了。”此言公允。武汉地方志专家们对徐明庭更是赞赏有加：“如果说地方志是‘一方古今之总览’的话，那么这位朴实无华的老人就是武汉地方志资料库的‘提调人’，在武汉首届地方志的编修历程中，我们遇到难题时总要请教他。”

传帮带，培养“讲故事”接班人

徐明庭常说：要做一个会“讲故事”的很难，做一个会“讲故事”高手更难，若没有深厚的文化底蕴不行，没有丰富的武汉文献常识更是寸步难行。徐明庭多次呼吁要重视武汉文献，深挖武汉历史。他深有感触道：“安徽的‘徽学’研究已经成为显学，上海也掀起了地方研究的热潮，但武汉人对武汉的研究做得还远远不够。从清光绪年间至今，外国人研究武汉的深度和广度远远超过了武汉本地人。”“在武汉，前人留下来的资料本来就缺乏，再加上一些史料毁于战乱，而中华人民共和国成立后在这方面发掘又不够，许多保存的资料也未得到充分的利用，这是一个极大的遗憾。”为弥补遗憾，徐老带领工作室的年轻人走在探索“武汉学”的道路之上，正所谓“路漫漫其修远兮，吾将上下而求索”。

前言

12

第十二章

古籍保护　任重道远

武汉图书馆古籍阅览室

20世纪的后二十年是武汉图书馆各项业务建设快速发展的时期，馆藏古籍的整理、编目与修补工作全面恢复并取得了显著成绩。

搬迁至新馆后，经费及馆舍条件都得到了极大改善，古籍工作也得到了飞速的发展，由原来手工工作时代转变为计算机数据时代。2003 年 7 月，武汉图书馆完成了善本古籍数据库需求分析及功能模块的设计，9 月，完成该数据库后台管理系统的开发，开始基本数据录入工作。与此同时，开始进行前台用户检索界面的开发，并于 2003 年 10 月底完成。目前，数据库中有古籍分编数据 119 条、提要 110 篇 20 万字、涉及各学科的试验性专有名词词条近 2.5 万条，数据总容量已达到 25.2GB，并不断增加中。

武汉图书馆古籍分编自 2002 年起使用计算机编目，分类法采用了武汉图书馆自己编制的《四部分类法》。根据“武汉图书馆馆藏古籍善本数据库”项目建设的要求，2002 年 5 月，武汉图书馆开始参照《汉语文古籍机读目录格式使用手册》进行编目工作，并制订完成《武汉图书馆古籍机读目录格式使用手册》以做补充，经过一段时间的试用和修改，同年 11 月，馆藏经部古籍善本的机读编目工作正式开始。武汉图书馆古籍机读编目属于详编，著录项目完全，记录完整，全面提供题署、序跋、校点、牌记、刻工、行款、印记等信息，初步形成了“版本档案”，检索者可以借此更详尽地了解古籍的外在特征。

2005 年起，武汉图书馆聘请了古籍专家为历史文献部的新同志们讲授古代汉语课程和古籍相关知识，包括《古代汉语》第一至四册、古籍版本学知识、武汉图书馆古籍分类表、《中国文献编目规则》、《中华人民共和国国家标准古籍著录规则》等。其间，古籍分编人员学习认真，完全能够独立完成古籍分编任务。

武汉图书馆古籍修复实物图

灰尘、虫噬、细菌等对古籍的侵害是不可逆的，修复工作是延续古籍生命的重要手段。古籍修复是我国古籍保护工作中的突出问题，修复手段落后及修复人才的匮乏给许多图书馆的古籍保护工作带来了巨大的困扰。而武汉图书馆在上个世纪 80 年代已经意识到这一问题，并分别安排了工作人员赴上海图书馆、中山图书馆、湖南图书馆等地学习修复技术，培养了一批古籍修复人员长年从事这一工作，所以，武汉图书馆古籍修复工作一直在有条不紊地进行着，古籍修补人员最多的时候为 4 人，对于只有 22 万册古籍的公共图书馆来说，人员投入还是相当大的。从 2006 年开始，武汉图书馆古籍修复人员按照相关要求实行定量工作，根据古籍不同的破损程度在保证质量的前提下完成定额的修复任务，截止到 2012 年，已经完成 5026 页古籍的修复工作。近年来，武汉图书馆古籍修复工作曾先后被《楚天都市报》《武汉晚报》等媒体报道，深受广大市民的好评。目前为止，武汉图书馆馆藏善本古籍均已修复完毕。2015、2016 年武汉图书馆古籍修复技艺分别被武汉、湖北省政府批准为市级、省级非物质文化遗产代表性项目。2016 年武汉图书馆古籍修复人员贺琳被确定为市级非物质文化遗产项目代表性传承人。

2007 年文化部正式启动了国家级重点文化工程——“中华古籍保护计划”。2008 年 3 月 1 日，国务院批准文化部确定的第一批全国古籍重点保护单位（51 个）名单，武汉图书馆列入其中。2009 年 3 月，武汉市人民政府办公厅发出通知，建立了由武汉市文化局牵头的古籍保护工作联席会议制度，武汉图书馆负责开展全市古籍保护工作，对区级图书馆进行古籍调查。

2009 年，武汉图书馆争取到 50 万的古籍保护专项经费。专项经费用于改善古籍善本书库的保管条件，包括建立独立机房，更换恒温恒湿空调系统，加装书库防紫外线灯源，地面地板改造，加强安防措施等。古籍特藏书库于 2009 年 10 月改造完工，书库室内温度保持在 16℃～22℃，湿度保持在 45%～60%，其他各项指标也均达到或超过国家标准。

改造后的古籍书库

近年来国家对古籍保护工作的重视也引起了社会大众的广泛关注，越来越多的读者对古籍产生了兴趣，古籍宣传工作显得尤为重要。武汉图书馆借助与国家图书馆、上海图书馆的合作，举办了一系列与古籍相关的展览和讲座，如“中国书史展”“中国传拓技艺展”、古籍查询及鉴赏讲座等。2013 年，武汉图书馆还举办了“武汉图书馆古籍保护成果展”，全面详尽地介绍了在古籍保护工作上取得的成就。

国家图书馆与武汉图书馆共同举办“中国传拓技艺展”

此次“武汉图书馆古籍保护成果展”是武汉图书馆首次公开展示馆藏珍贵文献，也是武汉地区对古籍保护工作成果的一次检阅，对推动武汉文化建设与古籍保护工作具有重要意义。此次展览采用了实物展示和展板展出两种方式，实物展示包括修复工具、修复古籍实物前后对比、入选珍贵古籍证书、国家标准等；展板简要回顾和介绍了“中华古籍保护计划”实施以来武汉图书馆古籍保护工作取得的重要成果和进展，全面介绍了武汉图书馆入选国家及湖北省珍贵古籍的基本情况，展示了收入“名录”的20余部珍贵古籍，并对古籍修复流程做了完整的图文介绍。

武汉图书馆古籍保护成果展

此次古籍保护成果展示不仅向读者宣传了古籍的珍贵性和古籍保护工作的重要性，也使全社会都来认识和重视古籍，参与到古籍普查和保护的工作中来，更是极大地推动了整个武汉地区公共图书馆服务体系对中华古籍保护工作的重视与开展。

古籍保护工作任重道远，与书为伴虽然寂寞，但责任重大。公共图书馆责无旁贷。在恪守传统中踏实前行，在创新思想中尽情发挥，才能使古籍保护工作溯源开新，行稳致远。

武汉图书馆

图片篇

武汉图书馆始建于1946年10月，2000年12月搬迁至建设大道861号，新馆馆舍建筑面积3.2万平方米，拥有借阅合一阅览室、参考文献阅览室、古籍阅览室、多功能报告厅及学术活动室等功能服务区共16个。截至2015年底，馆藏文献总量达272万册（件），其中古籍22万册（件），数字资源容量达到274TB，已建成集印刷文献、电子文献、缩微文献、视听文献、网络文献为一体，学科门类齐全、虚拟与实体馆藏相结合的文献资源保障格局，形成了以中国哲学、法律、经济、碑帖等学科为重点，以地方文献为特色的馆藏体系。曾先后被评为国家一级图书馆、全国首批古籍重点保护单位、全国首批“数字图书馆推广工程”试点单位，并获得全国“全民阅读示范基地”、湖北省“十佳图书馆”等荣誉称号。

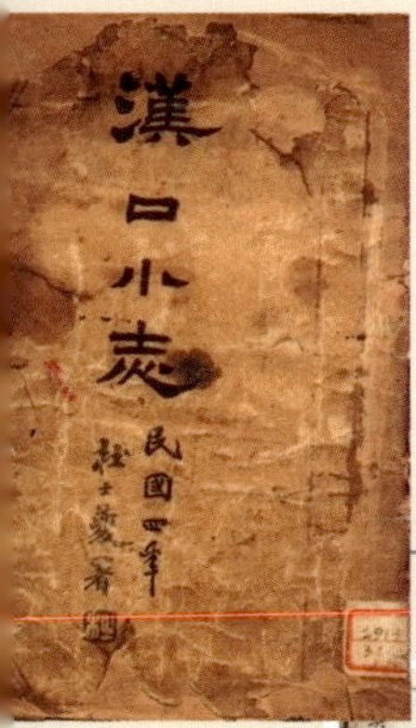
漢口小志
民國四年

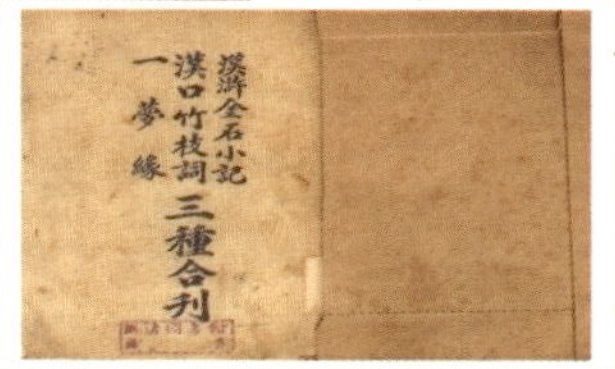
漢口竹枝詞
一夢緣
三種合刊

新漢口
湖北民教

13

第十三章

地方特藏

武汉图书馆作为武汉地区地方文献的收藏中心，长期致力于湖北及武汉地方文献的收集，截至2014年年底，入藏新、旧地方文献近3万种，4万余册。其中各种新、旧纸质图书2.7万余种，报刊2600余种，缩微胶卷、光盘、照片等文献2000余种，能满足各种不同类型、不同层次读者的需求，达到了研究级文献水平。

武汉图书馆对收集1949年以前的出版物不遗余力，或购买，或复制，形成馆藏地方文献三大系列：（1）各类地方志、专类志近130余种；（2）地方旧报纸、旧期刊400余种，地方旧报刊的缩微胶卷近300余种；（3）地方老地图、老照片等近1000余种，其中不乏孤品、精品。丰富的馆藏报刊，为武汉城市研究提供了大量详实的历史史料，是地方文化研究的重要文献。

1912年，夏口（今汉口）独立成县，1920年，《夏口县志》诞生。它是汉口独立成县后的第一部志书，也是1949年之前全面详细记载汉口史地、人文、经贸的唯一一部志书。难能可贵的是，该志成书于民国初年，时值武汉知识界受西方启蒙思潮影响，现代进化论、民生史观初现端倪，因此新思想也体现在该志的编修过程中。《夏口县志》在编辑体例、纲目的设置及内容的选取上，着眼于国计民生，增设了交通、实业、交涉、商务之类反映近代社会生活的新事物、新行业。该志不仅在武汉志书中地位突出，而且在中国志书编撰史上具有承前启后的作用。

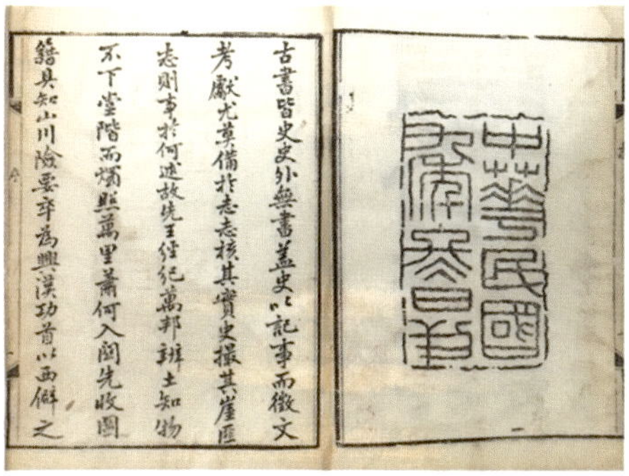

夏口县志（牌记）

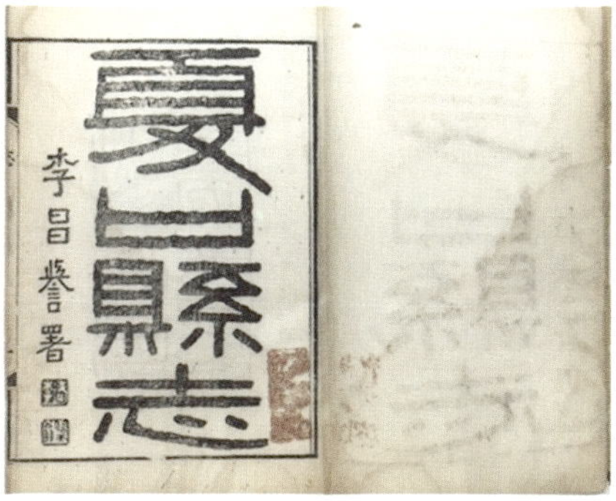

夏口县志（封面）

志书的种类繁多，除如《夏口县志》这类的一地之志外，还有一山之志，一水之志，一物之志，它们同样具有“不下堂而知五土，不出户而观万方”的功用，《汉口山陕西会馆志》就属此类。据《汉口山陕西会馆志》记载：“西会馆者，为山、陕两省士商办公之所。坐落于汉皋循礼坊夹街。创始于康熙癸亥（1683 年），被毁于咸丰甲寅（1854 年），复兴于同治庚午（1870 年），工讫于光绪乙未（1895 年）。惟恐年久失考，特请新安汪松如茂才绘会馆地图，……因记其大略。”西会馆即汉口山陕西会馆。西会馆是武汉 200 余座会馆公所中的一座，且为汉口唯一一座两省共用会馆。这部志书刊刻于光绪二十二年（1896 年），记录了汉口山陕西会馆的建筑规模、建筑布局、建筑功用、馆内陈设、祭祀风俗以及山西、陕西两省在汉人员的经营状况，尤其是对会馆建筑着墨甚多，是一部研究清代汉口商业、商帮及汉口建筑文化的重要文献。诸如此类，馆藏还有《汉口紫阳书院志》《黄鹄山志》《鹦鹉洲小志》《沙湖志》《长春观志》等。

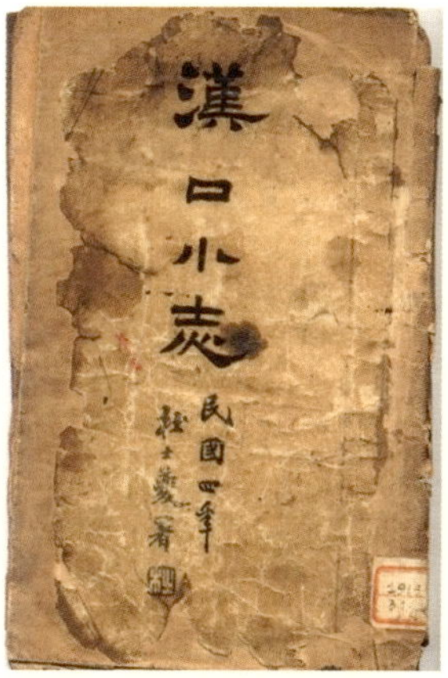

汉口小志

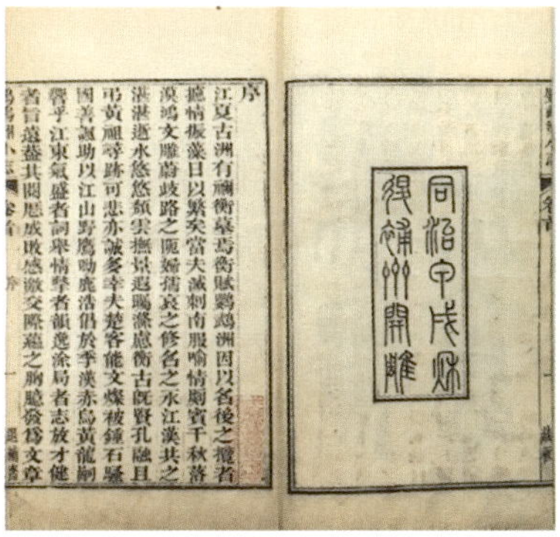

鹦鹉小志（序）

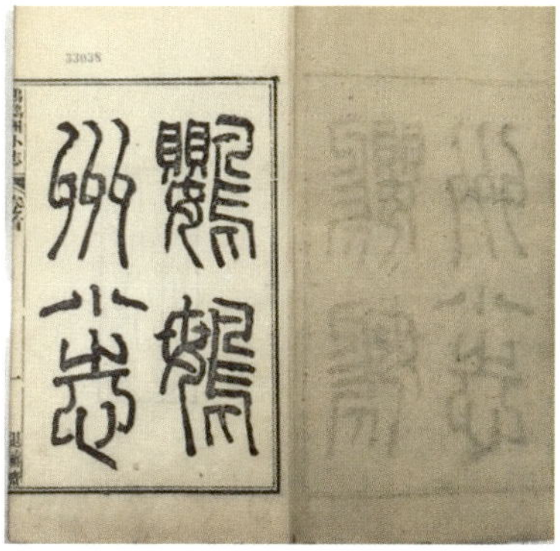

鹦鹉小志，同治十三年刻本

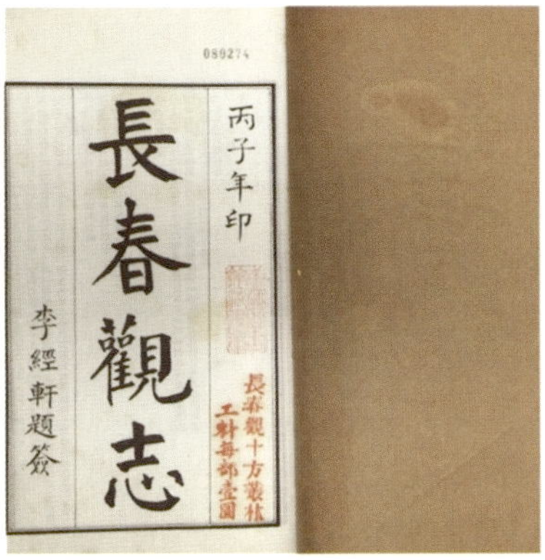

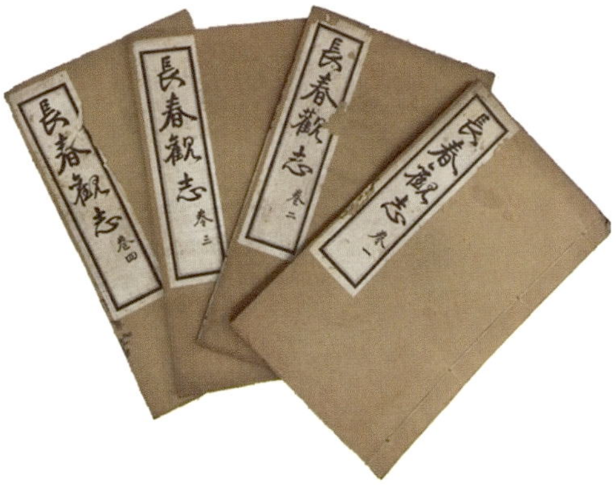

长春观志（封面）

长春观志

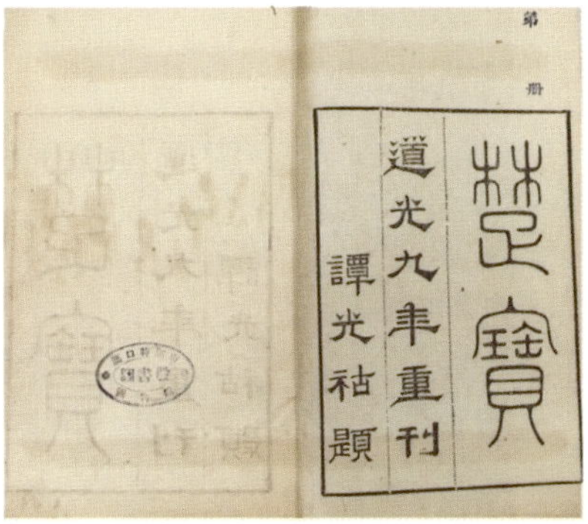

楚宝（牌记）

楚宝，道光年重刊版

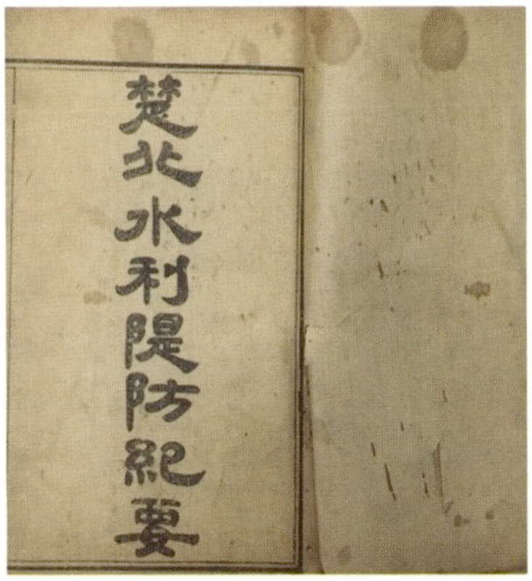

楚北水利堤防纪要

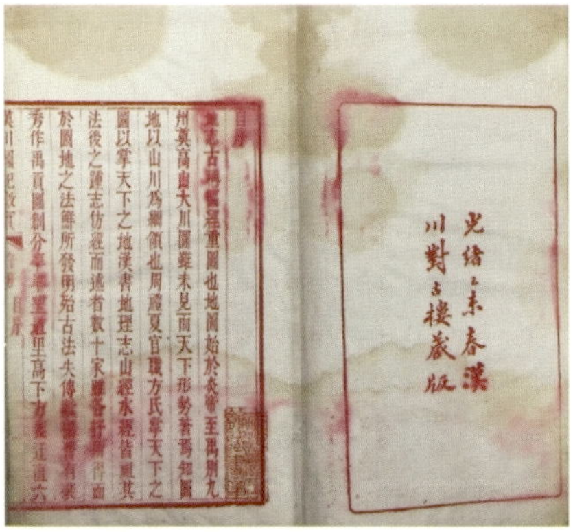

（光绪）汉川图记征实（牌记）

武汉物华天宝，人杰地灵，商旅佳客、文人雅士多喜居于此，或寄寓，或游历，或会友，于觥筹交错间，抒怀吟情，留下许多佳篇名作。清道光年间，两次寄旅武汉的余姚名士叶调元，历经 10 年光阴，就所见所闻，以纪实之手法，“托诸嬉笑怒骂”，写下一首又一首竹枝词，“积而成帙”，于道光三十年（1850 年）以《汉口竹枝词》为名刊行。时人评价“腕底有言皆妙谛，眼前无字不传神”，“忽笑忽讪锋似剑，是诗是史笔如椽”。继起者广东番禺人罗汉又写下 170 余首《汉口竹枝词》，连载于当时的《汉口中西报》，后经人整理，与他的另两部文学作品合为一书，取名为《汉浒金石小记·汉口竹枝词·一梦缘》出版。这两部竹枝词以诗写史，以诗纪事，描述了清末民初的武汉城市变迁，犹如一幅生动的汉上“清明上河图”，广受好评，“传抄者众”。

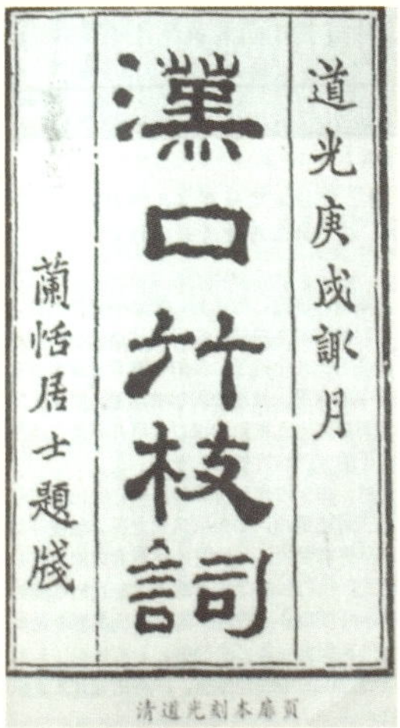

汉口竹枝词

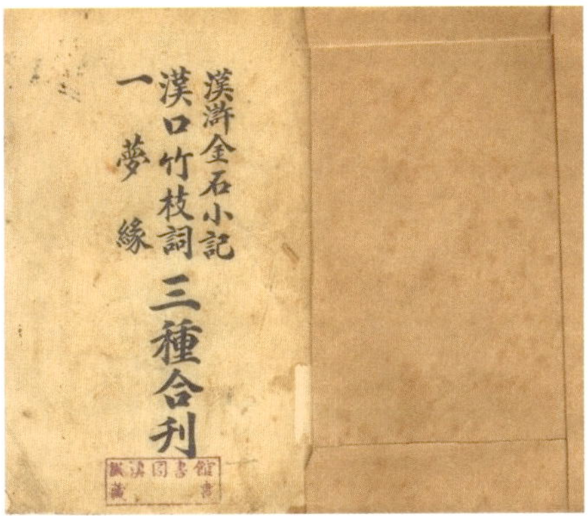

汉口竹枝词等三种合刊

馆藏《汉口丛谈》《续汉口丛谈》《再续汉口丛谈》是武汉地方史料的三大力作。《汉口丛谈》作者范锴，浙江乌程人，盐商，来往楚蜀30余年，视武汉为家乡，留心掌故，随手辑录而成。该书约成于道光初年，“它是第一部叙述汉口城市兴衰的史书，尽管它网罗的史料还很有限，但它第一次全面系统地反映了武汉地区的文化历史状况和城市的发展过程，对后人的研究有很大影响。”《续汉口丛谈》《再续汉口丛谈》就是受其影响而写作的。《续汉口丛谈》《再续汉口丛谈》作者王葆心，湖北罗田人，方志大家。《续汉口丛谈》、《再续汉口丛谈》约成书于民国年间。这三部文学作品从汉水的改道、汉口的形成落笔，继而汉口气候、山水、物产、街道、工商、娱乐、战争以及灾荒等，无一遗漏，为今人展现了一个全方位的汉口镇，是正史的重要补充。诸如此类，馆藏还有《武昌

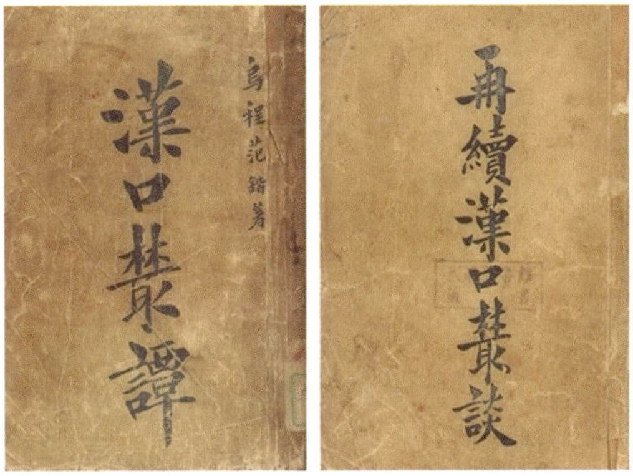

汉口丛谈 & 再续汉口丛谈

快览》《琴台纪略》《园林春色》，等等，或写景、或记事，或纪游，或抒怀，从不同角度展现了老武汉湮没于岁月深处的魅力。

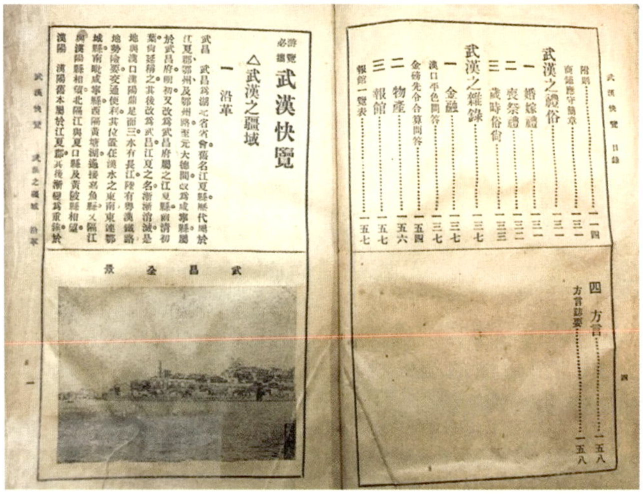

武汉快览

武汉四方杂处，商业文化浓厚，不仅湖南人、四川人、山西人、陕西人、江西人、广东人跋山涉水来此营商，而且英国人、美国人、俄国人、德国人、日本人、瑞士人、比利时人、荷兰人漂洋过海在此谋利。他们昼作夜纪，记商情，论商道，或消遣，或自娱，为今人留下了一大批考查老武汉经济的重要史料，馆藏《汉口商业指南》《汉口工商业一斑》《汉口商业一览》《新武汉指南》《江汉关十年报告》等，正是其中的代表之作。

新武汉指南

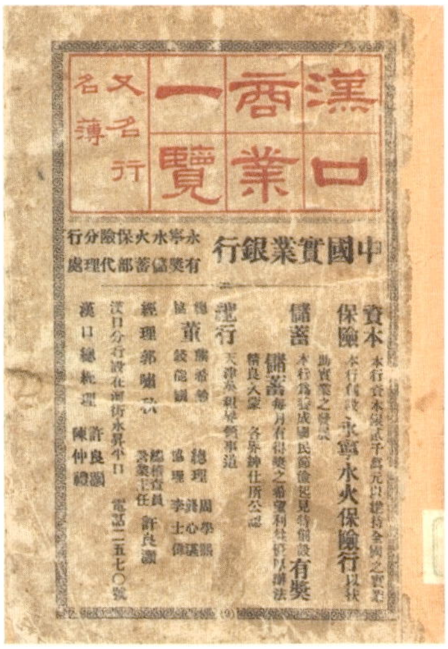

汉口商业一览

晚清以降，日本人为达鲸吞中国之目的，处心积虑，搜求情报，视汉口“为长江之眼目，清国之中枢，可制中央支那死命之地”，故而多次派人来汉，将有关武汉的地形地貌、历史沿革、政治、经济、文化等资料情报一一搜罗，并汇辑成册寄回日本，内容庞杂，记载详细。馆藏《武汉巷史》《汉口——中央支那事情》《汉口经济事情》《武汉地区工业调查报告书》等，这些文献虽以情报的形式出现，但同样留下了大量可资参考的史料。2006年，武汉图书馆由日本购回《武汉兵站》（日文，山田清吉著）、《汉口慰安所》（日文，长沢健一著），两本皆是记载沦陷时期武汉的历史文献，均为1938年在汉的日本军人所著，真实地记录了他们在战争期间的所见、所闻、所思。它们与入藏的《华中现势》、《武汉难民区资料》（日文）、《武汉三镇之展望》（日文）、《第六战区受降纪实》等，是研究武汉抗战史不可或缺的重要史料，构成记述武汉沦陷时期的特色馆藏。

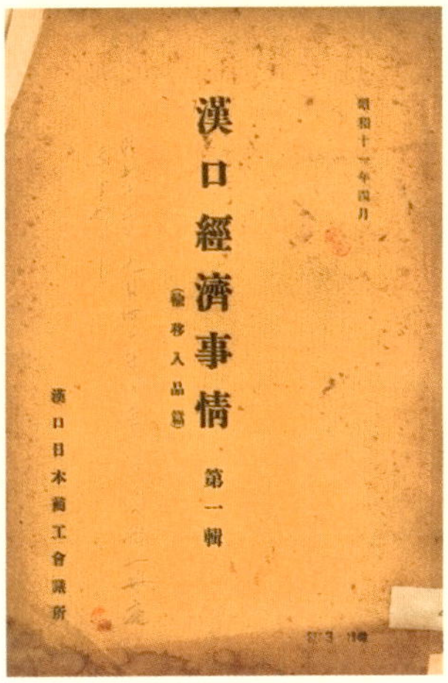

汉口经济事情．第一辑（日文）

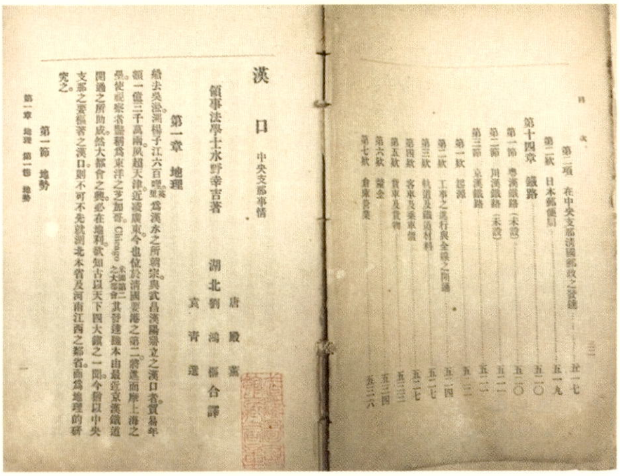

汉口——中央支那事情

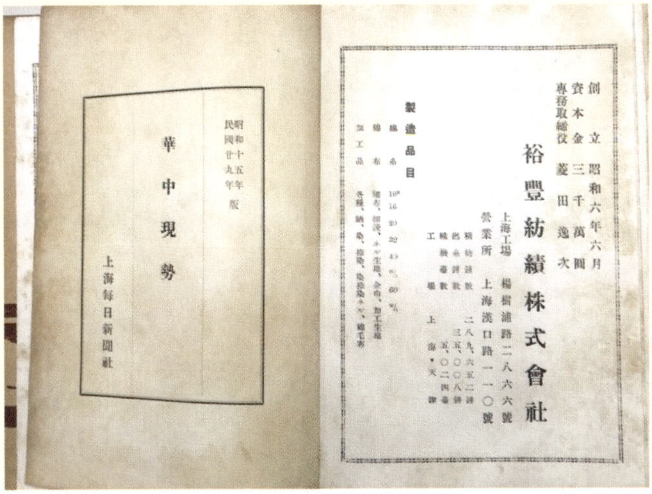

华中现势

武汉得水之利，受水之患。1931 年 5 月至 7 月，受持续暴雨影响，长江、汉水暴涨，整个汉口、半个武昌、部分汉阳尽被湮没。“淹斃人命无数，资产房屋，半付洪涛……一切生机均告断绝，惨状震惊世界。”武汉图书馆馆藏《汉口大水记》《汉口大水写真》和《武汉水灾留景》，或文字、或图像，全面、客观地记录了 1931 年武汉大水。在此之前，武汉虽屡受洪水之扰，然文献记载简略，史料不详。因而这三本文献弥足珍贵，是研究武汉水文化的主要文献。

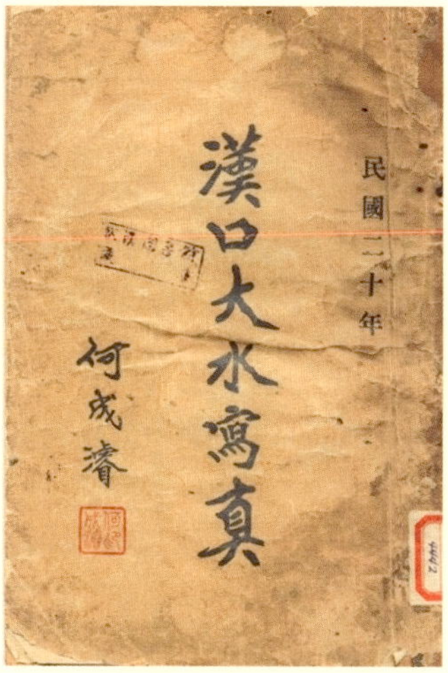

汉口大水写真

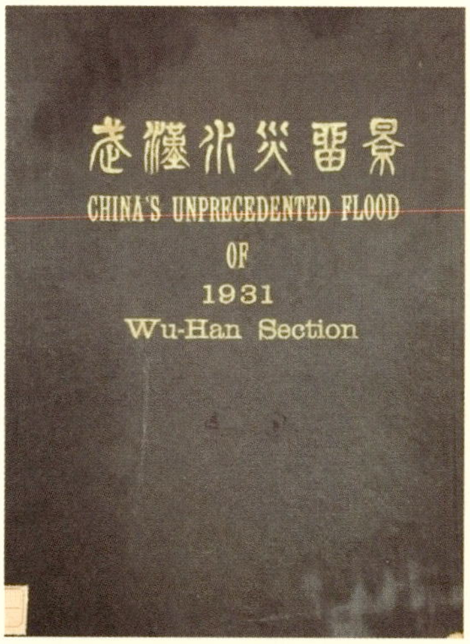

汉口水灾留景

武汉是近代报刊的发源地之一，自 1866 年武汉第一份报纸《汉口时报》诞生，此后，武汉办报蔚然成风，到 1947 年武汉报刊达 350 种之多，武汉图书馆入藏上百种。这些报纸的历史价值极高，它们是武汉近代发展最鲜活的见证，武汉人的小情大事、风花雪月无不纪录在这方寸间。

《汉报》是目前武汉地区能够找到的最早的报纸。该报前身为《字林汉报》（1893 年），1896 年由日本人宗方小太郎接办，“此即为日本人在清国境内创办中文报纸之嚆矢”。宗方小太郎在接办报纸后，仍沿袭旧例，用枣木手工刻字拼版，使用老折纸、手工打印，单面印刷，上下对折的两长条，书本式，直排，与古线装书的外形极为相似。未设栏目，标题与正文字体一律使用老四宋，题文之间留一字空格。该报上条正文刊登论说、谕旨、电传、西报汇译等内

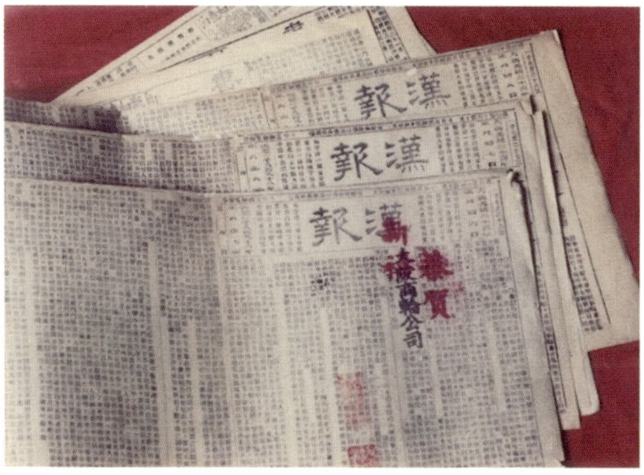

汉报

容，下条刊登各货行情、汇兑、银洋钱价和船期公告等。日出一大张，销行湖北各埠、天津、上海、南京、广东、福州、台北、安庆、芜湖、九江、长沙、常德和日本东京等地。

《湖北商务报》、《湖北官报》是晚清武汉官办报纸的代表之作，它们皆为张之洞督鄂期间创办。其中《湖北商务报》是晚清地方政府最早刊发的商务官报，比商部的《商务报》还早四五年，比《商务官报》早 7 年。

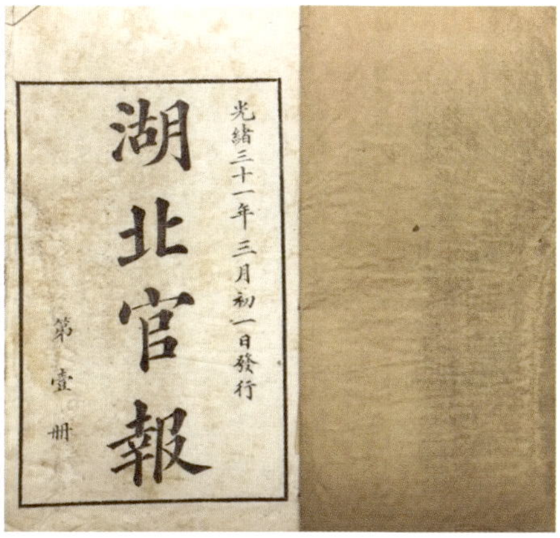

湖北官报（第一册）& 湖北官报

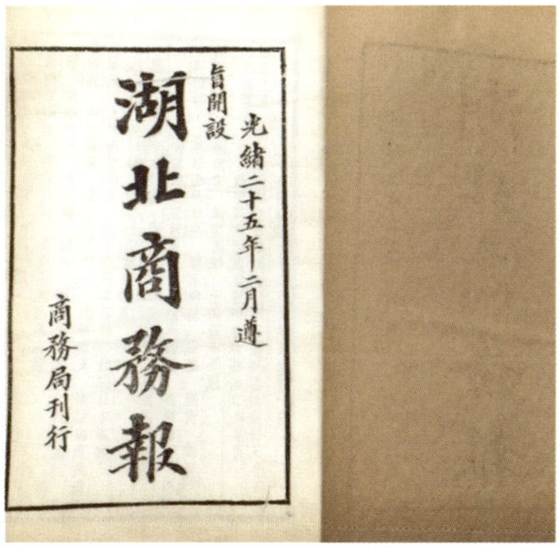

湖北商务报 & 湖北商务报

《汉口中西报》是武汉创办时间最长的一份报纸，1906 年 5 月下旬创刊，1937 年 12 月武汉沦陷前停刊，历时 32 年，是民办报刊的典范。在全国仅次于《申报》《新闻报》《大公报》《时报》《时事新报》，名列第六。该报由湖北黄冈人王华轩创办，扬州人凤竹荪总编。以“开通风气，提倡商务学务”为主旨，设上谕、论说、译电、时评、演谈、本省公件、紧要

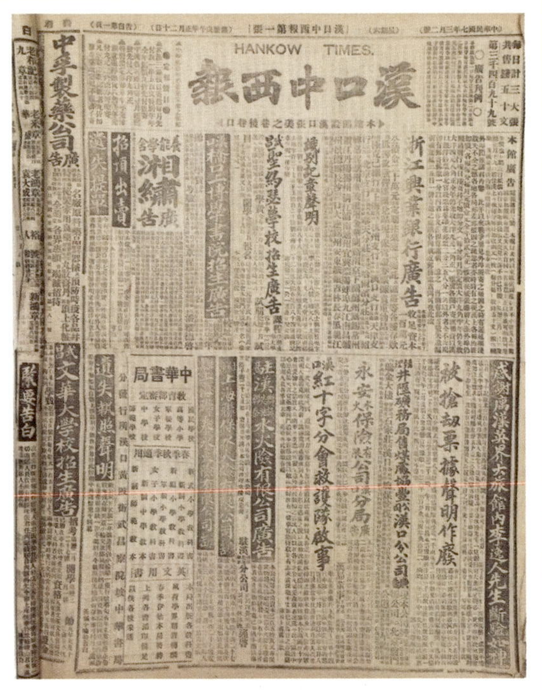

汉口中西报

新闻、国内纪闻、外国纪闻、本省纪闻、短篇小说等栏目。1936 年 11 月 28 日《汉口中西报》出版万号纪念刊，发行超万号的报社在近代中国报业史上实属罕见，武汉独此一家。

《汉口民国日报》是第一次国共合作时期由共产党人主办的国民党机关报。创刊于 1926 年 11 月 25 日，该报名义上是国民党湖北省党部机关报，实际上是中国共产党领导下的以国共合作统一战线的公开面貌出版的大型日报。董必武担任报社经理，宛希俨、高语罕、沈雁冰（茅盾）等先后担任总编辑。该报存世一年零一个月，发行量达 1 万余份。当时国共两党政要人物，如汪精卫、陈独秀、邓演达、何香凝、董必武、刘少奇、苏兆征、张太雷等均在报上撰文，该报的影响之大、地位之重要，可见一斑。

汉口新闻报

《武汉日报》是国民党武汉机关报。创刊于 1929 年 6 月 10 日，停刊于武汉解放前夕，发行达 20 年之久，最高峰时日发行 2～3 万份，为华中地区规模最大的国民党党报。该报是国民党在武汉的喉舌，特别注意社会新闻，并聘请学者撰写专论，是民国时期武汉地区的重要报纸。

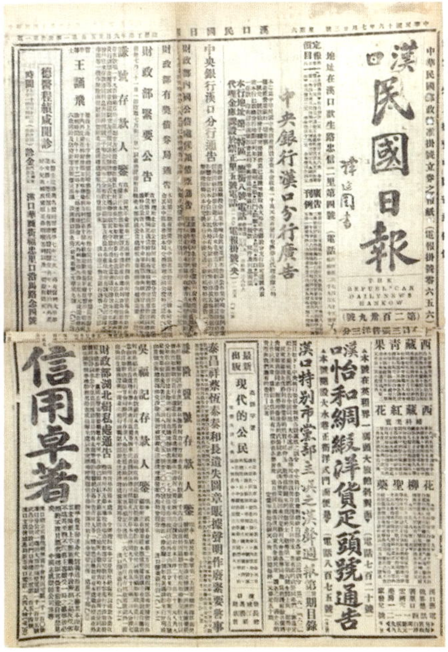
漢口民國日報
信用卓著
漢口怡和綢緞洋貨疋頭號通告
中央銀行漢口分行廣告

民国日报（汉口版）

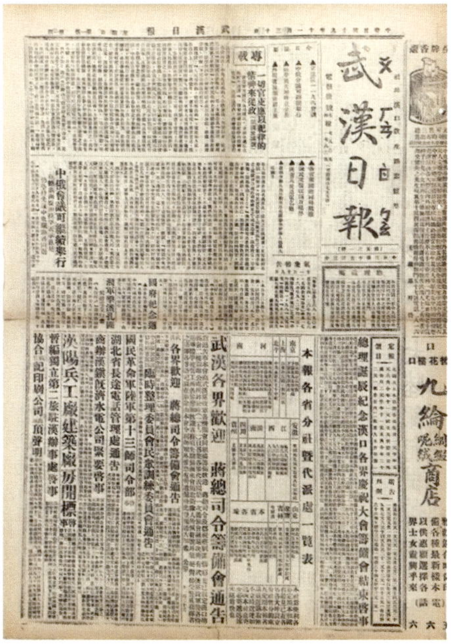
武漢日報
武漢各界歡迎蔣總司令籌備會通告
漢陽兵工廠建築廠房開標

武汉日报

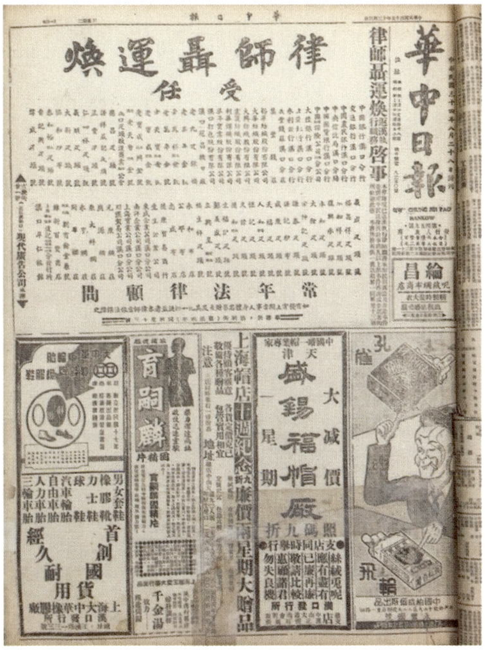
華中日報
律師聶運煥受任
常年法律顧問

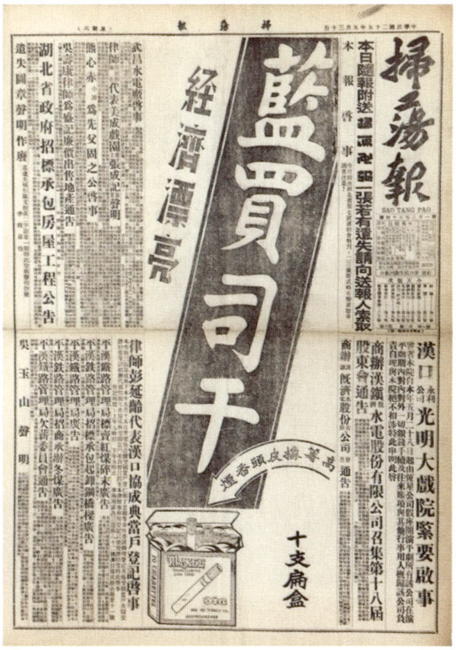
掃蕩報
藍買司干
經濟漂亮
十支扁盒
湖北省政府招標承包房屋工程公告
漢口光明大戲院緊要啟事

华中日报＆扫荡报

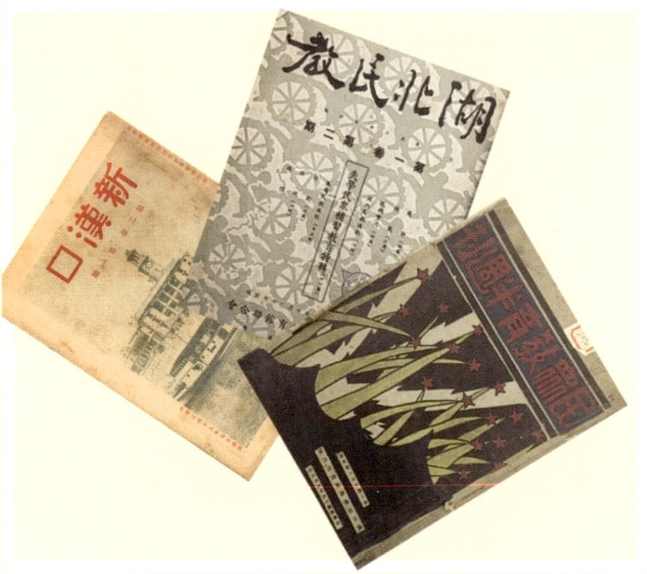

湖北民教

新汉口

民众教育半周刊

1937年7月，武汉迅速形成前所未有的抗日救亡舆论高潮，各种抗日报刊达140余种。《新华日报》是第二次国共合作时期中共中央长江局的机关报。由周恩来亲自领导，社长潘梓年，总编辑华岗。《新华日报》宗旨：“本报愿将自己变成一切愿意抗日的党派、团体、个人的喉舌”。1938年1月11日该报在汉口创刊发行，1947年2月28日结束，历时9年。其他党派办的《大众报》《全民抗战》，以及文化界刊物《七月》《抗战戏剧》《战地》《文艺阵地》等，还有外迁入汉的以《大公报》《申报》为代表的民营报纸也都坚定不移地从事抗日宣传，形成独有的武汉抗战宣传文化。

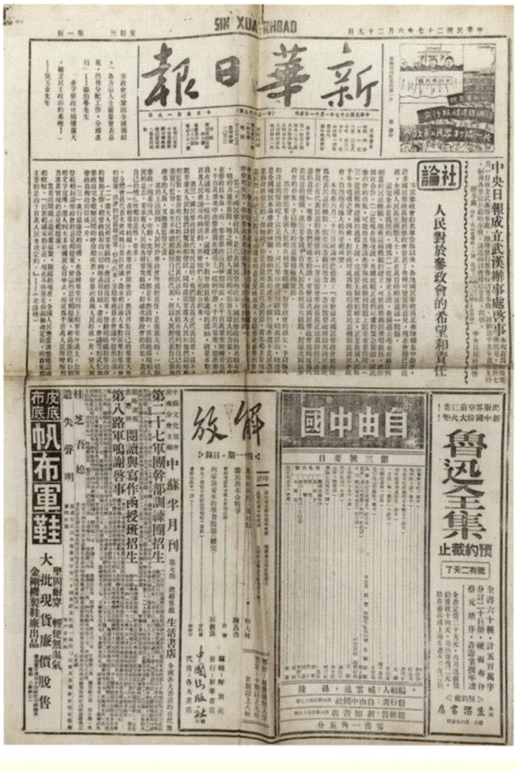
新華日報

社論

人民對於參政會的希望和責任

中央日報成立武漢辦事處啓事

解放

自由中國

魯迅全集

預約截止

帆布軍鞋

第二十七軍團幹部訓練團招生

第八路軍鳴謝啓事

新华日报（汉口版）

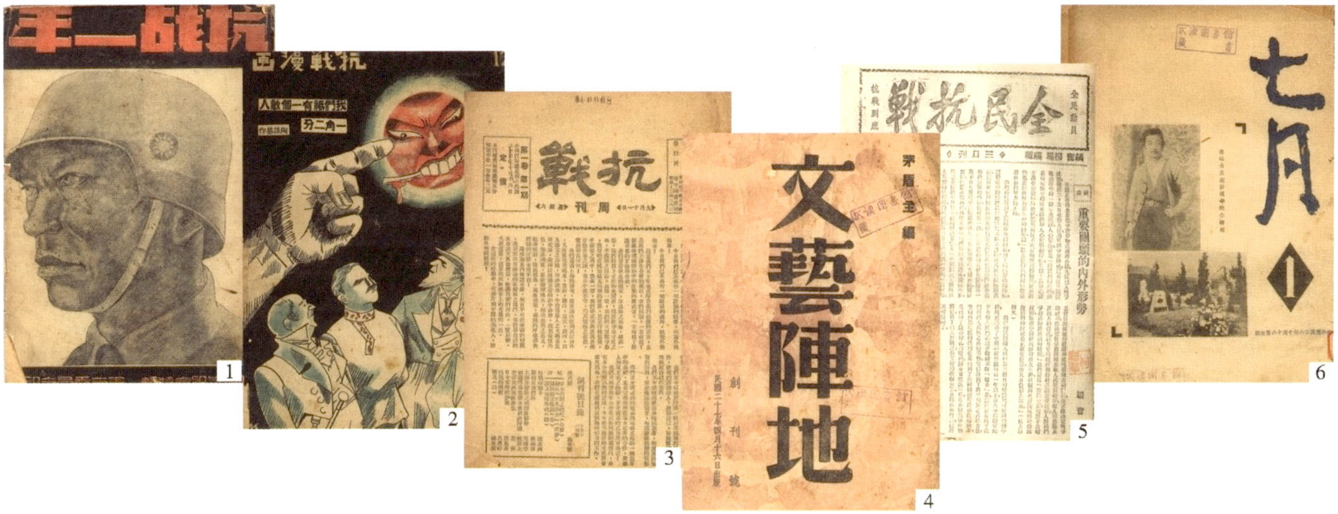

1 抗战一周年纪念刊　2 抗战漫画（封面）　3 抗战周刊创刊号　4 文艺阵地　5 全民抗战　6 七月创刊号

除此之外，武汉图书馆还收藏了大量记载武汉普通市民文化生活的小报，如《镜报》《汉口导报》《罗宾汉报》《太阳灯报》等。

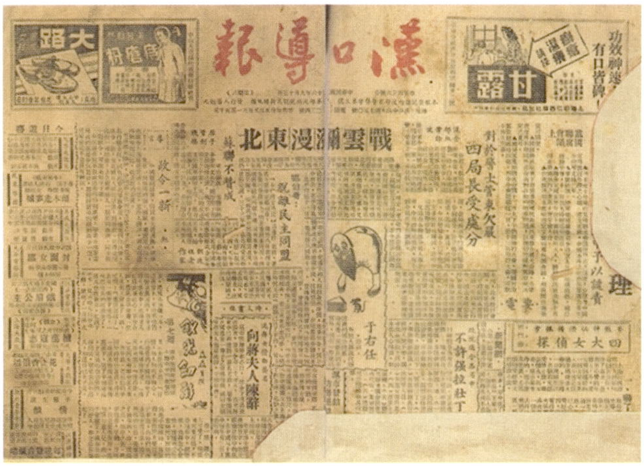

汉口导报

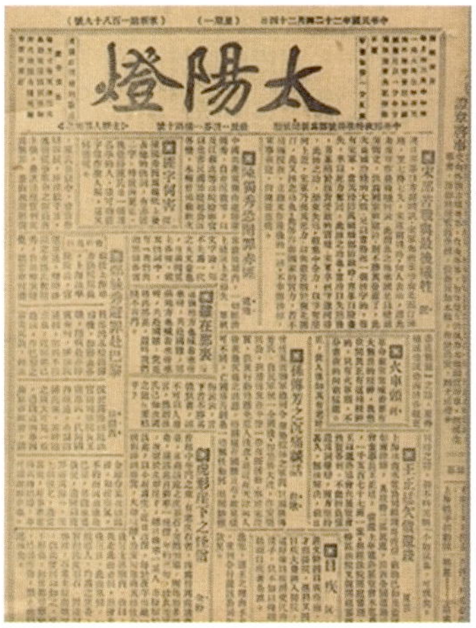

太阳灯

镜报

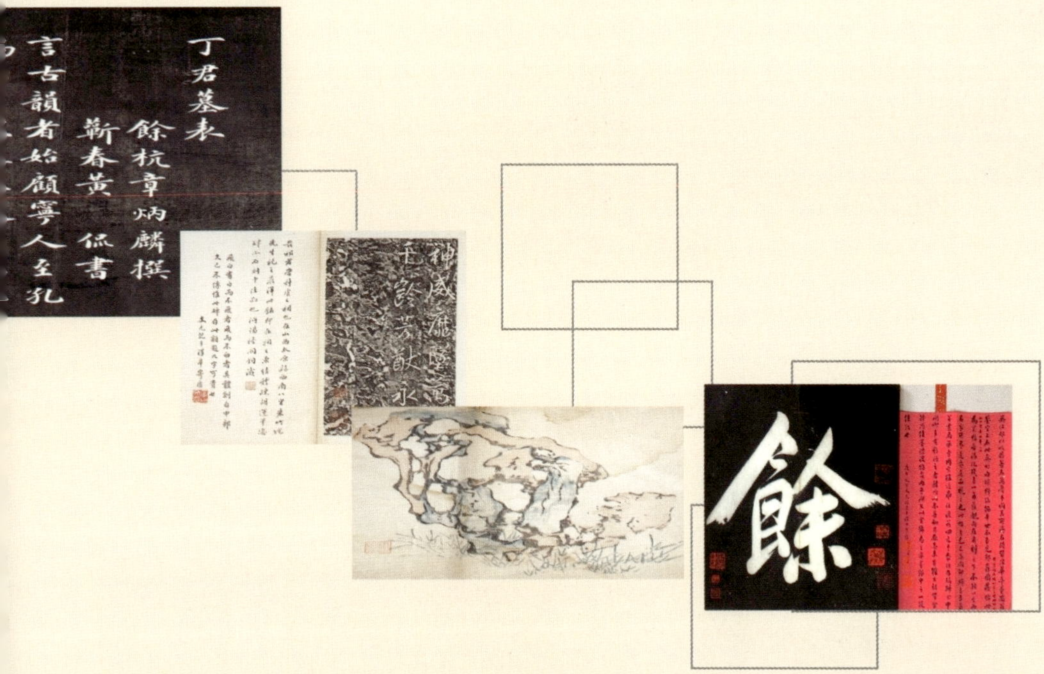
丁君墓表
餘杭章炳麟撰
蘄春黃侃書
言古韻者始顧寧人至孔
餘

14

第十四章
古籍留存

武汉图书馆历经70年的沧桑变化，“存古”的典籍也在这样风云际会、山河扭转的时期日益丰富起来，至今有古籍藏书近22万册（件），其中善本7000多册，碑帖5000余件，民国文献近5万册以及9000多册使用率较高的相关工具书。

武汉图书馆馆藏古籍从版本的角度来看，最早的版本为宋刻元明递修本，如《北齐书》《文鉴》等，元本则无，明清佳刻居多。从内容来看，经部之小学类、史部之政书、家谱及方志类、子部之书画类、集部之明清文集等占馆藏近半之数。

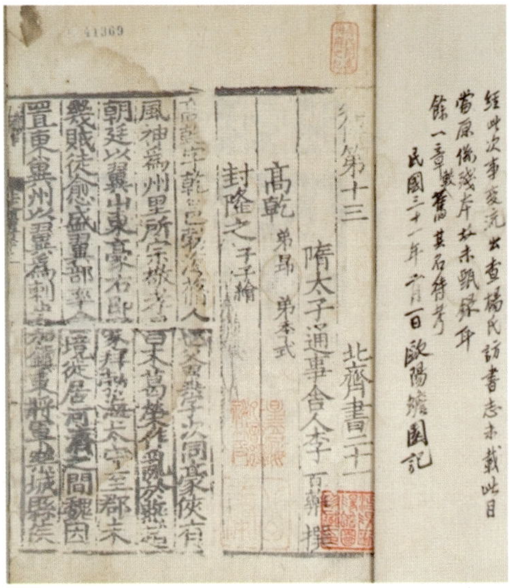

北齐书五十卷　隋李百药撰　宋蜀刻元明递修本

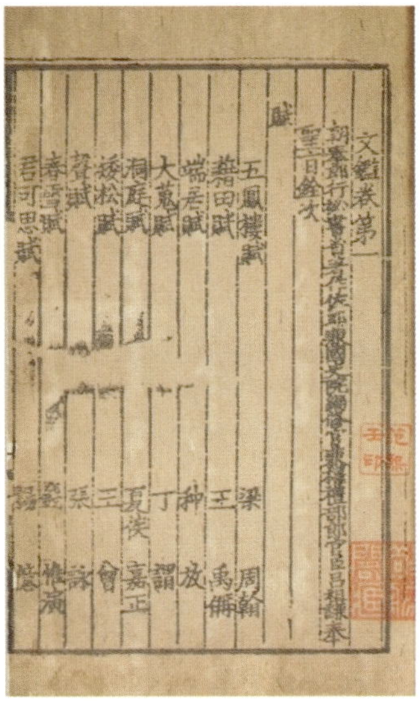

文鉴一百五十卷　宋吕祖谦辑　宋刻元印本

馆藏古籍出于历史原因，由各方藏书汇集而成，虽没有进行过系统收集，然检视卷帙，竟自成特色，尤以地方名家藏书、批校本与抄稿本为珍。清康熙十五年（1676 年）成德刻通志堂经解本《东谷郑先生易翼传》，民国初年曾经汉阳周贞亮收藏，钤有“鄂中周氏宝藏”、“汉阳周贞亮退舟民国纪年后所收善本”朱文印。周贞亮（1867—1933），字子干，号止盦、退舟，湖北汉阳人，光绪三十年（1904 年）进士，留学日本，东京法政大学毕业，历任南开大学、北平大学第一师范学院、辅仁大学教授，民国二十年（1931 年）回鄂，任武汉大学教授，讲授《文选》与目录之学，著有《书目举要》《文选学注疏》等。民国初周氏曾任职于北京政府，故藏书有转入琉璃厂书肆者。此书系民国五年（1916）被无锡忘我斋主人黄逸甍由京肆文雅堂购得，后归海宁吴其昌。吴氏又有跋语，钤“子馨”“正厂”“闻斯行斋经籍”诸朱文印。时浙江嘉兴王蘧常从吴氏学，吴氏所跋诸书多王蘧常代笔，此本乃其一。王蘧常（1900—1989），字瑗仲，以章草名天下，亦精国学。吴氏于武汉大学任教多年，抗战时流徒川蜀卒，其藏书留汉寓者，泰半转归公藏。时移世易，本为鄂籍周氏藏书，辗转数地，历经庋藏，终仍存于汉地，其中故事颇有意味，更胜于古籍本身。馆藏又有《晦庵先生朱文公易说》《易附录纂注》等，皆周氏旧藏，逸甍各为之跋。此外，鄂籍藏书名家之收藏存于武汉图书馆的还有武昌徐行可墨笔批校清乾隆刻本《大戴礼记补注》，汉阳刘昌润题跋明刻本《春秋左传》，宜都杨守敬、沔阳欧阳蟾园递藏日本刻《大学或问》《中庸或问》等数十种。

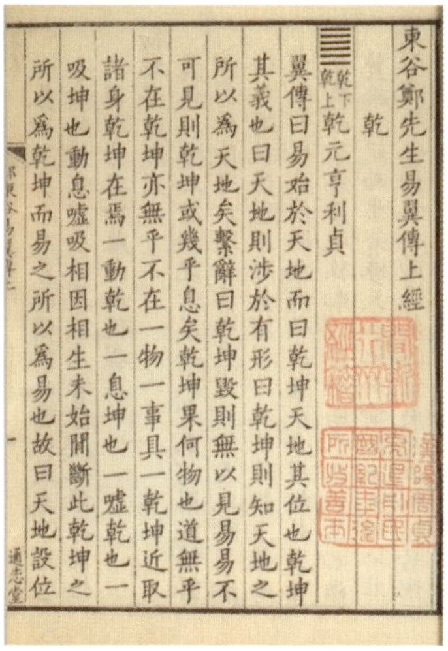
東谷鄭先生易翼傳上經
乾
乾下乾上 乾元亨利貞
翼傳曰易始於天地而曰乾坤天地其位也乾坤其義也曰天地則涉於有形曰乾坤則知天地之所以為天地矣繫辭曰乾坤毀則無以見易易不可見則乾坤或幾乎息矣乾坤果何物也道無乎不在乾坤亦無乎不在一物一事具一乾坤近取諸身乾坤在焉一動乾也一息坤也一噓乾也一吸坤也動息噓吸相因相生未始間斷此乾坤之所以為乾坤而易之所以為易也故曰天地設位
通志堂

东谷郑先生易翼传二卷　宋郑汝谐撰　清康熙十五年成德刻通志堂经解本

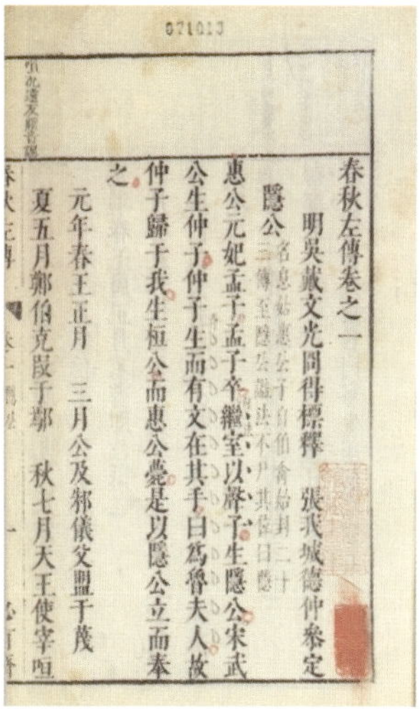
春秋左傳卷之一
明吳戴文光闇得標釋　張我城德仲參定
隱公
惠公元妃孟子孟子卒繼室以聲子生隱公宋武公生仲子仲子生而有文在其手曰為魯夫人故仲子歸于我生桓公而惠公薨是以隱公立而奉之
元年春王正月　三月公及邾儀父盟于蔑
夏五月鄭伯克段于鄢　秋七月天王使宰咺

春秋左传三十卷世系等一卷　明戴文光撰标释　张我城参定　明天启五年戴氏必有斋刻本

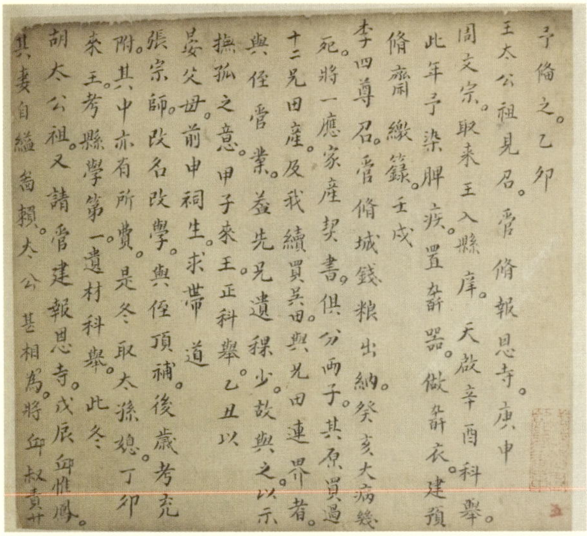
予脩之。乙卯
王太公祖見召。晉脩報恩寺。庚申
周文宗。取來王入縣庠。天啟辛酉科舉。
此年予染脾疾。置薪器。做薪衣。建預
脩齋繳籙。壬戌
李四尊召。晉脩城錢粮出納。癸亥大病幾
死。將一應家産契書。俱分兩子。其原買過
十二兄田産。及我續買其田。與兄田連界者。
與侄晉業。蓋先兄遺稞少。故與之以示
撫孤之意。甲子來王正科舉。乙丑以
婁父母。前申祠生。求帶道
張宗師。改名改學。與侄頂補。後歲考充
附。其中亦有所費。是冬取太孫媳。丁卯
來王。考縣學第一。遺材科舉。此冬
胡太公祖。又請晉建報恩寺。戊辰卯惟鳳。
其妻自縊。為賴。太公甚相為。將印杈責卅

家业全书　明方一盛撰　稿本

抄稿本亦是武汉图书馆古籍善本藏书的一大特色。馆藏抄稿本最早应属明稿本《家业全书》，此书为经折装，开本方正阔大，存 72 页。著者方一盛（1563—1645），字新宇，一字如松，湖北黄冈人，官真定知府，告归后建祖祠，置祭田，纂方氏《永思谱》，多有善举，《黄冈县志》有载。是册首为自传及“生平忧乐年分”；次产业分派，记田地、房产、租税等项之置办经过、方位变迁、银两数目，均极详尽，或为晚年预备为子孙析分家产之用。清季方氏续修族谱，于祖产、坟茔之考究，得助此书者颇多。而一邑士绅之生活，明末社会经济状况，也皆可窥见。

私人藏书目录起源于南朝宋齐之时，是藏书家对其所藏书籍的重要揭示，既可反映某一时代文化学术的发展水平，也可为研究著名藏书家和学者提供资料，手稿本的私藏目录更是凝结了藏书家的心血。著名藏书家柯逢时（1845—1912），字懋修，号逊菴，别号覞翁，湖北鄂城人，清光绪九年（1883）进士，授翰林院编修，一生喜藏书、刻书。柯氏藏书目录《灵溪精舍藏书》的稿本就存于武汉图书馆，稿分乾、坤二册，采用四部分类法，乾册为经、子部，坤册为史、集部。封面书有“壬戌重清”，概 1922 年柯氏后人所撰。著录大致先书名，依次卷数、作者、版本、册数，亦有加注纸质者。柯氏聚书曾至十万卷，惜已散至各处。此稿虽仅录其部分藏书，亦有 3700 余种。柯氏藏书，由此可见一斑。

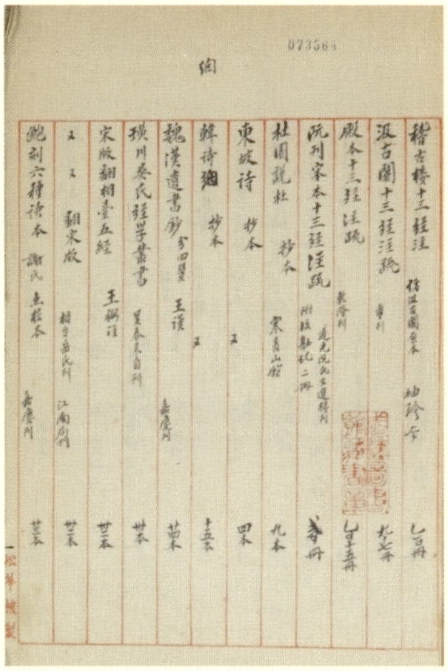

灵溪精舍藏书不分卷　清柯逢时撰　稿本

武汉图书馆所藏碑帖有 5000 多册（件），既有单张拓品，亦有大部丛帖。不以珍稀版本见长，但以品种齐全为上，即石鼓文以下，历代名碑名帖皆有，汉魏隋唐的品种最为齐整。很多名碑既有明以来多个拓本，又有翻刻本，还有清末、民国时期的影印本，包括艺苑珍赏社、有正书局、碧梧山庄、中华书局、商务印书馆、神州国光社、文明书局、故宫博物院等，还有少量日本拓本。品种数量构成了武汉图书馆金石学科的历史体系，而版本数量则构成其学术体系，不可不谓种类丰富，形制多样。馆藏碑帖多系名家旧藏，屈指略录则有柯逢时、杨守敬、沈肇年、欧阳蟾园、阮文光、陆开钧、李博闻等。1960 年武汉图书馆获赠的阮文光先生旧藏碑帖成为馆藏善本碑帖的基础。较为珍贵的有：陆开钧、阮文光跋语之清拓《晋祠铭》；胡家依影识之清拓《李思训碑》；杨守敬藏日本拓本《金刚十六尊赞》；杨守敬藏、阮文光跋明拓《余清斋中帖》；摩崖石刻拓本《纪泰山铭》；沈肇年、朱裕璧跋《集字圣教序》。另有章炳麟撰、黄侃楷书之《丁君（竹筠）墓表》民国拓本，书法挺拔峻整，秀逸古朴，堪称精品。

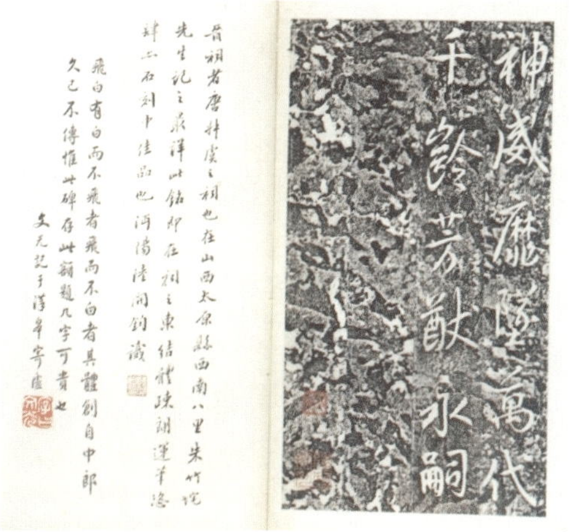

晋祠铭　碑帖

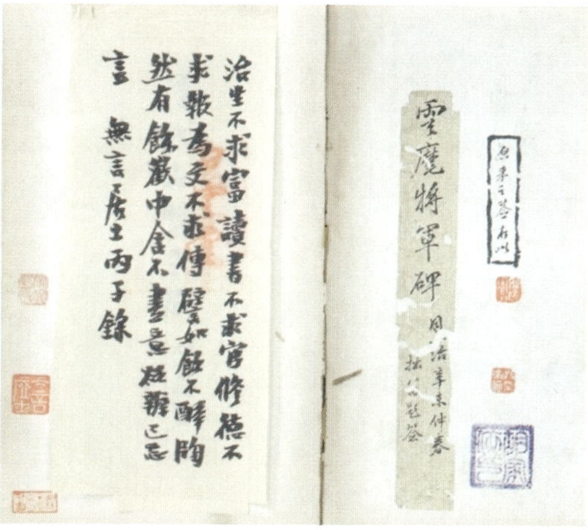

李思训碑　碑帖

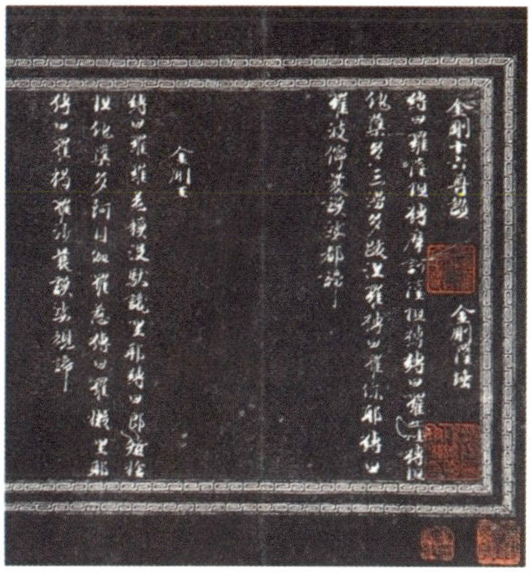

金刚十六尊讚　碑帖

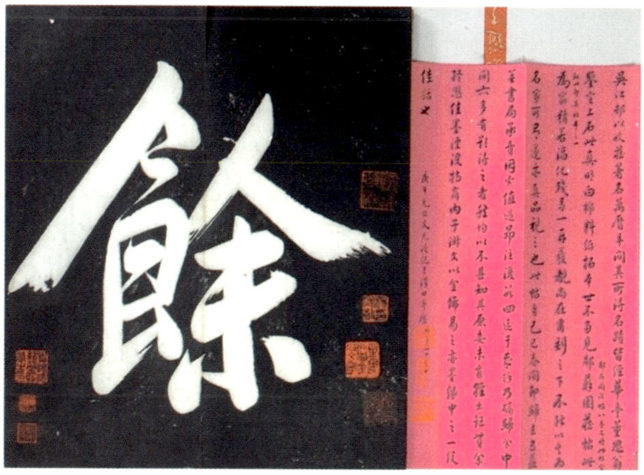

余清斋中帖　碑帖

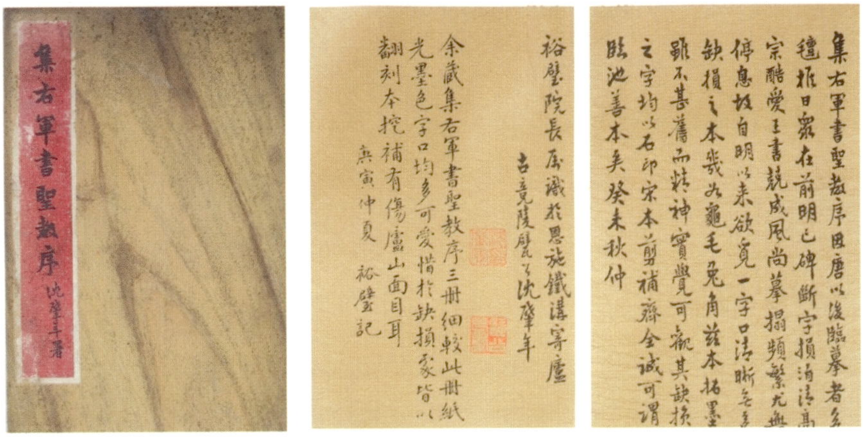

集字圣教序　碑帖

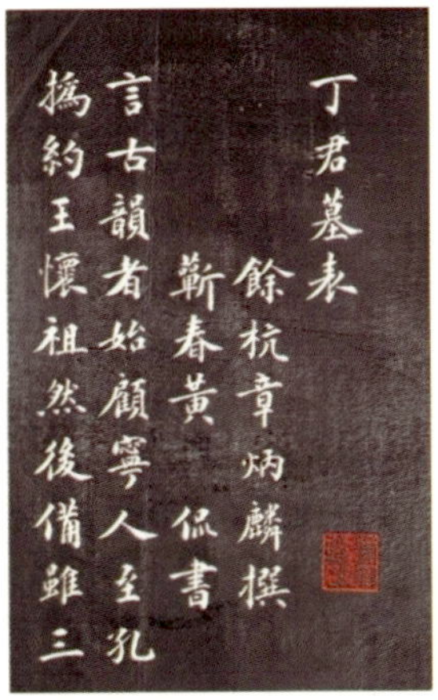

丁君（竹筠）墓表　碑帖

2007 年起，武汉图书馆按国家要求进行了五批珍贵古籍的申报工作：第一批申报了宋刻元明递修本《北齐书》一部，第二批申报了明嘉靖十六年（1537 年）白坪刻本《新笺决科古今源流至论》等十一部古籍，其中《北齐书》《御定仿宋相台岳氏本五经》等六部均有同样版本入选第一批《国家珍贵古籍名录》。2009 年 6 月，国家古籍保护中心公布了第二批《国家珍贵古籍名录》，武汉图书馆明嘉靖十六年（1537 年）白坪刻本《新笺决科古今源流至论》入选，编号 04918。第三批申报了二十三部古籍，其中《补注释文黄帝内经素问》《楚辞集注》《石渠阁校刻庭训百家评注文章轨范》入选，编号分别为 08369、08663、09431。第四批申报了二十部古籍，其中《印品》一书入选，编号 10359。第五批申报了二十八部古籍，其中清抄本《猗觉寮杂记》一书入选，编号 11771。武汉图书馆还有二十五部古籍入选《湖北省珍贵古籍名录》。另有 200 多部古籍已经申报。

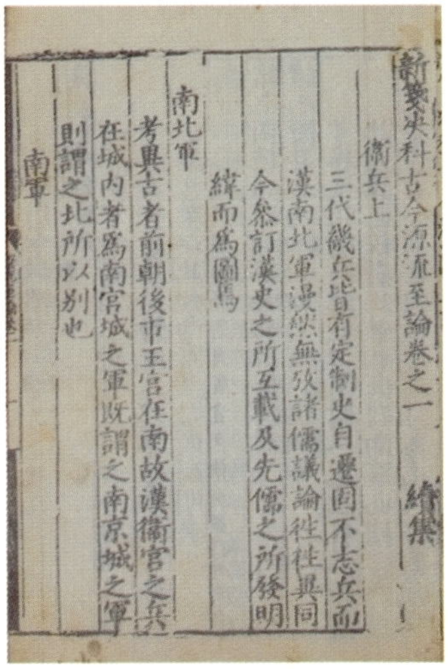

新笺决科古今源流至论前集十卷后集十卷续集十卷　宋林駉编　明嘉靖十六年开封刻本

楚辞集注八卷楚辞辩证二卷楚辞后语六卷　宋朱熹撰　明嘉靖十四年汝南袁氏仿宋刻本

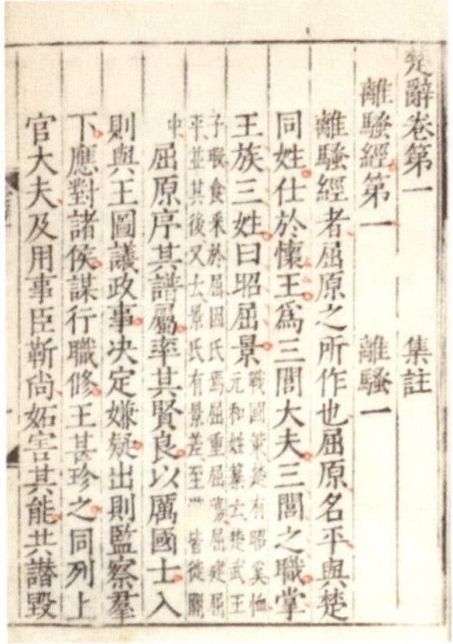

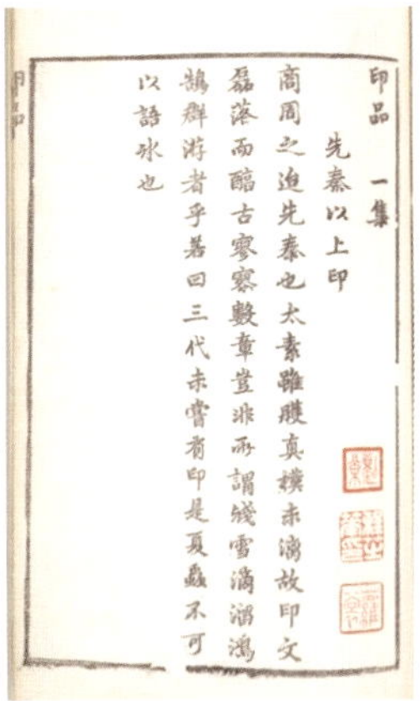

印品七集首一集附一集明朱简辑　万历十九年钤印本

猗觉寮杂记二卷　宋朱翌撰　清抄本　第五批国家珍贵古籍名录编号：11771

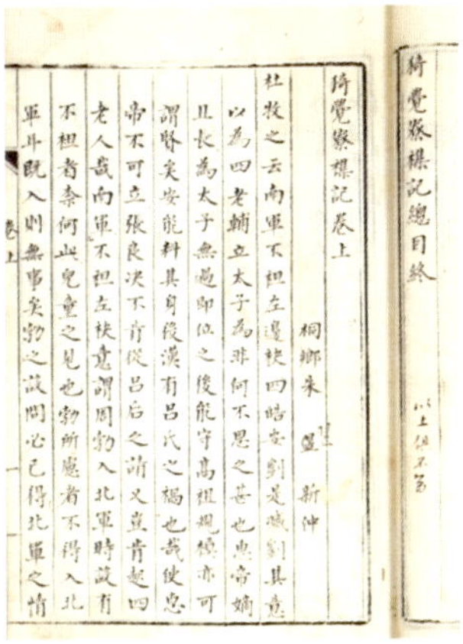

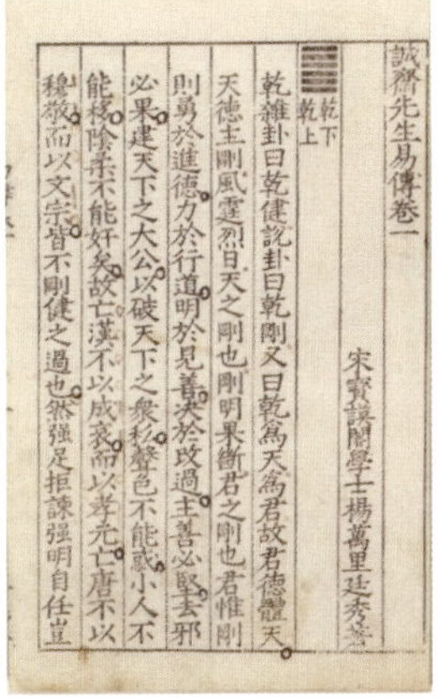

诚斋先生易传二十卷宋杨万里撰　明嘉靖二十一年尹耕刻本　湖北省珍贵古籍名录第一批编号：00015

诗缉三十六卷　宋严粲撰明赵王府味经堂刻本　湖北省珍贵古籍名录第一批编号：00023

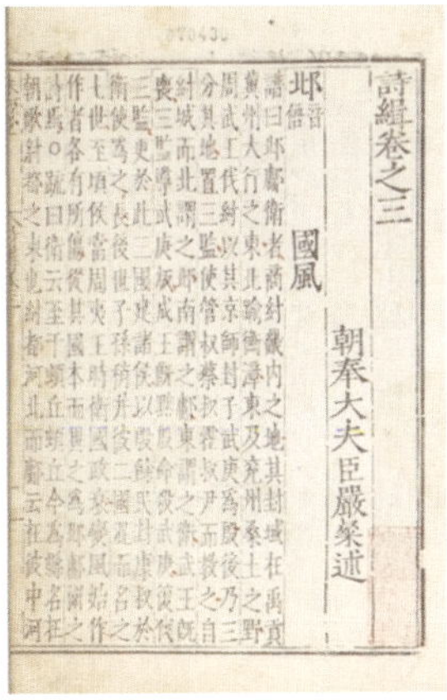

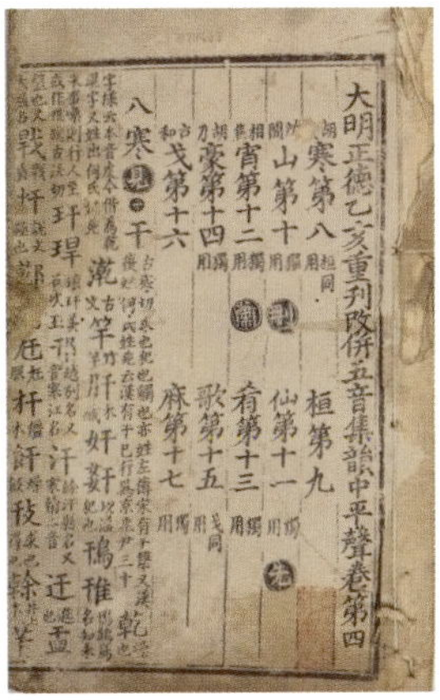

大明正德乙亥重刊改併五音集韵十五卷　金韩道昭重编　明正德十年至十一年内府刻本　湖北省珍贵古籍名录第一批编号：00048

春秋四传三十八卷 不著撰者 明嘉靖吉澄校刻本 湖北省珍贵古籍名录第一批编号：00033

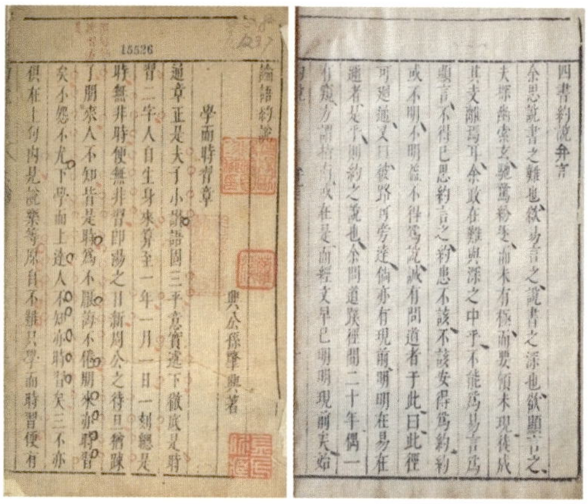

四书约说六卷 四书题说二卷 明崇祯朱墨套印本明孔肇兴撰 湖北省珍贵古籍名录第一批编号：00033

十竹斋画谱八卷 明胡正言编 明崇祯套印本 湖北省珍贵古籍名录第一批编号：00102

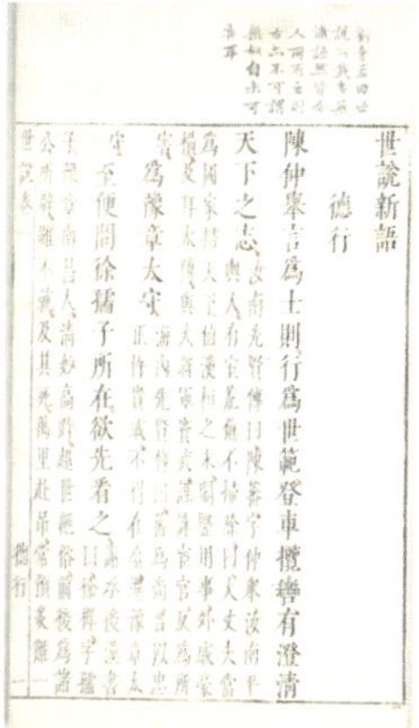

世说新语八卷 宋王义庆撰明凌瀛初四色套印本 湖北省珍贵古籍名录第一批编号：00114

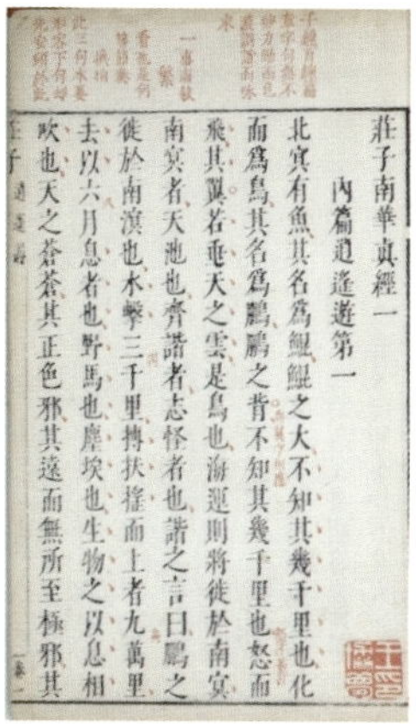

庄子南华真经四卷音义四卷 晋郭象撰 明闵齐伋刻三子合刊朱墨套印本 湖北省珍贵古籍名录第一批编号：00141

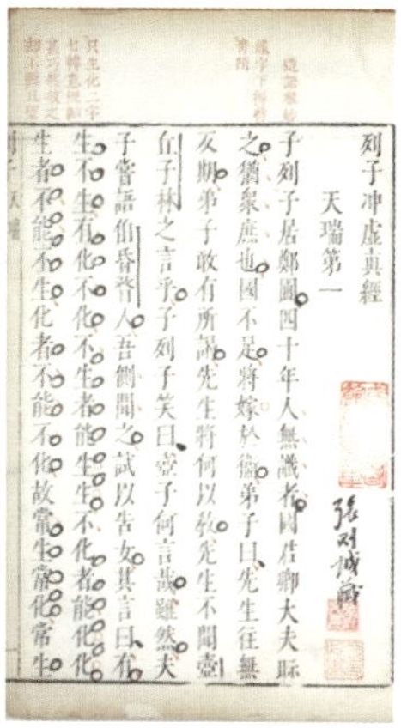

列子冲虚真经八卷音义一卷 明闵齐伋刻朱墨套印本 湖北省珍贵古籍名录第一批编号：00142

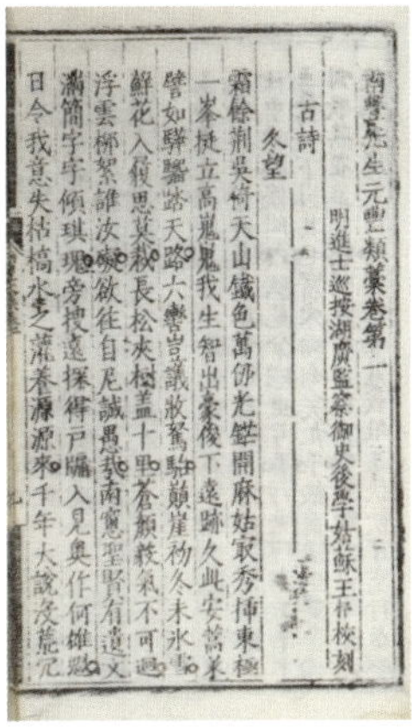
南豐先生元豐類藁卷第一
古詩
冬望

南丰先生元丰类稿五十一卷　宋曾巩撰　存二十九卷：一至二十一、二十八至三十二、四十九至五十一　明嘉靖王忬刻本（卷二十、二十一、二十八、二十九配明万历本）湖北省珍贵古籍名录第一批编号：00157

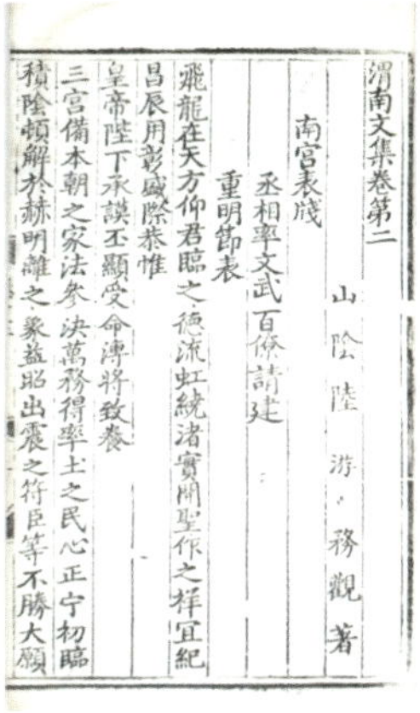
渭南文集卷第二
山陰陸游務觀著
南宮表箋
丞相率文武百僚請建
重明節表

渭南文集五十二卷　宋陆游撰明正德八年刻本　湖北省珍贵古籍名录第一批编号：00158

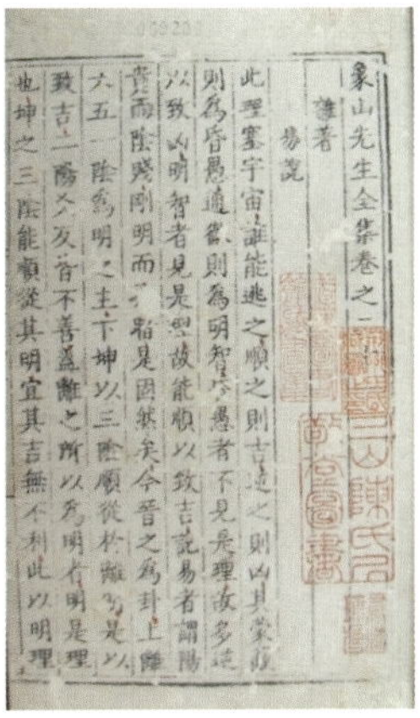
象山先生全集卷之

象山先生全集三十六卷　宋陆九渊撰　明嘉靖四十年何迁刻本　湖北省珍贵古籍名录第一批编号：00160

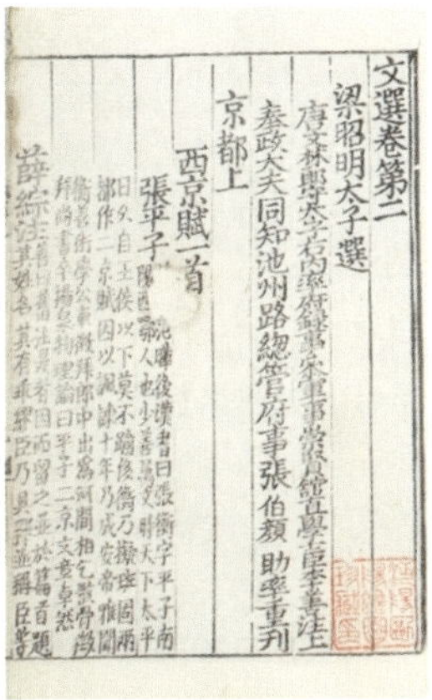
文選卷第二
梁昭明太子選
奉政大夫同知池州路總管府事張伯顏助率重刊
京都上
西京賦一首
張平子

文选六十卷梁萧统选明嘉靖元年汪谅刻本　湖北省珍贵古籍名录第一批编号：00187

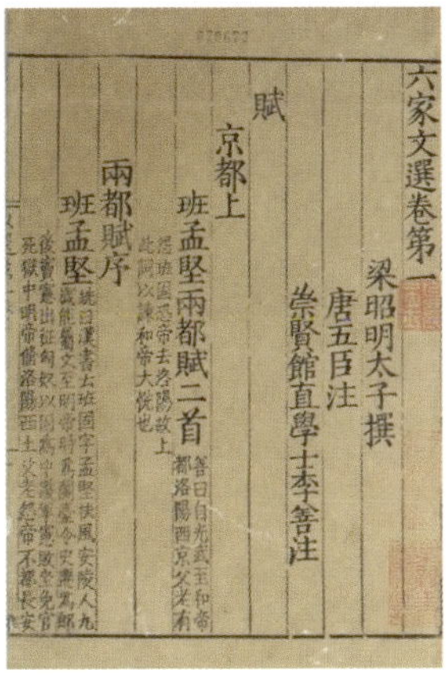
六家文選卷第一
梁昭明太子撰
唐五臣注
崇賢館直學士李善注
賦
京都上
班孟堅兩都賦二首
兩都賦序
班孟堅

六家文选六十卷　梁萧统编　明嘉靖十三至二十八年刻本　湖北省珍贵古籍名录第一批编号：00190

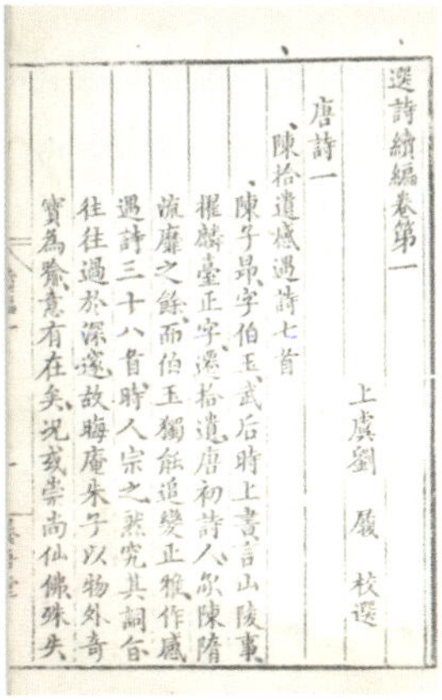
選詩續編卷第一
上虞劉履校選
唐詩一
陳拾遺感遇詩七首

选诗续编四卷补遗二卷　元刘履编　明嘉靖三十一年东白斋刻本　湖北省珍贵古籍名录第一批编号：00197

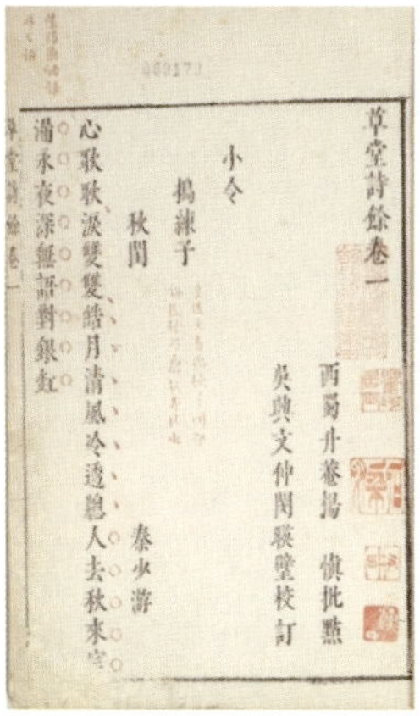

草堂诗余五卷　明杨慎批点　明吴兴闵英璧刻朱墨套印本　湖北省珍贵古籍名录第一批编号：00208

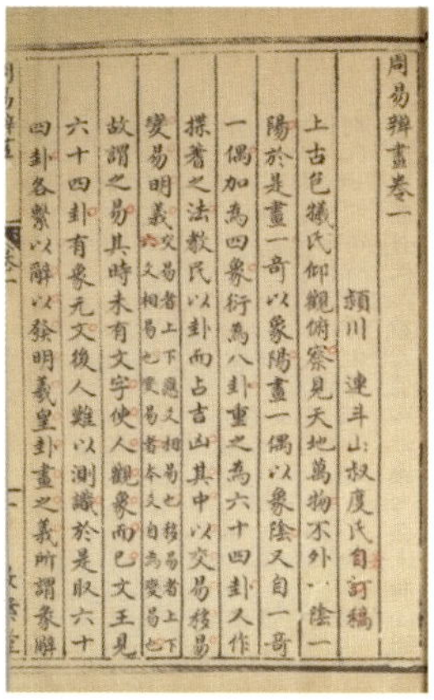

周易辨画四十卷　清连斗山撰　稿本　湖北省珍贵古籍名录第一批编号：00211

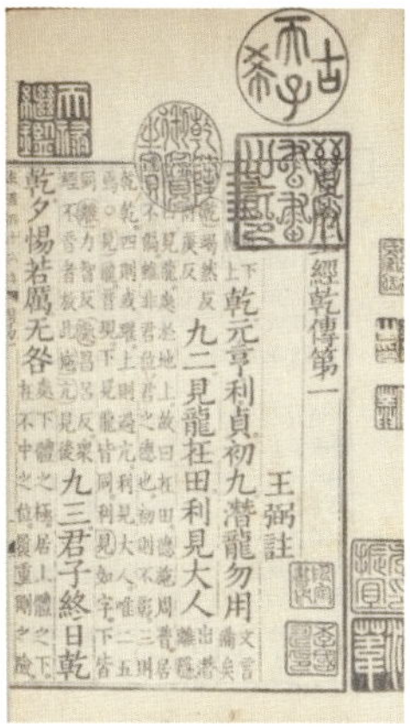

御定仿宋相台岳氏五经九十六卷附考证　清乾隆四十八年武英殿刻本　湖北省珍贵古籍名录第一批编号：00222

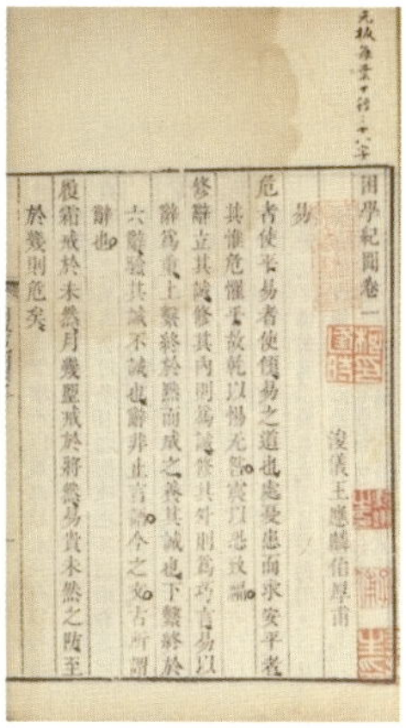

困学纪闻二十卷　宋王应麟撰　清乾隆三年刻本　清钱大昕点校并跋、清柯逢时题记　湖北省珍贵古籍名录第一批编号：00242

馆藏民国文献内容涉及当时的政治、经济、军事、教育、文化及科学等各个领域，以党史文献、抗战及解放区文献及新闻学等为收藏特色，有 1936 年由鲁迅搜集、编辑和出版的瞿秋白译文集《海上述林》，具有一定的史料价值与历史文物性。

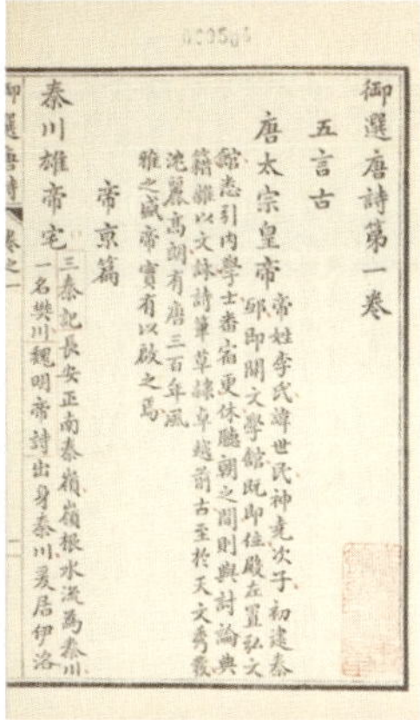

御选唐诗三十二卷　清圣祖选　清康熙五十二年内府刻朱墨套印本　湖北省珍贵古籍名录第一批编号：00257

宁波市政协文史委员会 编

民国夏口县志校注
武汉出版社

武昌起义图像史
——纪念辛亥革命一百周年
1911 - 2011

湖北竹枝词

15

第十五章 图书自主出版

武汉图书馆拥有丰厚的文献资源和深厚的文化家底。为了重拾渐逝的城市记忆，拼接城市文化的历史碎片，展现城市未来的美好前景，肩负收藏与传播文化重任的武汉图书馆，积极整合武汉悠久的历史文化资源，深入挖掘地方史料的历史与现实价值，努力推进地方文献整理与研究工程。

数十载寒来暑往，武汉图书馆的工作人员埋首故纸堆，收集、挖掘、爬梳、整理、研究、编纂地方文献，虽备尝艰辛，但坚持下来，硕果累累。地方史志、民俗风情、武昌首义、武汉抗战、宁波商帮、新闻报业……这些散落在历史角落的地方史料，如同主题不一、色彩不同的文化碎片，经过馆员们悉心地摭拾拼接、细致地穿针引线，最终织成一幅绚丽的武汉城市文化图卷。在这幅唤醒城市记忆的图卷上，有书写汉口百科全书的《湖北竹枝词》《武汉竹枝词》《民初汉口竹枝词今注》等，有展示武汉千年风情的《黄鹤楼古今楹联选注》《武汉风情》《老武汉丛谈》，有用地名串连城市史的《武汉地名丛谈》，有擦亮首义文化品牌的《武昌起义图像史》，有描写武汉抗战史实的《武汉抗战图志》，有再现宁波商人传奇的《汉口宁波帮》，有挖掘武汉新闻宝藏的《武汉近代新闻史》，有再现武汉近代工业文明的《武汉近代工业史》，有弘扬民族传统文化的《炎黄文化》……林林总总，多彩多姿。

武汉竹枝词丛书

《老武汉丛书》《武汉风情》

《武昌起义图像史》

《武汉抗战图志》《武汉会战日方图片汇编》

《汉口宁波帮》

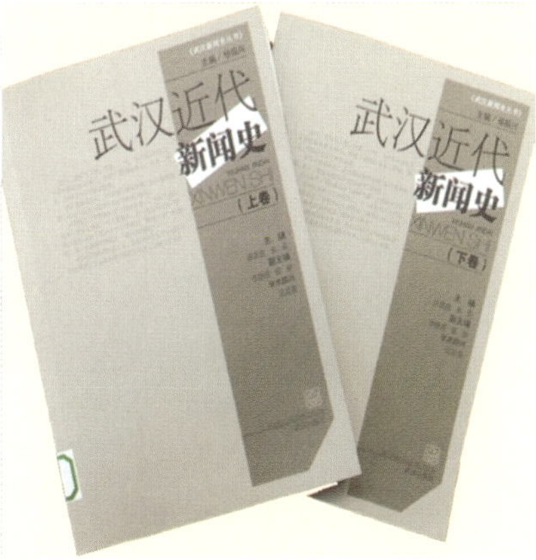

《武汉近代新闻史》

《武汉近代工业史》

文化丛刊《炎黄文化》

此外，武汉图书馆结合本土特色文化资源和历史文化积淀，自建了24个体现地区文化底蕴和发展状况的特色数据库，其中包括：馆藏古籍书目数据库、馆藏期刊书目数据库、馆藏家谱书目数据库等；具体体现湖北地域文化的数据库如湖北历代人名数据库、辛亥革命历史数据库、武汉大事记等；记录武汉地区发展的武汉经济数据库、武汉文化数据库、武汉教育数据库等专题数据库。

同时，武汉图书馆古籍整理工作已开展多年，整理出版的《武汉图书馆古籍善本书志》受到学术界普遍好评。近几年，对旧地方志的整理工作逐渐加强，2008年与武汉市地方志委员会办公室合作，开始对民国时期的《夏口县志》进行校注工作，该书已于2009年年底出版。

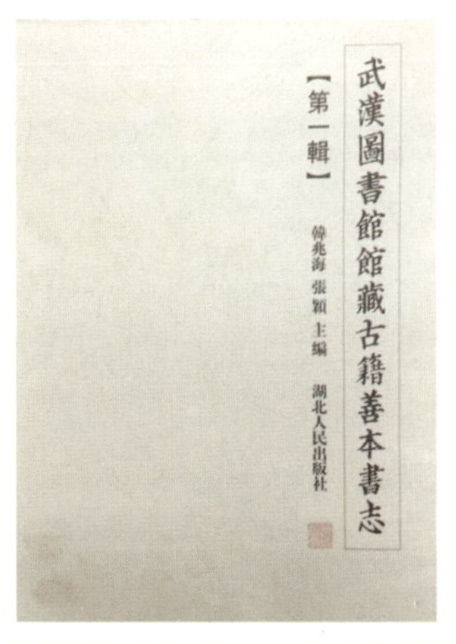

《武汉图书馆馆藏古籍善本书志》（第一辑）

《民国夏口县志校注》

后 记

正如《20 世纪以来中国的图书馆事业》的《后记》所言："鉴于 20 世纪末、21 世纪初，我国图书馆事业在自动化、网络化、数字化方面的发展迅速，图书馆事业的变化巨大，不把 2000 年以后的七八年的情况反映出来，就不能显示我国图书馆事业最新的进展情况和态势"。白驹过隙，回顾与展望之中不难发现，图书馆事业已经站在新的历史起点上，正在进入新的更大空间的发展机遇期。恰逢其时，天津大学出版社精心筹划了这套"21 世纪中国城市图书馆丛书"，意在回溯和梳理城市发展与公共图书馆建设的文化脉络，汇集和探索城市图书馆建设的新发展、新思路、新举措。非常荣幸，武汉图书馆位列其中。在此，我们由衷感谢天津大学出版社的专家们，他们的眼光和把关使《武汉图书馆》在内容和风格上大为增色。

扎根武汉这片九省通衢、天元居中的沃土，武汉图书馆从无到有，从小到大，走过了 70 余年的风雨历程。近一个世纪的历史，在人类漫长的文明长河中只是沧海一粟，而对于武汉图书馆来说，这 70 余年，却是一部筚路蓝缕、孜孜以求的创业与奋斗的历史，对于公共文化事业来说，更是一部武汉市政府不断加大投入和积极推进建设和发展的历史。本着"史书的题材，志书的笔法"的原则，这本书以图文的形式全景展示了武汉图书馆近一个世纪之事业、数代图书馆人之心血。在体现资料性、真实性和可信性的同时，保存了更加鲜活的历史记忆。

本书经众多同人齐心协力，在广搜史料、翻阅档案、查询报纸、搜集图片、约请采访等繁琐而细致的工作基础之上逐步成形。在编写过程中，许多编写组外的同事也给予了认真、热情的帮助和支持，比如肖捷、殷博先、许歌、李茜、杨小容等，在此一并表示感谢！

特别感谢，多年来，对武汉市公共图书馆服务体系及武汉图书馆建设给予了极大的鼓励与关怀的社会各界人士。

由于时间仓促，并囿于学识水平，书中不妥当之处，敬请方家指正。

武汉图书馆

History

Wuhan, which consists of three towns, is divided by two rivers, with Gui Mountain and She Mountain on the riversides. There are many lakes in the city. Mountains, lakes and rivers compose the beauty of the city. On the outskirts of Wuhan, Panlong Ancient City was built 3, 500 years ago. Wuhan is a cultural city with a long history and many litterateurs and talents.

Wuhan was a center of military power. In Chinese, Wuchang means "running the country by military power to achieve prosperity". Hankou town was under the jurisdiction of Hanyang, which formed and thrived because of military power. Wuhan witnessed three key events of Chinese Revolution. The Wuchang Uprising fired the first shot against the feudal monarchy, which ended the imperial rule and ushered the Republic of China. During the Northern Expedition period, Wuhan National Government was established and the three towns (Wuchang, Hankou and Hanyang) were combined into Jingzhao Area. During the War of Resistance Against Japan, Wuhan was the wartime capital, shouldering the responsibilities of resistance against Japan, gaining attention from all over the world.

Wuhan was a commercial center. Wuchang, Hanyang and Hankou have been famous for business with crowded merchants since Tang and Song dynasties. Grain, salt, cotton, tea, oil, paper, herb and all kinds of groceries were traded in the markets. Hankou, Beijing, Suzhou and Fuzhou were the most important commercial cities at the end of Ming dynasty and early Qing dynasty. Hankou was also called one of "the Four Great Towns" with Zhuxian, Jingde and Foshan. Hankou became the commercial port in 1863 and surpassed Beijing, Tianjin and Guangzhou, being the second biggest trading city after Shanghai and gaining world-wide attention.

Wuhan was a city of industry. In modern times, the biggest iron and steel company in Asia and the second biggest arms factory in China were established in Wuhan; the earliest modern textile factories in China were set up; the first Chinese north-south railway was opened. It is the origin of modern Chinese industry.

Wuhan was also a city with rich culture. At the beginning of late Qing dynasty, China was influenced by Western culture and a series of policies aiming at improving education were introduced. Bookstores were established and official newspapers were issued. The development of publishing industry and book collection in Wuhan was flourishing and famous all over the country.

天雄

01

Chapter 1

The Late Qing Dynasty: Inheritance and Development

Zhang Zhidong was appointed as the educational administrator of Hubei in 1867 and the governor of Huguang and Hubei in 1899. He attached importance to education and promoted book printing. Because of his support, the private, official and academy book printing became popular in Wuhan in the late Qing dynasty.

The Western ideas, value systems, science and technology penetrated with the battles in the late Qing dynasty. The Western civilization also impacted on the publishing industry. With the material and technical progress, the Western ideas and the domestic reform trend changed the form and content of traditional publications, the traditional book industry started its modernization process since the Mid-nineteenth Century.

Section 1

The Embryo of the Modern Publishing Group

With the wide application of the Western printing technologies and the proliferation of books on education and translation, some large modern private publishing companies such as the Commercial Press and Zhonghua Book Company reprinted a large number of ancient books and educational books with the new printing technology. Some bookstores achieved transformation by adopting new technologies. They also printed educational books, popular books and books on daily life to improve their profits and books printed in private bookstores started to prosper. During late Qing and early Republican period, there were some relatively large publishing houses like Yudi-Yaxin Geography Institute, Tao Zilin Bookshop, Juyou Tang, Zhang Jiaowu Tang in Wuchang, Baosen Zhai, Tongji Shan Tang, Shanren Tang, Hongdao Tang and Zhenhua Press in Hankou.

Although Western type-printing technology and lithographic printing technology popularized in China, many bibliophiles and scholars preferred the Song and Yuan printing. Therefore, private publishing houses printed these antique books. The most famous two were Tao Zilin Bookshop in Wuchang and Wenkai Zhai in Beijing. Tao Zilin, born in Huanggang, Hubei, was one of the four famous engravers in the late Qing dynasty. He was good at imitating Song and Yuan books. Tao opened a bookshop in Wuchang and named it after himself. Most books he engraved were the rare editions or the only existing copies. He engraved over 170 kinds and 800 volumes of books. More than 130 kinds of books were printed for famous book collectors like Miu Quansun of Jiangyin, Sheng Xuanhuai of Changzhou, Yang Shoujing of Yidu, Xu Naichang of Nanling, Fu Zengxiang of Chengdu, Gan Pengyun of Qianjiang, and a dozen of books were engraved for himself.

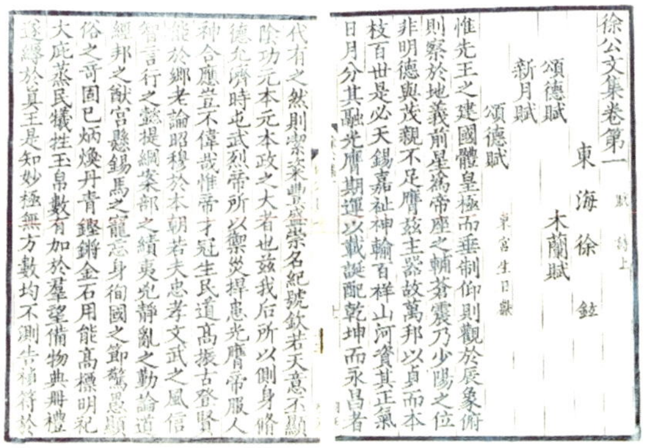
徐公文集卷第一
東海徐鉉
頌德賦 新月賦 木蘭賦

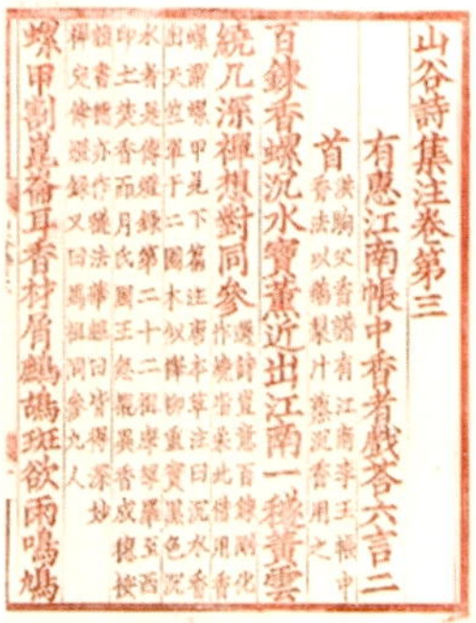
山谷詩集注卷第三

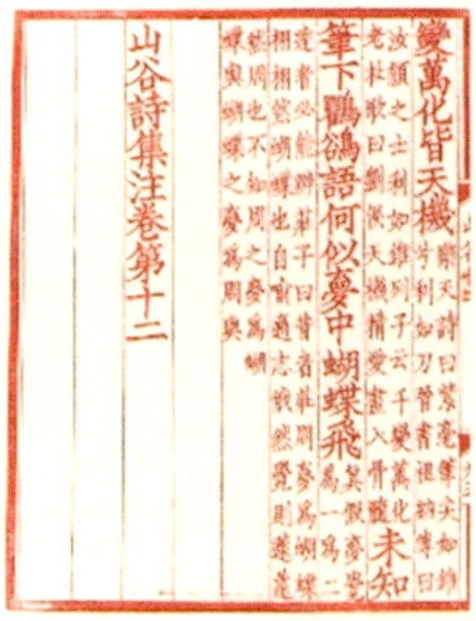
山谷詩集注卷第十二

It is worth noting that in 1915, the Commercial Press hired him to engrave ancient movable type. Tao used the font of *Yupian* and made lead type by photos. It took him several years to make two sets of lead type of ancient movable type. He thus made great contribution to the development of Chinese lead type technology.

In 1897, the geographer Zou Daijun founded Wuchang Geography Institute. In the next year he set up Yaxin Geography Institute. From then to 1953 When the institute merged with more than 10 private cartographic publishing houses, it continued for 50 years, publishing all kinds of maps and geographic books. It became the oldest private cartographic publishing house with the longest history, which published the most maps, became the most popular and made the biggest contribution in modern China. *Chinese and Foreign Geography Map* was the most well-known publication, which was highly praised by the British geographer Dr. Fryer.

Moreover, bookshops like Yishan Bookstore, Juyou Tang in Wuchang, Shancheng Tang, Shanren Tang, Hongdao Tang, Baosen Zhai, Zhenhua Press in Hankou published and sold Confucian classics, history, philosophy, literature, reading materials for school students, popular romantic novels, opera libretto, calendars and couplet in large scale. In the early years of the Republic of China, three biggest private publishing houses including the Commercial Press, Zhonghua Book Company and Shanghai World Book Company established branches at Jiaotong Road in Hankou and Chayuanpo, Hengjietou in Wuchang. They sold all kinds of books there and this area became a cultural center.

Section 2

Private Publishing and Book Collecting

In the late Qing dynasty, private publishing and book collecting were quite popular in Hubei province, and there were more than 40 publishers whose books were kept or their names were recorded. Wuchang, Hanyang, Jingzhou, Huanggang and Xianning became the center of private publishing and the center influenced the whole province. It also formed a private publisher group with Yang Shoujing, Ke Fengshi, Lu's brothers in Mianyang and Ye's family in Hanyang as the key figures.

Yang Shoujing (1839-1915) of Yidu, whose courtesy name (zi) was Xingwu, was a successful candidate in the imperial examination at the provincial level in the Qing dynasty (Ju ren). He was a knowledgeable man good at geography, Chinese exegetics, epigraphy and calligraphy. He was a geographer, a textual criticism scholar and a bibliographer with high reputation. He edited and published more than 60 kinds of books, some of which were compiled by others. Yang was so addicted to ancient stuffs like books, tablets, coins, seals and bricks that he made a large collection of them. He failed in the imperial examination at the national level for seven times, so he stopped trying and focused on writing, publishing and collecting books.

Yang especially excelled at textual researching, proofreading and publishing. Luo Zhenyu, an archaeologist in modern China, said that Yang's knowledge was beyond comparison in the Qing dynasty. Yang was also proficient in bibliography. In 1880, Yang Shoujing visited Japan following He Ruzhang and Li Changshu. In 1881, he still stayed at Japan because of his work. He searched and collected ancient Chinese books all over Japan. Most of the books he found were books published in Tang, Song and Yuan

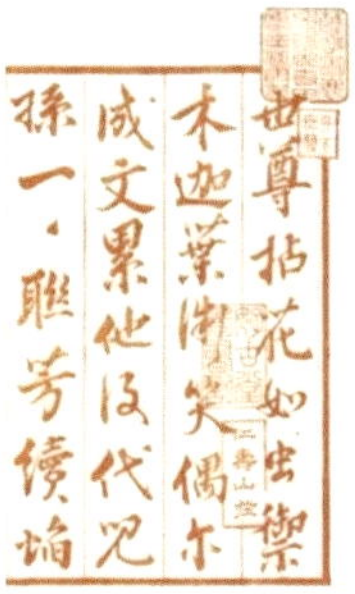

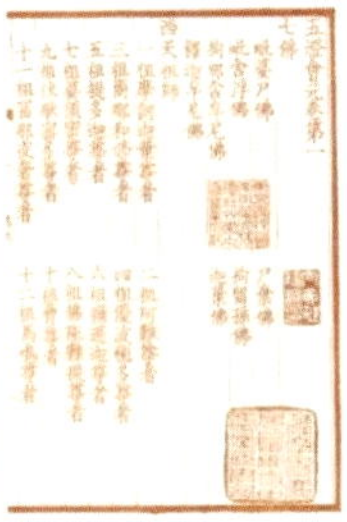

Dynasties. Yang shipped these books back to Wuchang and set up a building called Guanhai Lou to store them. After he passed away, these books were collected and stored in the Palace Museum. He proofread and photocopied *Liuzhenpu*, which was the first photo-printed book of China. Yang Shoujing firstly edited *Zengding Congshu Juyao* and later Li Zhiding continued his work. It set the foundation of classification system, which hugely influenced the classification system set by *Aggregation of Series of Chinese Ancient Books* (*Zhongguo Congshu Zonglu*).

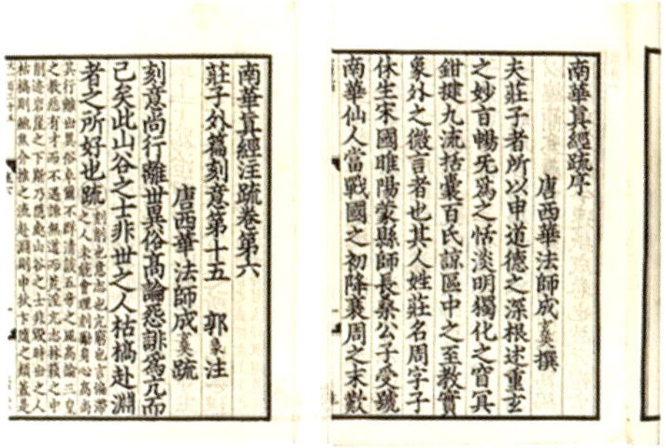
南華真經疏序
唐西華法師成玄英撰
夫莊子者所以申道德之深根述重玄之妙旨暢无為之恬淡明獨化之窅冥鉗揵九流括囊百氏諒區中之至教實象外之微言者也其人姓莊名周字子休生宋國睢陽蒙縣師長桑公子受號南華仙人當戰國之初降衰周之末歎

南華真經注疏卷第六
莊子外篇刻意第十五　郭象注
唐西華法師成玄英疏
刻意尚行離世異俗高論怨誹為亢而已矣此山谷之士非世之人枯槁赴淵者之所好也疏

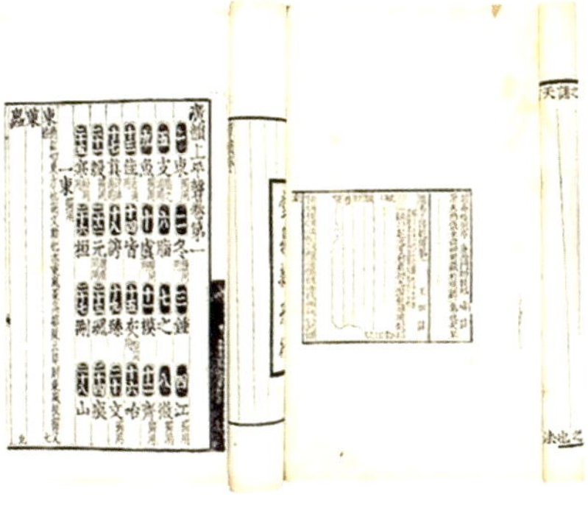

Ke Fengshi of Wuchang (today's Ezhou city) was a successful candidate in the highest imperial examination. He served as the salt controller of Huainan and Huaibei and the governor of Guangdong. He collected loads of rare books and bought *Complete Library in the Four Branches of Literature* (*Siku Quanshu*) from Qiu Wenda in Jiangxi. Many of his collections were medical books.

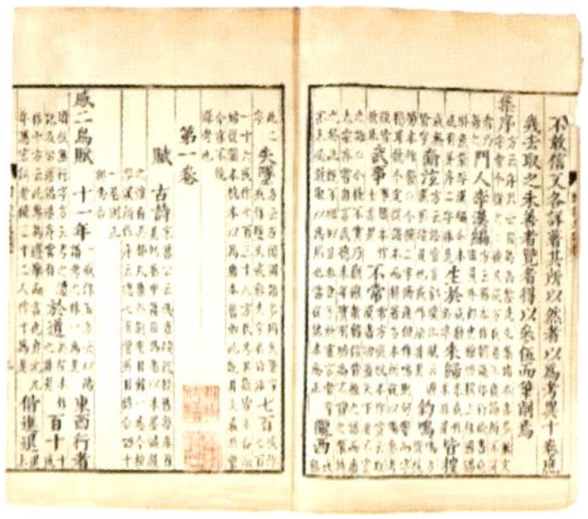
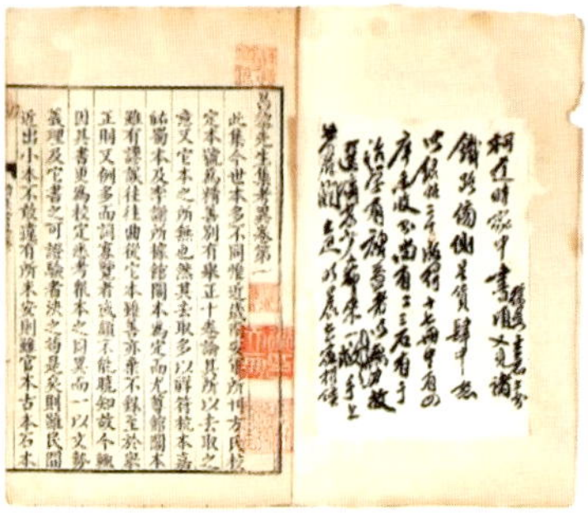
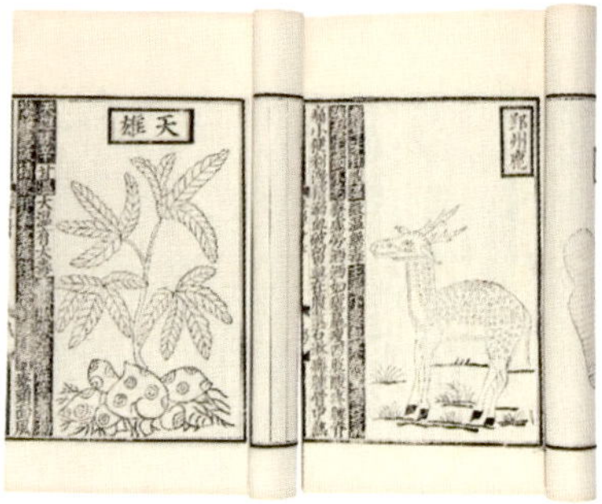

Lu Jing (1856-1948), who was also called Muzhai, was a mathematician and historian. His younger brother, Lu Bi (1875-1967), whose courtesy name was Shenzhi, was proficient in literature, history and bibliography. Lu Jing published Yan Fu's translation of *Evolution and Ethics* (*Tianyanlun*) in 1898, which was the first edition of *Tianyanlun.* Lu's brothers also published many local documents and made great contribution to inheriting local documents of Hubei.

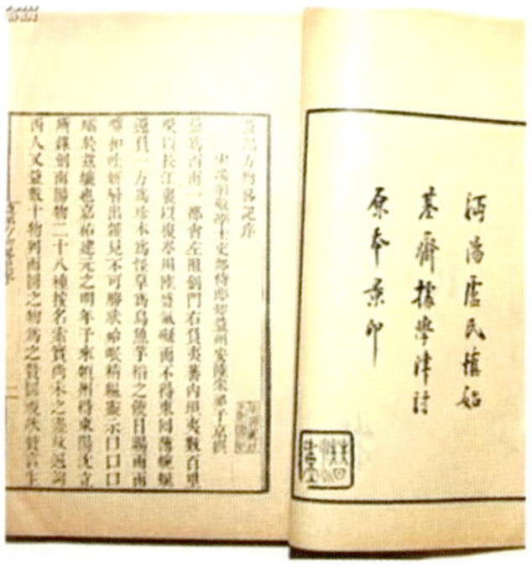

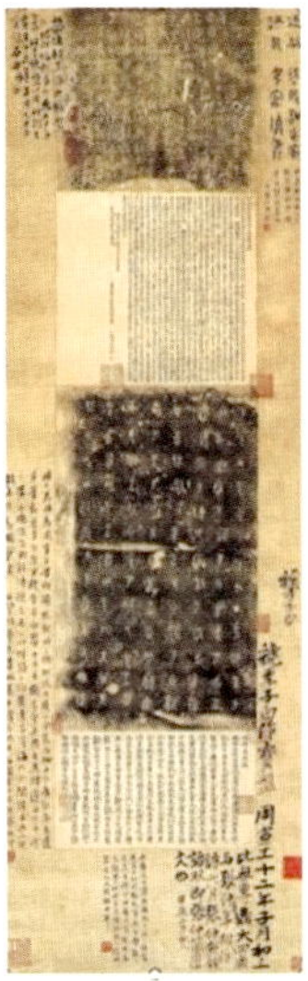
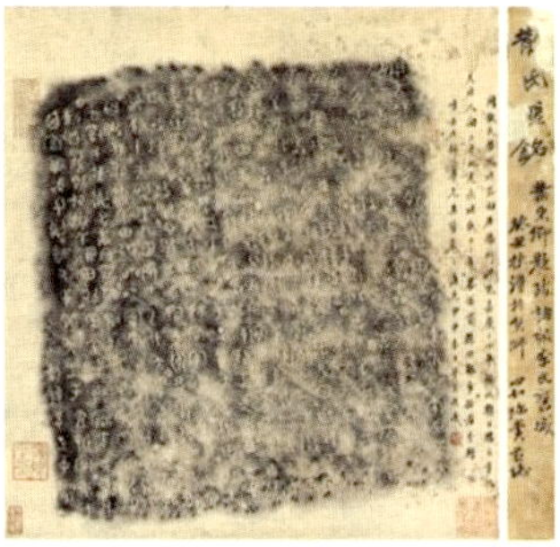

Ye's family in Hanyang was famous for writing, collecting, proofreading and publishing books. Ye Zhishen (1779-1863), whose courtesy name was Dongqing, once hold the posts in Imperial College and Ministry of War. He excelled in laws, epigraphy, writing poems and handwriting. He also knew a lot of knowledge about medicine and astronomy. He had huge collections of ancient bronzes and stone tablets, paintings, calligraphy and books of both modern and ancient time. Several buildings were built to store his collections. His father, Ye Jiwen, whose courtesy name was Yunsu, was knowledgeable and addicted to ancient stuffs. He collected ten thousand volumes of ancient books. Ye Zhishen's second son, Ye Mingli, was a successful candidate in the imperial examination at the provincial level. He was a prolific author and his work was helpful for the research of successors. *The Study of Phonology* (*Gujinyunkao*) was well edited literature published by Ye's family and was an important private publication in Hubei.

Section 3

The Rise of Official Publishing

In the late Qing dynasty, publishing became popular in Wuhan and the trend influenced the whole country. Official publications in Hunan and Hubei provinces took up a half. The official publishing included publications of provincial and local-level governments, publications of publishing houses, and publications of academic institutes and schools.

1. Publications of Provincial and Local-level Governments

Most of the publications published by governments in Hubei were practical books about military affairs, agriculture, medicine, business and law.

Local records took up most of the publications of provincial-level governments and institutes in Hunan and Hubei. Hubei government published more local records in the Qing dynasty than any other dynasties. Municipal- and county-level governments published their own local records as well. They supplemented one another and together provided quality historical materials with great value.

2. Chongwen Publishing House

Official publishing houses had thrived since 1867. Chongwen Publishing House was one of the four greatest publishing houses in the late Qing dynasty. Chongwen Publishing House published a large number of high-quality books which left enormous impact on publishing history of modern China.

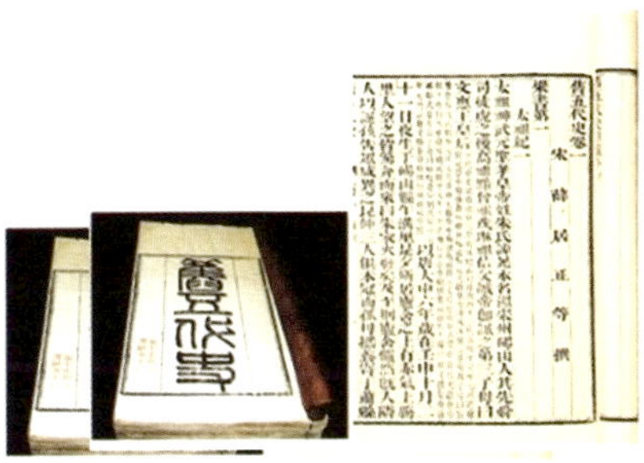
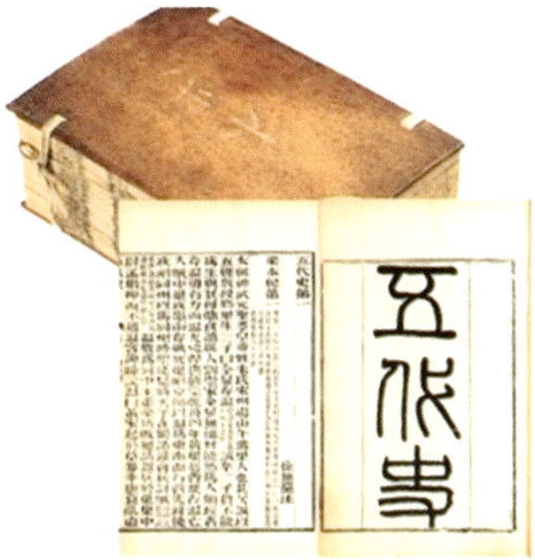
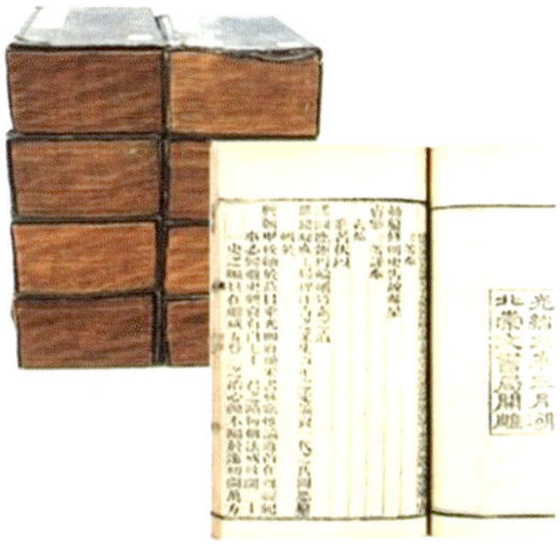

In 1868, Li Hanzhang, the Huguang and Hubei governor, submitted a proposal to found Chongwen Publishing House. The private Chubei Chongwen Publishing House was changed into official Chongwen Publishing House. It was located in Zhengjue Temple, Houbu Street, Wuchang and was run by Zhang Bingkun and Hu Fengdan. It changed its name to Hubei Provincial Official Publishing House in 1877 and was expanded under Zhang Zhidong's supervision in 1899. It moved to Xundao Ling (today's Yanzhi Road) in 1912 and stayed there until the Anti-Japanese War broke out in 1937.

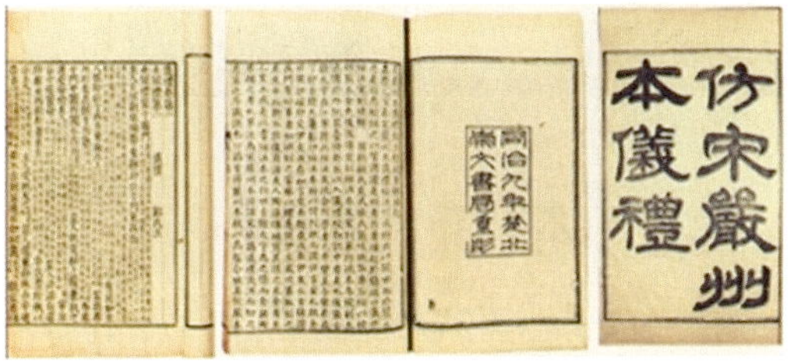

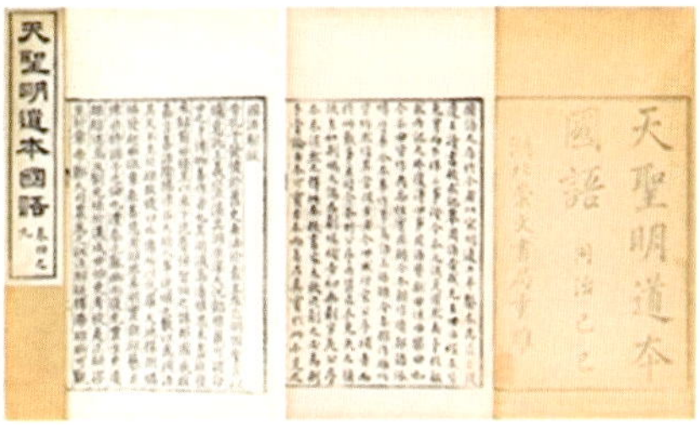

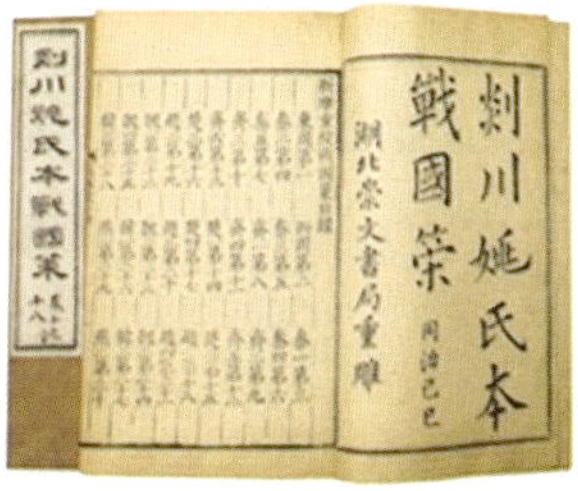

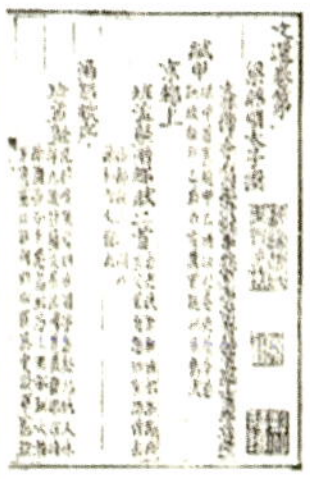
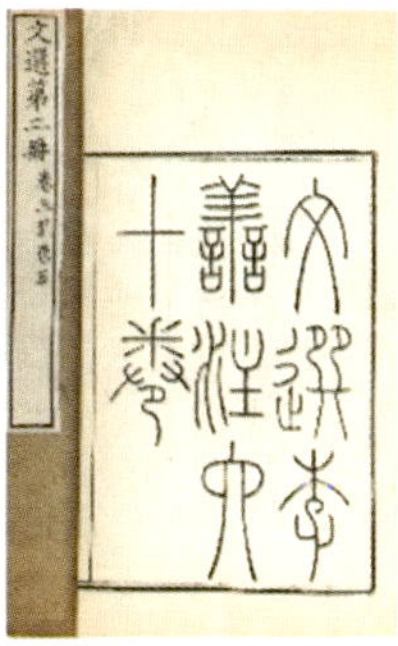

The variety of books and the total amount of books published by Chongwen Publishing House were greater than most official publishing houses in the late Qing dynasty. It published over 382 kinds of books, including 50 Confucian classics, 54 history books, 98 philosophy books, 82 literature books, 74 series and 24 other works. It had special emphasis on publishing books. There were more single books in the Confucian classics, more atlas about Hubei in the history books and more books of the philosophers. It also published loads of philosophical books and literature books written by scholars from Hubei province. During the period of New Policy with emphasis on education carried out by Zhang Zhidong, Chongwen Publishing House published a great number of new textbooks, technical books and teaching reference books.

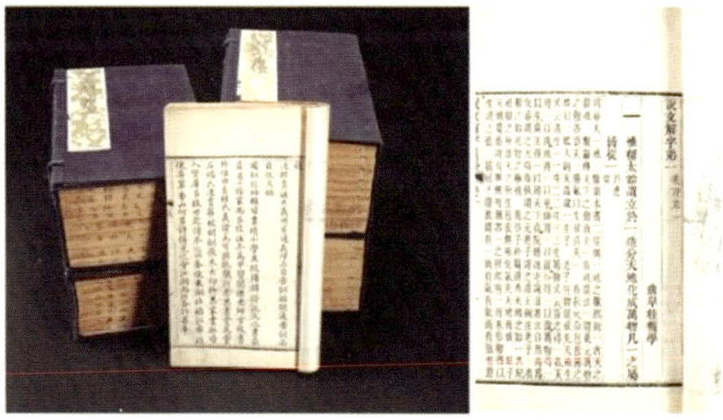

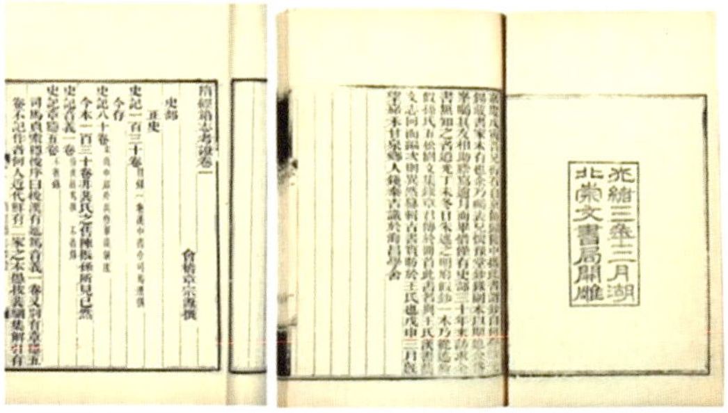

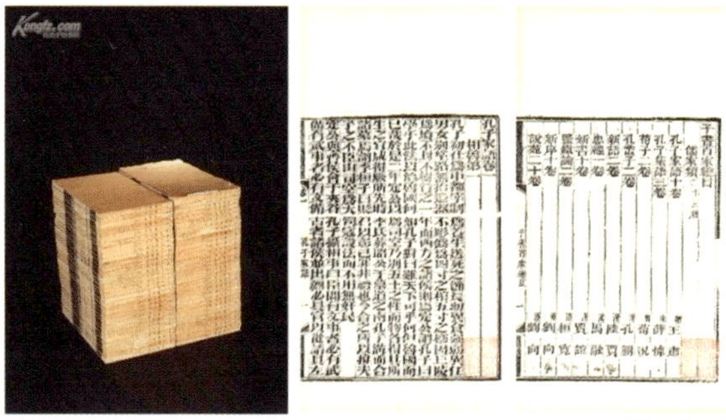

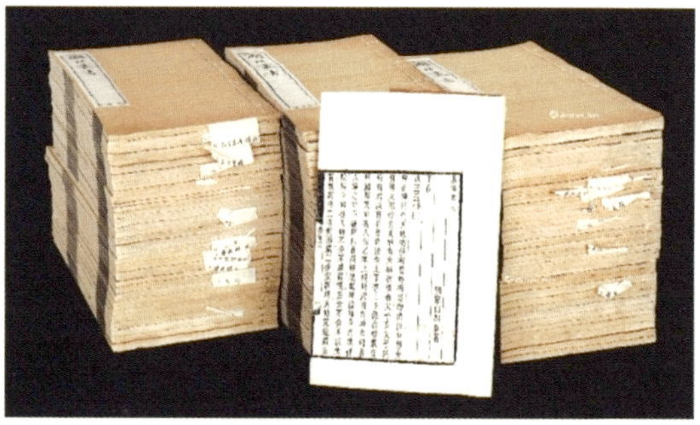

3. Three Great Academies

Academy System of China originated from the Tang dynasty, flourished in Song and Yuan Dynasties, continued its development in the Ming dynasty and prospered in the Qing dynasty. A surge of setting up academies began under the regime of emperor Yongzheng. Private academies were transformed into official academies and the number of academies and their achievements in the Qing dynasty were larger than other dynasties. The Huguang governor Zhang Zhidong reformed old academies in order to cultivate special talents. Jianghan Academies was reformed in 1897; Jingxin Academy was established in 1869; Lianghu Academy was set up in 1890, and it was changed into Advanced Academy (also known as Lianghu Advanced academy) in 1903. Later, it changed its name into Lianghu Normal College and followed the Western educational system.

Jianghan, Jingxin and Lianghu Academies were the Three Great Academies in Hubei.

Lianghu Academy was also one of the Two Great Academies of China with Guangya Academy in Guangdong. Academies have a long tradition of publishing in China. With technical improvement and popularization of art of printing, academy publishing became more common. Besides The Three Great Academies, Shaoting Academy in Wuchang, also had a reputation of book publishing. Unfortunately, Shaoting Academy was destroyed and no book remains today.

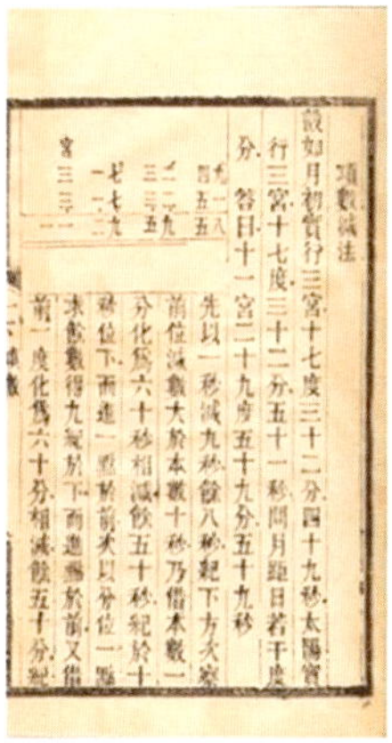

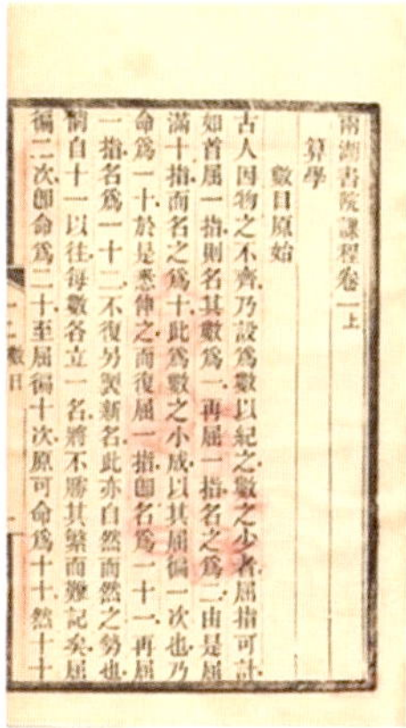

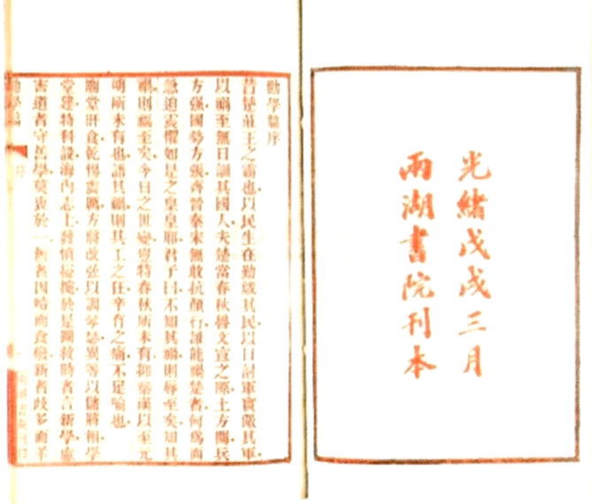

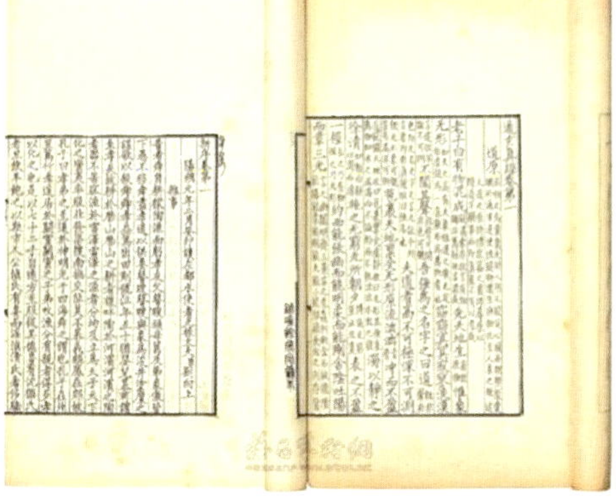

The basic function of academies is to collect and store books to enlighten and educate people. There were four major sources of book collections of academies in Wuhan in the Qing dynasty, including books bought with public funds, books donated by officials, celebrities and scholars, books published by academies, and books bought with academies' own funds. Therefore, academy publishing books served the dual purposes of educating people and enlarging book collection. Most academies set up their own book-storing buildings. Wuchang Jingxin Academy had ten thousand books; Wuchang Lianghu Academy had forty thousand books; Wuchang Shaoting Academy, had the largest collection in Hubei. Academies had perfect collection management systems. They had special funds for book collection and the detailed regulations such as *Regulation of Lianghu Academy*.

Section 4

Introduction of Western Printing Technology and Modernization of Mechanical Printing Industry

Printing originated from China. As printing technology developed during the Industrial Revolution, it was introduced into China by missionaries printing *Bible* and spreading doctrines. "No matter which language people use, printed media obviously have more advantages over other media in spreading knowledge about human and God. Chinese books might be more important than other media for people to get a deeper understanding." Therefore, missionaries tried to complete their mission—influence the Empire, by establishing presses and publishing books, newspapers and magazines.

After the Opium War, the door was opened by the Western powers in China. They marched from Shanghai, entered cities along Yangtze River. Based on Hankou and Wuchang, the Western powers gradually pervaded Changsha, Yueyang, Shashi and Yichang. With protection of unequal treaties, missionaries set

up churches, schools, hospitals and presses. They published religious books and newspapers and set off a new upsurge of publishing.

In 1876, Griffith John set up Religious Tract Society in Renji Hospital, Hualou Street, Hankou. It was the biggest Christian printing press in central China. According to the statistic data in 1899, more than 80% of the missionary materials were printed by Religious Tract Society. In response to society need, it also printed common books. In 1885, John Archibald set up Hankou Church Press. It had 7 printing machines and other advanced printing facilities, over 30, 000 Chinese and English types and over 70 workers. Hankou Church Press mainly published the *Bible*, Christian materials and common books. In 1880s, American Episcopal Church set up Boone Memorial School in Wuchang, which later changed to Wenhua College in 1908. Boone Memorial School Press was established in 1888 and was expanded in 1903. In addition to Christian materials, it also printed textbooks. *Wenhua Academia* was founded in 1906 and the English quarterly *Wenhua Review* was founded in 1911.

Influenced by Western printing technology and Western religious printing presses, printing industry prospered in Wuhan and the modern printing houses were established. In 1898, Zhang Zhidong set up Hubei Official Press in Dachao Street, Wuchang, to publish official newspaper. In the same year, Yaxin Geography Institute was established in Wuchang, and started to print maps by lithographic machines. Zoushi Geography Institute also used advanced printing technology to print chromatic maps. These new technologies of printing marked that the printing industry in Hubei had changed from the traditional way to the modern way. In 1909, the Huguang supervisor Chen Kuilong set up Wuchang Press at the location of Hubei Official Press. After expanding and purchasing advanced machines, the official press started to publish textbooks for schools. Later, Xingyi Press, Yongyi Press and other presses in Hubei also bought advanced equipment.

In addition to the *Bible* and Christian brochures, missionaries also used Western printing technologies to publish books about the Western science, technology, culture and history. Among their publications, newspapers and magazines were the most popular. The new-type textbooks, reference books and comic books also appeared.

The Western missionaries have gone to Wuhan since the Opium War, and they set up presses. These publishing activities brought the advanced machines and publishing ideas, and more importantly, they promoted the revolution of printing technology and the establishment of modern publishing industry. A new era of publishing industry in Wuhan started. With the change of contents and forms of traditional books, the book-collecting culture would also be affected.

Section 5

The Birth of Modern Library

In 1902, Liang Qichao summarized "more students, more presses and more newspaper houses" as the main cultural phenomenon of the late Qing dynasty. "More students", means that needs of books grew, and book collection in academies developed and surpassed previous dynasties. In 1901, the government ordered to change the academies into schools and build schools of different levels in provincial capitals, cities and counties. The academy system originated from the Tang dynasty ended. The function of book collecting of academies was linked to the modern libraries in the late Qing dynasty.

The reformation of education and culture induced the birth of modern public libraries. In 1904, the government published *Regulations of Schools* including plans and rules of all the schools and the function of libraries. According to the *Regulations*, a library collecting all kinds of books with a librarian should be set up in each university. It was the first time that the word "library" occurred in the official document. The publishing of *Regulations of Schools marked* the official-system establishment of modern libraries. In 1906, Department of Education put libraries into bureaucratic administrative system. The formation of modern library system started in 1909 with the support of policies. By 1911 when the Revolution started, the official libraries had been set up in at least 15 provinces. The first official library was established in Wuhan on March 14th, 1904 and later the first library with "library" in its name was established in Hunan.

After *The Peace Protocol of 1901 Treaty* was signed, wise men realized that policy reform must be implemented to save the country. Zhang Zhidong and Duan Fang implemented the Hubei New Deal . Zhang Zhidong emphasized industry and education while Duan Fang considered education as the top priority. Duan Fang reformed traditional academies and set up new schools. The education in Hubei was the best in the whole country at that time.

Library was a product of developing education. Duan Fang said that the goal of setting up libraries was to serve scholars and school education.

The library established by Duan Fang was located in Wudang Taoist Temple, Wuchang. It officially opened on March 14th, 1904.

On August 3rd, 1904, *Hunan Official Newspaper* published an article about Hubei Provincial Library named *The Opening of Library*, which said that Duan Fang sent people to buy all kinds of books in Shanghai and went to Japan to buy books, models and specimens, so the library would be ready to open in August.

According to the date of the newspaper, Hubei Provincial Library was the first provincial library that was established and opened to the public.

On April 3rd, 1904, Zhang Zhidong took over Duan Fang's position. He found that Hubei Provincial Library could not meet the needs of schools, so he decided to set up Application-oriented School Library. On October 19th, 1904, *Hunan Official Newspaper* published an announcement that proclaimed the transformation from the factory established by Duan Fang to a library of instruments, and the combination of the library of instruments and the library set up in Wudanggong.

The merger of Wudanggong Library and Instrument Library produced the Application-oriented School Library. It was located on the west side of Lanling Street. The original purpose of Hubei Provincial Library was to serve schools and it carried on. Application-oriented School Library served schools, students and teachers, and only scholars outside schools were allowed to use the collections in the library.

Application-oriented School Library opened on November 14th, 1904. The establishment of Wudanggong Library marked the birth of Hubei Provincial Library and the opening of Application-oriented School Library marked the rapid development of libraries in Hubei.

In 1905, Application-oriented School Library was expanded and opened to the public. On March 8th, *Hunan Official Newspaper* said that Application-oriented School Library bought several houses to expand.

In 1908, Hubei Provincial Library moved to the east of Lanling Road, where Bowen Academy was located. Tan Xi'en wrote that this place was taken over by the founder of Bowen Academy, Ba Xiuling. Later, the academy belonged to the government and Hubei Provincial Library assembled books from many former academies and greatly enriched its collection.

In a word, Hubei Provincial Library was not only the first one among Chinese provincal-level libriaries, but also had the largest collection for a long period. Its book preservation and management regulation also set an example for other libraries.

The mission of provincial libraries was to preserve national essence and educate interdisciplinary talents, but they still functioned as traditional libraries which paid more attention to book collection rather than book utilization. Although they ought to be open to the public, actually they mainly served traditional scholars.

02

Chapter 2

The Republic of China: Rise and Fall

Public library is the most important type among all kinds of libraries. In most countries in the world, a large number of public libraries with the most extensive collection of books serve the biggest amount of people and gain the most attention from the society and the public. There was always a Public Library Movement during the transitional period from traditional library to modern library. It first appeared in the United Kingdom, then in the United States. Public Library Movement started in early 1900s in China. The birth of the first group of public libraries in 1904 marked the beginning of Public Library Movement in China and reached its climax from 1908 to 1910. About 75% of the provincial libraries were established during this period. This speed was rare even in the whole world. But most libraries which were established during this movement were still traditional libraries. Wuhan was definitely the origin and center of this new movement that swept across the whole country and lasted for two or three decades.

Section 1

Mary Elizabeth Wood and Boone Library

Missionaries spread Western thoughts of library and created the first batch of Christian libraries which brought models of modern library to ancient China. St. John College Library became the biggest college library in China. Polytechnic Institution's main collections were ancient Chinese books and translation books, and it was specially designed for Chinese readers. Boone Library served the general public. The famous educator Cai Yuanpei praised it for its public nature.

Boone Library, located in Tanhualin, Wuchang, was the first library that followed the model of American public library and the first public library in China. Mary Elizabeth Wood was its founder. She was also considered as the founder of public libraries in China. Mr. Cai praised her as she benefited the academic community a lot.

On October 2nd, 1871, the bishop of Episcopal Church, Williams, established The Boone Memorial School in memory of his brother, William Jones Boone, and named it Wenhua Academy in 1873. In Chinese, Wen means missionaries and Hua means China.

In Nov. 1899, Mary Elizabeth Wood went to visit her youngest brother,

Robert E. Wood, who was a missionary for the Protestant Episcopal Church in Wuchang, China. Robert persuaded her to stay in China as an English teacher at the Boone School. Wood attended library school at Simmons College in New York. She was appointed the first librarian of the Richmond Memorial Library when she was twenty-eight years old, and worked there for ten years. Miss Wood soon found that the limited educational resources and the lack of a library when she taught in Boone School. she began soliciting book donations from friends and acquaintances back in America, and built a collection to support the Boone School. Wood opened a book room and this was the predecessor of Boone Library. This book room was so popular in Boone School that it stirred her passion to build a proper public library that serves not only students but also the general public in China.

Although Mary Elizabeth Wood was a devout Christian, her first visit to China did not involve the mission of a missionary. To reward her achievement, Protestant Episcopal Church awarded her Secular Priesthood in 1904.

In 1906, Boone Memorial School extended to become a college. Wood proposed to build a library, and she returned to America to prepare. She made a request in a magazine for funding for a Christian Library in central China. She explained the necessity and urgency of setting up this library and specifically illustrated what size this library would be and what was needed. In May, she reported the condition and development of libraries in China and her work in Wuhan on the 29th annual conference of ALA. She emphasized the necessity and feasibility of establishing libraries in China. She raised about ten-thousand-dollar funding and donated books.

Miss Wood returned to China in 1908, and she started to preside the library construction. On May, 1909, Boone Memorial School was renamed Boone College. Construction of the library was completed in the spring of 1910. The building was spectacular and the collection was sizable. It was officially named Boone Library, which means that the library was not exclusive to Boone College but open to the public. She even made a will that Boone Library must stay independent of Huachung University (or Central China University) (Boone College was reorganized in 1924 and became Huachung University) and provide service to the public. Boone Library was a public library that opened to all institutes, schools and people.

Mary Elizabeth Wood had devoted herself to librarianship for more than 30 years when Boone Library School was established in 1930. She passed away in Wuchang at the age of 69 in 1931. "Lady Wood has been in China for three decades. The first decade she taught in Boone College, the second decade she established Boone Library, and the third decade she established Boone Library School. All her life was devoted to help promote librarianship and Chinese culture. To promote librarianship, the priority was to train people for profession. So she established Boone Library School. She sponsored Shen Zurong and Hu Qingsheng to study Library Science in America and when they returned, she recruited them for further development of education for librarianship." Mao Kun praised her contribution to Chinese librarianship in 1930.

Boone Library, with its splendid building and enormous collection, was literally the first modern library in China. The library also showed Miss Wood's religious spirit and purpose of the library she held— "Wisdom and Service".

At the beginning of the 20th century, the library was still a new thing and ordinary people didn't get used to reading books in the library. Boone Library had to face the problem that readers were too few. In order to achieve the purpose about "Everyone can read the books they ought to read", Boone Library organized cultural exhibitions, lectures of celebrities to attract readers and expand the service scope of reading guides.

Boone Library was operated following modern public library mode under Wood's supervision. It abandoned the tradition of charging "reading fee", and all institutes, schools and individuals can access the collection freely. It was the only one library that provided open access to its collection. Hubei Provincial Library charged for access to collection until 1928. As a result, Boone Library had the highest usage level among public libraries in Hubei for a long period.

To provide better service to more readers, Boone Library set up reading rooms in St Michael's Church and Trinity Church. The former one served the students, soldiers and the public and the latter one served traders.

Mary Elizabeth Wood started up a more efficient project—mobile library in 1914. Boone Library was the first to pack books in the boxes and sent them to schools and institutes that needed these books. The mission of mobile library was to break the physical boundary of a library and get close to readers and potential readers by sending book collections to places where readers can conveniently get access regularly or irregularly. Bearing the idea that modern libraries should serve the public, Mobile Library spread from Boone Library to three towns of Wuhan. As Shen Zurong recalled, "There were 23 mobile libraries spreading not only to schools in Wuchang, but also to schools and communities in nearby towns. Books were not only sent to government institutes and schools, but also to corporates like Hanyang Iron and Steel Factory, Canton-Hankow Railway Company and The Yangtze River Engineering Company. Sometimes Boone Library expanded its service to further places like Yueyang, Jiujiang, Yichang, Nanchang, Shanghai, Kaifeng, Xi'an and Beijing." According to the statistical table of Boone Library during 1932-1933, there were 57 mobile libraries. And in 1936, there were more than 1, 200 books covering all subjects in the collections of mobile libraries.

Boone Library promoted literacy popularization and reading guidance by opening literacy classes for women and book clubs for children. It held these activities to meet the needs of all kinds of people. The needs of people at the bottom of the heap were put into consideration seriously, which reflected Boone Library's mission of serving the public. It also considered people's interest and educational level when selecting the book collections of mobile libraries, which contained novels, travel notes and biographies.

In 1921, Boone Library expanded its buildings and completed the construction on January 18, 1922. In 1924, it changed its interior decoration and added an attic. Offices, learning rooms, classrooms, rooms for storing books and reading rooms were on the first floor. There was a public reading room, two exhibition rooms and a Stuart Memorial Hall which was in memory of Olivia P. Stuart, on the second floor. Before the War of Resistance Against Japan, Boone Library contained 44, 560 books, 11, 300 of which were Chinese books and others were mostly English books. It had several special collections and collected unprecedented quantity of professional books of library science which included 700 Chinese books and 18, 000 books in other languages.

Unfortunately, Boone Library was destroyed in 1938 when Wuhan was occupied by Japanese. More than 40, 000 books were damaged and the advanced equipment was robbed. After the war, the original buildings of Boone Library were occupied by Huachung University and this public library never returned.

Boone Library as the first public library in modern China set a model for modern public libraries in China . It abandoned the concept of traditional private library and started to turn libraries into important cultural and social organizations, opening the door to the way of modern library.

Shen Zurong commented that "Boone Library was a monument that commemorated the three decades when Mary Elizabeth Wood devoted in China. Ever since 1910, she insisted to serve not only teachers and students in Huachung University, Boone School, or Boone Library School, but the general public in Wuhan and even further. She practiced library science in many means. In order to make the library a learning center, mobile libraries and reading rooms were established and, lectures, exhibitions and concerts were held. Her efforts were of great importance and recognized by the society. More importantly, the direct and indirect outcome, the short-term and long-term impact of her work were great.

Section 2

Shen Zurong and New Library Movement

In 1917, the development of modern library in China entered a new historical stage. New Library Movement started in this year and the first generation of professional librarians emerged. Shen Zurong returned from the U. S. after finishing his study in the library science and gave a speech about librarianship. He clearly pointed out the difference between library and traditional private library, briefly analyzed the nature of traditional private library and gave an introduction of the development of librarianship in England, America and Germany. With his own experience, he talked about the relationship between library and education. He believed that the nature of library is to enlighten the public and support the development of education and government institutes. It marked the beginning of New Library Movement.

Many people had introduced Western libraries into China since the late 19th century including Lin Zexu, Sun Yuxiu and Gu Shi. However, Shen Zurong's speech was different and significant as he was a professional librarian who not just simply introduced what librarianship was, but presented his thoughtful ideas about the differences in term of the development of librarianship between China and Western countries, which included ideology, academic development, entities, readers, collections, policy and librarians. Yan Wenyu called it as "the first voice of Western library science."

Shen Zurong was the leader of New Library Movement. He got the support from Mary

Elizabeth Wood to study Library Science in the U. S. in 1914. He got Bachelor of Science in Columbia University in July, 1916 and became the first Chinese receiving the degree in Library Science. When he returned home, he chose to work in Boone Library to promote mode of American librarianship in China. From 1917 to 1919, he began a tour around China to promote functions of libraries.

As Shen Zurong realized, "To promote the librarianship in China, it's necessary to set up schools to train library professionals." On May 1st, 1920, Mary Elizabeth Wood set up Boone Library School with the help of Shen Zurong and Hu Qingsheng. Boone Library School was structured on the model of New York State Library School. It was the first library school in China. In 1922, students who graduated from Boone Library School worked in many libraries of China. New Library Movement moved into a new stage.

The U. S. returned the indemnity in 1924 to support educational and cultural development in China. Mary Elisabeth Wood asked for funding from China Foundation, the organization that managed the indemnity. To find out the actual need of libraries in China, Miss Wood invited representatives of ALA to carry on on-the-spot investigation. In response to Wood's invitation, Arthur E. Bostwick, the chief librarian of St Louisiana Library and former president of ALA, paid a seven-week visit to China and proposed a funding report of Chinese libraries and library education. According to this report, China Foundation allocated 500 thousand dollars to build 7 libraries, including National Library in Beijing and its four branches, and another six model libraries in other cities and funded Boone Library School.

With the establishment of provincial library associations, the demand of national library association rose. The meeting of China Library Association was held from April 22nd to 25th, 1925, in Shanghai. Miss Wood delivered a speech at the meeting. On June 2nd, China Library Association was officially launched in Beijing. The establishment of China Library Association marked the climax of New Library Movement. The focus of New Library Movement gradually turned to the stage of the construction of new librarianship . New Library

Movement followed models from Western countries and learned from traditional experience of library science in China. It was an enlightenment campaign just like New Culture Movement. New Library Movement set the tone of developing American-style libraries and adapted for social situations in China. The professional library schools like Boone Library School were established, which boosted the development of library science. New Library Movement also enlightened the public a lot.

One of the notable things of New Library Movement was that Chinese intellectuals were actively involved in the development of librarianship, which is rarely seen today. The people who led the development of librarianship changed a lot in the Republic of China. Missionaries, reformers, officers that had carried out New Policy and local elite were replaced by Ministry of Education, China Library Association and professional librarians.

Two generations of librarians emerged during New Library Movement. The first generation including Shen Zurong, Du Dingyou, Dai Zhiqian, Li Xiaoyuan and Hu Qingsheng, played a major role in New Library Movement. Most of them studied in the U. S. and returned with professional and academic achievement. They were the founders and pioneers of Chinese librarianship.

"Wenhua Generation" means people who graduated from Library Science Department of Boone Library School and made a great contribution to Chinese librarianship. The representatives of Wenhua Generation were Qiu Kaiming, Gui Zhibo, Zha Xiu, Yu Jingyu, Tong Shigang, Wu Yuanqing, Wang Changbing, Yue Liangmu, Yan Wenyu, Xu Jialin, Wang Wenshan, Gu Jiajie, Xu Jiabi, Li Fangfu, Zeng Xiansan, Fang Zhaoying, Xu Liang, Zhang Baozhen, Deng Yanlin and Huang Xinghui. Wenhua Generation included about 600 people.

In 1988, Cheng Huanwen firstly used the term "library spirit" to describe the devotion of these pioneers, which included the sense of national dignity and pride, the spirit of self-devotion, the spirit of reform and innovation, the spirit of respecting readers and loving books. The librarians in the Republic of China showed the library spirit perfectly.

Section 3

Construction and Ending: Popular Library, The Public Education Library and Library Department

China's evolution from the Opium War to the New Culture Movement included three periods: the change of artifacts, the system reform and the change of culture. These three periods of changes were led by the elite and lacked national citizens participating in the reforms. "Applying the new system with old concept cannot achieve success until the whole society's consciousness is gradually inspired" meant that the issues such as how to awaken the citizens and how to cultivate "new citizens" had become urgent since the 20th century especially after the founding of the Republic of China.

In short, the reforming of education and the cultivation of "new citizens" were the main ways to save citizens from nation perishment, which was agreed by the national citizens who had put it into practice, and presented many ideas including "strengthening the citizens' power, developing the citizens' intelligence and bringing forth the theory of new morality of the citizens" put forward by Yan Fu, "the theory of new citizen" advocated by Liang Qichao, "fostering people for national salvation" by Chen Duxiu and "being a new citizen" by Yan Yangchu.

In the first year of the Republic of China, the Ministry of Education established the Social Education Department, which stipulated clearly that "the Ministry of Education shall set up office of general services and the following divisions: General Education Department, Specialized Education Department and Social Education Department". The functions of the Social Education Department were to serve the general public, to establish various cultural facilities and organizations and to carry out popular social education with particular emphasis on popularity and obvious basic intention of developing the citizens' intelligence. In 1923, the General Assembly of the Chinese Association for the Promotion of Civilian Education was set up with the mission of "being a new citizen", advocating that "all nationals of the Republic of China, whether rich or poor, as long as they were not educated in the period of education or they have received basic education but lack society common sense, should receive civilian education". After establishment, Nanjing National Government promoted public education with the aim of "arousing the citizens". Social education was a planned, purposeful and organized educational activity other than family education and general school education in the period of the Republic of China. Both popular and civilian education were parts of social education, while public education was the same as social education even though they were different in name.

The views advocated by the library scholars, such as "Libraries are closely related with education and have a closer relation with social education", "Library business is part of social education. It is a social education that is more specific, permanent and independent than other businesses", "Education can not only be conducted in school, but also in many institutes and the first one is in library", "Current library is not a place for the storage of books, but an educational institute", had reached a consensus among the government of the Republic of China and the public.

1. Short-lived Popular Library

In the early Republic of China, Popular Library was part of popular education and was subject to Social Education Department, a subsidiary of Ministry of Education. In October 1915, the Ministry of Education issued the *Regulations of the Popular Library*, which was the basis of the institutionalization of the Popular Library. The government put the library construction into the whole social education plan in the form of institution, requiring local governments to set up popular libraries which were open to the general public. According to the survey conducted by the Ministry of Education in 1916, there were 148 national public and private libraries in total, of which Hubei Province took up the largest (44) with the most abundant annual funds of 13, 800 yuan, the largest collection of 18, 000 volumes and a great number of average daily readers. The average daily number of readers was 600 in Hubei Provincial Library. "There were 5 libraries with books and newspapers for the public to read in our city before 1926. In addition to the original establishment of lecture department in a library on the Lanling Street, no lecture was available in other libraries and there was also no Department of Public Literacy."

Survey on Regional Libraries by the Ministry of Education (Hubei Province) (1916)

Place	Book	Number of readers	Time of establishment
Hubei	Confucian classics 507 items, 32, 534 volumes; History 713 items, 22, 736 volumes; Philosophy 635 items, 21, 343 volumes; Literature 621 items, 15, 650 volumes; Science 312 items, rare books 5 items	About 900 per month	10/1912

Survey on Popular Libraries by the Ministry of Education (Hubei Province) (1916)

Area	Number of libraries	Annual budget	Number of books	Number of readers per day	Notes
Hubei	44	13, 800	18, 000	1, 800	The Provincial Library has 600 readers per day

Survey on Newspaper Reading Room by the Ministry of Education (Hubei Province) (1916)

Area	Number of libraries	Number of species of newspapers	Number of readers per day	Notes
Hubei	103	16	50	2 by provincial, 25 by private, the rest by government

(These three tables are from *The Education Gazette*, 1916 (10))

Shen Zurong's Survey on Chinese Libraries (Hubei Province) (1918)

Province	Type of library	Number of books	Number of readers per season	Borrowing availability	Curator's name	Charge or not	Annual budget
Hubei	General public libraries	139, 369 Chinese books, 511 Japanese books, 203 Western books	1, 400-1, 500	Available	Yang Shouchang	Books coupons required, a copper coin per coupon	1, 464 yuan
Hubei	Boone Library	1, 012 Chinese books, 11, 771 volumes, 6, 704 Western books	About 7000	Available	Director Mary Elisabeth Wood, Deputy Director Shen Zurong	3, 500 yuan per year	
Hubei	Wuchang Advanced Normal School Library	19, 680 Chinese books, 4, 355 Japanese books, 532 Western books	About 1, 600	Available only for students and teachers in School	Directed by Principal members	Free	No fixed budget
Hubei	Reading room of Wesleyan College and High School	1, 678 Chinese books, 2, 257 Western books	1, 300	Available	Jia Puyin	Free	100 yuan

Popular libraries exerted a certain impact on developing the citizens' intelligence, broadening public knowledge and reversing the social atmosphere. Although, popular libraries were canceled or incorporated into public libraries in the 1930s, their role in education for all could not be neglected.

2. The Rise of the Public Education Center and Library Department

After it was established in 1927, Nanjing National Government made it possible to dominate social education with the support of the government. In 1929, the Ministry of Education gave orders to change the Popular Education Center into the Public Education Center which was served as a central organization to implement social education for the general public under the supervision of the government at all levels. The Public Education Center was a social education cause emerging newly in China. It was also a unique social education system in China. It was a comprehensive social education institute, which could arouse the public, organize the public and train the public in a variety of ways and activities. In 1932, the Nanjing National Government promulgated *Interim Regulations of the Public Education Center*, stipulating that reading, lecture, health, livelihood, entertainment, displaying, teaching and publishing departments could be established in the Public Education Center. The reading department was responsible for the affairs relevant to books, magazines, charts, newspapers, itinerant libraries, books and newspapers for the public, reading areas, etc. In 1935, the government promulgated *Amendment to the Interim Regulations of the Public Education Center*, replacing the aforementioned 8 departments with 5 groups, including teaching group, reading group, health group, livelihood group and affairs group. Reading books, magazines, newspapers, charts, specimens and models in the library or borrowing them outside the library as well as the handling of itinerant libraries and all kinds of exhibitions shall be taken charged by the reading group. The period from the establishment of the Nanjing National Government to the outbreak of the War of Resistance Against Japan was the development period for the Public Education Center and the Library Department.

In July 1929, Hubei Provincial Department of Education gave order to change popular libraries and lecturing institutes into popular education centers. The funding for compulsory education was increased and the public education was expanded resolutely due to sluggish social education and narrow intelligence of the public. The original lecturing institutes and libraries were changed into popular education libraries which were classified into three levels in accordance to the geographical conditions and the needs of the public. The first-level libraries should set up at least 5 departments, including lecture, reading, editing, entertainment and civilian literacy departments. The second-level libraries should establish at least 3 departments, such as lecture, reading and civilian literacy departments. The third-level libraries should found 3 departments, including lecture, reading and civilian literacy departments. Therefore, the library located at the Lanling Street was classified into the first level, where editing, lecture, civilian literacy, reading and entertainment departments were established. There were 1 curator and 11 librarians. The monthly expenditure was 1, 160 yuan. Another first-level library was set up in the prosperous area of New Wuchang Road. The library on the Liangdao Street was also expanded as the first-level library. The second-level library was established in Yichang, Xiangyang, Wuxue (one for each place). Compared with the first-level library, the second-level library had no editing department. Its monthly expenditure was 825 yuan. Six third-level libraries were added in provincial capital. A librarian was added in each library and the lecture department was also established. The monthly expenditure was 230 yuan. The interim procedures, rules, registration and appointment procedures of the outline of educational organization were formulated for abiding and the regulations for General Education Research Council, the Joint Committee and the Expenditure Reviewing Committee were made for communication in a unified approach. The budget, time sheet and work report form were revised. Inspection was conducted every week to check the work attendance. The librarians were required to fill in the weekly work report and to give lectures to evaluate their performance. A publicity week was held on the anniversary to promote the history of the revolution. The establishment of more libraries in each county and city outside the province was promoted. There were 19 popular education libraries in the 18 counties including Tongshan, 14 popular libraries in 14 counties including Huangpi and 24 popular lecturing institutes in 24 counties including Wuchang.

In 1931, Hubei Provincial Experimental Public Education Center was established on Langling Street in Wuchang City. It was Hubei Provincial Library initially and changed into publicity institute after establishment of another new building. In the first year of the Republic of China, the library was renamed as Hubei Provincial Exemplary Lecturing Group with Zhang Nanxian as the group leader appointed by Education Department. It was renamed as Hubei Provincial Exemplary Lecturing Institute later on and a branch institute was established outside the original library with Min Boxie and Lan Miseng as its director successively. In autumn of 1926, the revolutionary army resumed Wuhan and Hubei Provincial Exemplary Lecturing Institute was received by Hubei Provincial Party Committee and was renamed as Wuchang Publicity Institute which was directly affiliated to Propaganda Department of Provincial Party. In 1928, the institute was discontinued. In spring of 1929, it was received by the Ministry of Education and was called Wuchang Popular Lecturing Institute which was renamed as the First Hubei Provincial Popular Education Center. When Huang Jianzhong served as the director of the Ministry of Education, the Center was renamed as the First Public Education Center. As public education was a new thing and there was no rule to follow for its implementation, in the middle of March 1931, the library was renamed as Hubei Provincial Experimental Public Education Center. Although the center was adjacent to the Provincial Library, its business goals were different from those of the library. Its goals were as follows: 1. The books which were suitable for improving the view on life were collected as much as possible according to the needs of the public. 2. The books or magazines that helped to improve the society and relieve rural areas were collected as much as possible. 3. Help and guide the public to read books and newspapers to enhance interest in learning.

At the beginning of establishment of Hubei Provincial Experimental Public Education Center, there were 6,777 volumes of books, including 3,112 volumes of magazines. They were classified into 10 categories according to the unified classification method of Chinese and foreign books put forward by Wang Yunwu and the general category had 182 species. The newly purchased books were classified successively. In addition to the making of catalogue, the compilation of education thesis index was also conducted in harsh times. The catalogue of the card for magazines classification was compiled as well. The number of readers in the whole year of 1932 was 38, 131.

There were 3 rooms for newspaper reading and the number of daily newspapers subscribed was 20, including 12 of Wuhan and 8 of other cities. The newspapers were displayed in the area for reading and the key points were marked with red pen for emphasizing. The number of readers was over 140 every day. The important daily newspapers were collected until the end of the month and were bound into a volume for reference. There were 147 kinds of bound volume. In case of important events, the index was compiled for reference. There were 20 newspapers from Hankou, Shanghai, Tianjin and Beiping.

In addition to the reading room (common reading room) for adults, the reading room for children was also established. There were 562 volumes of book, including newspaper, magazine, series of book and reading material for children. All the books, newspapers and magazines could be read at will and series of books as well as the reading materials could be read after signing in accordance to the reading rules. In order to enrich women's knowledge, a reading site for women was set up in the children's reading room and book catalogue for women was also compiled for reference.

In 1936, the organizations of the center were changed into three committees, including propaganda, editing and experimental study, and three departments, such as affairs, teaching and counseling. The teaching department was classified into exhibition, books and movies groups with the goal of using the study and experiment of carrying out counseling through itinerant exhibition, organizing the public with the books and carrying out training with films.

The Center carried out the rules in compliance with the requirements of public library such as open-shelf reading and free borrowing. Especially, the reader guidance and itinerant library system were also performed in the books department of the Public Education Center.

"For the guidance on reading, we thought that just publishing several reviews of new books or abstracts in the publication was not enough with the public reading, so we focused more on verbal guidance. If the reader hesitated or looked around, I would ask him what kind of book he was looking for and introduced the equivalent books to him. If he read without purpose, I will introduce new books to him. In this way, it not only helped him save time in searching, but also raised his interest in reading. Besides, we had another method as the guidance on reading—displaying of new books and central displaying, which was conducted in accordance to the season. For example, books relevant to smoking ban were displayed in the non-smoking anniversary on June 3, etc. Such work was conducted every month."

There were 6 private school itinerant libraries previously, and the number expanded to 10 later. The contents of the books included teaching methods of each subject for private school teachers' reference, books for primary school senior students and lower-grade students to read. The library of tea garden was located at a special tea garden of the library. In addition to 2 daily newspapers delivered daily for customers to read, there were also hundreds of volumes of reading materials, which itinerated in turn and were replaced once every month. The itinerant library of Police Station was established as an experiment by a branch police station adjacent to the library. Other branches were expanded if good results had been obtained. The library was established in September of the 25th year of the Republic of China. It emphasized much on common sense of the police in addition to general knowledge. The books should be changed every month. However, it was delayed and the books were not reclaimed in the middle of December. As a result, more than half of the original books lost and could not be reclaimed. The police were too busy to take it into account so that the books lost too much, and thus this library had to be suspended.

Wuchang, former provincial capital of Hubei, was the center of cultural education since ancient times and its library business started early. In fact, different from Wuchang, Hankou Special Municipal Government was established until 1929, affiliated to Executive Council of Nanjing National Government. At the same time, Wuchang and Hanyang left, Hankou had Education Bureau and the library business belonged to social education administration thereafter.

Based on *The Overview of Social Education Facilities in the 18th Year* published in 1929, there were only 7 worker schools and 3 libraries before the establishment of Hankou Education Bureau. Although there were several popular libraries, they were only available for reading for literacy. In July 1929, Hankou Education Bureau was established and committed to social education. Firstly, newspaper reading boards were set up for the public to read at any time in their leisure time and study all the knowledge so as to arouse their interest in national affairs. Since the city was vast with large population, 70 newspaper reading boards were not enough to meet the public's demands. Thus, additional 40 boards were established in appropriate places confirmed by investigation. Secondly, 5 tea gardens for the public were established temporarily. The Chatting Building at the Wharf Three of the First Special Area was changed into the first tea garden for the public, Spring Teahouse at Shengcheng Li of Zhongshan Road the second, Tongde Teahouse on the center street of Qiaokou the third, Yixin Teahouse at Jijiazui of Hejie Street the fourth and the wharf outside the east door of Hanyang the fifth. Each garden was equipped with: 1. The site for the public to ask something about words or sentences: it was used to teach the public the reading of words or sentences and to explain corresponding meanings; to ghostwrite letters, couplets or contracts, etc. 2. Newspaper reading department: the best books were selected to provide guidance on reading for the public; the important information on daily newspapers was published on the billboard. 3. Public entertainment department: The lyrics and opera beneficial to the public were sung; small-scale concerts or entertainment activities were held. 4. Popular lecturing department: Prime Minister's Memorial Week was held and a variety of common sense speeches were given. Thirdly, 7 popular libraries and one lecturing institute delivered by Hubei Provincial Government were received and distributed appropriately, of which 4 libraries were changed into public education centers and the rest were still popular libraries. Another 3 new libraries were established in the Temple of Guanyin Pavilion and Zhongshan Park of Hankou as well as Qingchuan Pavilion of Hanyang. There were 7 public education centers in total. Books, speeches, museums and entertainment departments were set up in the centers.

In 1930, Hankou Education Bureau was renamed as the Public Education Center. According to *New Hankou Municipal Gazette* published in August, 1930, there were 7 public education centers originally, of which 5 were located in Hankou and 2 in Hanyang. The two public education centers in Hanyang were withdrawn after Hanyang was subject to provincial government. Since the Ministry of Education had stipulated that the expenditure on social education should be cut to 20%, 2 centers were withdrawn and two second-level centers (the 2nd library and the 7th library) were downgraded into third-level libraries. The name of the 7th library was revised into the 3rd library. Only the 1st library had no change. The space of library was lessened as much as possible and the expenditure was transferred for school education. The conditions of the existing public education centers were listed below:

Hankou Municipal Public Education Centers

Name	Level	Inner Organizations	Director	Address	Expenditure per month
Municipal First Public Education Center	First-level	Library, museum, lecture, entertainment	Li Zhi□	Guanyin Pavilion	955 yuan
Municipal Second Public Education Center	Third-level	Library, lecture	Ding Ren	Zhongshan Road, Yongkang Li	565 yuan
Municipal Third Public Education Center	Third-level	Library, lecture	Wang Zhikui	Zhongshan Park	565 yuan

In the winter of 1930, the 2nd center was suspended due to housing problem. Therefore, the 1st center in Guanyin Pavilion and the 3rd center in Zhongshan Park existed in the city. In 1931, after the mayor Mr. Liu served as the director of the Education Bureau, the expenditure on social education was reduced again and transferred for school education due to more and more uneducated children. The 3rd center in Zhongshan Park was changed into public library. The 3rd public education center was a third-level center whose monthly expenditure was 565 yuan and the expenditure was 135 yuan after the center was changed into public library, saving 430 yuan every month. The saved expenditure was transferred for the establishment of school to receive part of uneducated children. Later, The 1st public education center in Guanyin Pavilion was changed into Hankou Municipal Experimental Public Education Center.

Hankou Municipal Experimental Public Education Center had a wide range of work. In 1936, publicity group, education group, reading group, recreation group and displaying group were established in the center. There were 2 rooms for reading group, including books reading room and newspapers reading room. 46 kinds of comprehensive newspapers and 18 kinds of small newspapers of each city in the country were available in the newspapers reading room for the public to read at will. They were bound into a book at the end of each month for the readers to take for reference. The number of readers was about 200 daily. There were more than 7, 000 volumes of books, more than 200 kinds of magazines and more than 1, 000 volumes of books for children in the book reading room. Two boards were placed at the door of the book reading room, one of which was used to introduce new books and the other was used to introduce the contents of the new books to arouse readers' interest. Theme reading activities on health, air defense and military affairs were held and the number of readers was more than 300 every day. The book reading room for children was established. The books for children were divided into 3 groups every week. The name of the books was hung according to the group and the books were listed as per catalogue. About 200 children came here in a whole day. A large round table was made for children to put books on and children read the books around the table. The table could hold about 60 children. The manager was in the center of the table for carrying out guidance, which was quite convenient. The daily average number of children was more than 200 at weekends and in holidays. The reading theme was confirmed every week and all the books were replaced once according to the standard. A reading competition was held at the end of each month. The winner would be rewarded with gifts for the sake of encouragement. Popular education vehicles invented by Tai Shuangqiu, were also purchased. The vehicles were small but they had many functions. Teaching sites were set up at Zongguan Wharf, Yi Wharf, Dazhimen Railway, Liu Temple, etc. Their work included: (1) Itinerant lecturing; (2) Mobile exhibition; (3) Diagnosis for the public; (4) Ghostwriting and affairs inquiring; (5) Reading of books and newspapers; (6) Literacy and teaching; (7) A variety of entertainments. The implementation of such work had achieved great results.

At the beginning of the 20th century, the New Library Movement had brought new life for the development of the library and coincided with social education advocated by national government as well as the popularization of libraries. A large number of public education centers were established in each province and city. The number of libraries in the country in 1936 was 10 times of that in 1925 and 17.7 times of that in 1916, when the Library Department was set up in the Public Education Center and the public libraries were included. Compared with 1931, the number of libraries had increased by 67%, the staff had increased by 73% and the expenditure had increased by 76%. However, the libraries in China suffered great damage, the public education centers and library departments were depressed sharply and the New Library Movement was terminated due to the outbreak of the Anti-Japanese War. After the victory of the Anti-Japanese War, the public education centers, library departments and public libraries could not be restored and developed due to the outbreak of the civil war and the rapid breakdown of the national government.

All in all, the New Library Movement began in the late Qing dynasty but developed in the Republic of China in the condition of cooperation with new education system. In the 1920s and 1930s, there was an unprecedented upsurge in the construction of libraries in China, covering scope, scale, professionals, business development, and so on. All the businesses were conducted vigorously in the social and cultural background of those times. All the libraries in the country were involved. It was a reflection of the hope of the society in the late Qing dynasty that the nation could be saved and be rich through education. The library, as an important institution and place for the implementation of social education, was considered to be of great help to develop the public's intelligence, uphold the public's rights and promote the public's livelihood. Therefore, the publicity of libraries and the popularization of library activities had gradually become a climax in the society.

During the period of the Republic of China, the implementation of social education for all the citizens had lasted for more than 30 years with the initiation and promotion of intellectuals, cultural figures and educators as well as the multi-support of national government. The social educational idea and movement of "being a new citizen" and "arousing the citizens" has left a valuable legacy to the later generations. Educational facilities, including libraries, museums and science museums, continued to be used and relevant regulations and rules were the basis of current social education or adult education. The achievements were not striking, but they could not be neglected.

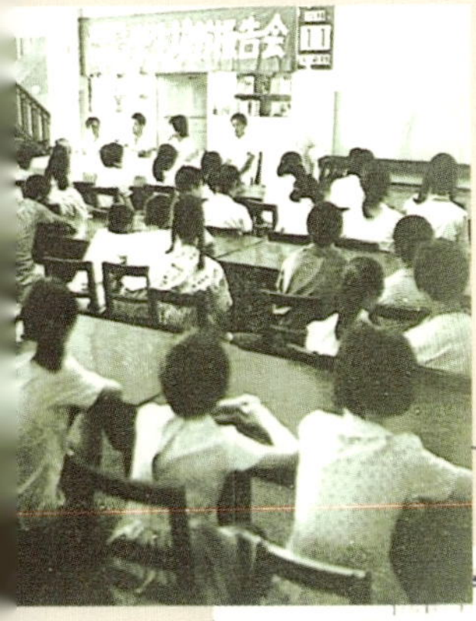

03

Chapter 3

The Initial Stage of the People's Republic of China: Rebirth and Persistence

Public education centers came to an end with the collapse of National Government and public education centers were changed into cultural centers and libraries. The establishment of the People's Republic of China achieved the goal of national independence. New mission of educating new citizens and reforming social education system arose.

After 1949, libraries opened doors to the public and gradually became scientific and cultural education centers. To achieve the purpose and the slogan of "do everything possible to serve readers", libraries, especially public libraries, held all kinds of activities to attract and serve readers.

Section 1

The History of Wuhan Library

The history of libraries in Wuhan can trace back to the 1840s or even earlier. In October, 1945, the liberation of Wuhan was completed. Hankou Municipal Public Education Center was established, which set up a reading room. Zhongshan Park Reading Room was also attached to the Education Center. There were about only 9,000 books in the reading room, and the books were not difficult to manage. The table below showed the book collection and circulation at that time.

Book Classification Table

Species	Volume	Percent
General	7	1%
Philosophy	48	2%
Natural science	113	9%
Social science	600	7%
Literature	220	6%
Applied science	71	4%
History and geography	130	5%
Education	84	3%
Arts	25	3%
Integrated series	3, 112	1%
Imperial periodicals	490	1%
Universal-literature	490	12%
Literature for primary school	383	20%
New literature for primary school	120	12%
New books	110	14%
Total amount	6, 003	100%

According to the statistic above, the most popular books were books about literature, followed by books about natural science and social science. Soldiers, students and businessmen took up the largest percentage of readers, while workers and farmers took up the smallest.

Reader Identily Table

Year	Number of Readers						Yearly total amount
	Soldiers	Students	Businessmen	Workers	Farmers	Others	
1945. 10 – 1945. 9	3, 259	3, 172	2, 078	972	977	2, 916	13, 374
1946. 10 – 1947. 9	4, 387	4, 198	4, 235	1, 029	864	3, 978	18, 691
1947. 10 – 1948. 9	4, 929	5, 170	3, 687	862	929	3, 817	19, 394
Total amount	12, 575	12, 540	10, 000	2, 863	2, 770	10, 711	51, 459

According to *Hankou Public Education*, the reading room in Hankou Municipal Public Education Center also took other responsibilities: (1) Introducing new books and magazines to guide people to read; (2) Collecting local literature; (3) Organizing reading groups and encouraging further education. However, a big shortcoming of the reading room was that there were very few books, and most of them were ancient books, which were not very welcomed by common people. Moreover, the reading room couldn't afford enough newspapers and magazines.

In May 1946, Hankou Municipal Government of Kuomintang prepared to build Hankou Municipal Library, and appointed Cheng Faren as the part-time chief librarian. The library received 35, 000 books from former municipal library and more than 1, 700 books left by Japan and the puppet regime. In August, Gong Mengxian became the chief librarian. In September, they chose the place at No. 73 on Changchun Street as the location. On October 10, the library opened to the public. Four reading rooms including Newspaper Reading Room, Magazine Reading Room, Children's Reading Room and General Reading Room opened. Each reading room could hold 20 to 30 readers. The library opened 6 days a week, and closed on Monday. The number of daily readers reached 120 and there were Compiling Department, Reading Department and General Affairs Department, with 13 librarians. It had 30, 000 books and the majority were thread-bound ancient books, and the books about social science, natural science and arts just took up a small percentage.

The biggest problem of Hankou Municipal Library was the lack of funding. Before its opening, the library got the donation of 1, 070, 000 yuan with the approval of the government to purchase new books. Because of the high price of books, the library bought only 43 children's books, 83 science books, 13 volumes of dictionaries, 250 kinds of magazine and 8 picture charts.

At that time, the monthly purchase fund was 100 thousand yuan and the daily newspapers would cost 3, 000 yuan a month. Therefore, besides some newspapers and magazines, library could not afford new books. The library had to apply special fund for some costly books. On July, 1948, the library applied the special fund of 190 million yuan to purchase *Wanyou Wenku*. At that year, it purchased 4, 240 volumes of new books and *Wanyou Wenku* took up 4, 141 volumes, and therefore it could just bought about 8 volumes of new books every month.

To solve this problem, the library tried to ask the public to donate books. At the end of

1946, the chief librarian Gong Mengxian started a collection of 10, 000 books campaign on the radio, but got few responses. In September 1947, Gong said on the radio again, and he only got 452 volumes of books and periodicals and 72 pieces of newspapers in total. In early 1949, the library just bought 20 volumes each month.

In September 1947, the library accepted the readingroom in the Zhongshan Park. In November, the library expanded the readingroom into the first branch of Hankou Municipal Library.

In March 1948, according to the instructions by the government, the library accepted the Yunong Library and changed it into the second branch of Hankou Municipal Library. In order to commemorate Dai Yunong (Dai Li), the important people from Kuomintang party, government, army, police and people from all occupations built Yunong Library. The site was at No. 25 on Huangxing Road. At this time, the library and the two branches had more than 50, 000 books and 28 employees. In spite of the limited funds, Hankou Municipal Library tried to carry out various activities to expand the social impact. In October 1947, in order to cooperate with the propaganda of the Revolution of 1911, it held the exhibitions of the Revolution, including calligraphy works and the relevant photographs of Huang Xing, Tian Tong, Huang Kan, Wu Luzhen, Zhang Taiyan, and so on. On the Youth Day and Children's Day of 1947, it also held children's calligraphy and science picture exhibitions, including 1, 500 pieces of exhibits. On the Youth Day of 1948, it held the art exhibition in Zhongshan Park.

In November 1948, in order to commemorate the birth of Sun Yat-sen and promote social movement, it held a thesis competition for students in Hankou public and private high schools. The top ten students would get the prize and the prizes were raised from the organs and institutions in the city.

In March 1949, mobile book stations were set up in Jianghan Guan (the present Wuhan Guan) and the train station by applying for funds to buy two tricycles. The tricycles were converted into mobile stations with 500 books in each station and they offered the regular service.

In addition, the library often had education films and held academic lectures.

The old location on Changchun Street was remote and inconvenient for readers. And it was difficult to find a new location downtown.

In June 1947, Liu Dunpu, the son of Liu Xinsheng, donated Liu Yuan (the Garden of Liu's family), a 500 square-meter land and a Western-style house as education land and building. Government immediately decided to use the building as a new location of library. However, the building was occupied by the army at that time and the new location was unavailable.

In October 1948, the library moved to No. 59 from No. 73 of Changchun Street. In February 1949, it moved to Linsen Road. After nearly a month, it moved to No. 255 on Shengli Street, with 4 rooms.

Wuhan was liberated in May 16, 1949. In the same month, Hankou Municipal Library and its branches were taken over by the new government with 53, 328 books and 20 employees. In July, the library was changed into Wuhan Municipal Library.

In September 1950, the library moved to Zhongshan Park with Gong Mengxian as the chief librarian. In March 1951, the name was changed into Wuhan People's Library. At the end of 1952, the library moved to No. 1209 of Zhongshan Avenue, and the name was changed into Wuhan Library, which was officially opened to the public on January 11, 1953.

Section 2

The Establishment of Wuhan Library

In order to meet the growing needs of the people's cultural life, Wuhan Cultural Affairs Authority set up Wuhan Library at No. 1209 of Nanjing Road, Zhongshan Avenue, Hankou District. On January 1, 1953, Wuhan Library opened the first reading room, but learning room and research room were still under construction. The first reading room was simple and neat, with plenty of mild lighting, various popular books, comic books, general social sciences, literature and art books, as well as more than 30 kinds of newspapers, 112 kinds of magazines, and the room could hold 150 readers.

After 10 days, on January 11, 1953, Wuhan Library officially opened. On the next day, January 12, *Changjiang Daily* reported its establishment on the front page. "Wuhan Library (on the old location of Jincheng Bank) opened on Jan. 11th. The library was based on the former Wuhan People's Library and was expanded. There are over 100, 000 thread-bound books and 40, 000 new books in the library, which is about twice as much as the 28, 000 new books in the former Wuhan People's Library. Wuhan Library is located in the center of city, which is convenient for citizens." The newspaper also introduced the facilities and structure of the library. "There are five departments including the first reading room, the second reading room, reference room, research room and lending room. The first reading room is located on the second floor, which has been opened on the New Year's Day, and there had been more than 10, 000 readers until Jan. 8th, which consisted of a large number of workers, officials and young students. The general popular books, comic books, arts and social science books and various newspapers and magazines are on the display. There are 150 seats with one or two lamps on each desk. The second reading room is located on the third floor, where there are literature and art, science and technology, Russian books and other reference books. The room can hold 100 readers. The reference room is designed for the staff of the government and committees, and there are a variety of reference materials for the study of the Malinkov report. The research room is located on the fourth floor with three small rooms, with an iron bed, a desk, a comfortable sofa in each room. The research room is designed for senior officials, engineers, writers and professors. There is no limitation of time and a special servant will serve the people who use the research room. The lending room is located on the first floor of Jincheng Building and people with letters from organizations can lend three books each time and they must return books within two weeks." The working time of Wuhan Library was from 11 am to 9 pm. There were over 2, 000 readers in the reading room just on the first day.

Wuhan Library opened and it was a piece of good news for Wuhan citizens.

People rushed to tell each other, shouting in the street:

"Well, Wuhan Library is open!"

"What? Where is the library you are talking about?"

"On Zhongshan Avenue, at the original location of Jincheng Bank. Come on, let's have a look!"

This giant cultural building on the Zhongshan Avenue was the most popular place of people and it was called "the spiritual granary of millions of citizens", which is a huge cultural building in the middle of the busy Zhongshan Avenue. According to the statistics, there were over 240, 000 readers visiting Wuhan Library. There were about a thousand readers going to reading rooms every day. In the lending room, about 300 books were lent to readers.

On Oct. 3, 1953, *Changjiang Daily* praised the love of citizens for the library, *Wuhan Library—The Spiritual Granary of Millions of Citizens.* "It is hard to imagine that our readers love books so much and they are desperate for knowledge. In the morning, before the opening of the library, many of them have been waiting. Readers cherish each second in the library even when the library is about to close in the evening."

Section 3

The Work of Wuhan Library

At the beginning, Wuhan Library consisted of fourteen staff members and 110, 000 books. After 10 years, the book collection increased greatly. The number of books from social donation reached 9, 000 including revolutionary literature, ancient books, local historical materials and monumental newspapers. Among them, there were many rare and precious materials such as *Proletarian Philosophy — Materialism* (in 1927 *New Youth*) translated by Qu Qiubai, *Class Struggle* (in 1923 *New Youth*) translated by Yun Daiying. Li Bogang donated the above two books and they were extremely rare early translations. Wuhan Library collected, saved and used books and other publications to promote Marxism-Leninism, patriotism and socialism, and to create the opportunies for the public to gain cultural and scientific knowledge, mobilizing the enthusiasm of the general public to develop socialism.

To offer books, newspapers and magazines for readers was just a part of work of Wuhan Library. The librarians actively investigated readers' educational levels, professionals, reading levels and interests to recommend books and offer guides of reading for them. Wuhan Library set up the bookshelf of "Recommending New Books" and the column of "the Latest Books" to promote and introduce new books for readers. The library took various methods to recommend valuable books. For example, on the 21st anniversary of the death of Gorky, Wuhan Library set up the bookshelf of introducing the Russian literary works in the general reading room. In addition to the biography of Gorky and his works, books of other Russian writers were also on the display. The library held storytelling sessions for young students regularly and led them to read useful and excellent books and magazines to help them acquire knowledge from good books and develop good quality, good reading habits and reading methods, improve reading and analyzing skills. In the summer vacation, according to the books recommended by *China Youth Daily*, Wuhan Library set up a "special reading exhibition in summer vacation" in the reading room and published *Introduction of Literature and Art Books*. These jobs had been welcomed by the public.

In 1956, the Central Committee of CPC put forward the call to "March on Science". In July, Social and Cultural Affairs Bureau of the Ministry of Culture gave a report of "Clearing the objectives and tasks of library, to vigorously cooperate with the scientific progress" in the National Library Work Conference. The report pointed out that there were two basic tasks in librarianship: offering books to the public, spreading thoughts of Marxism-Leninism and developing cultural and educational work to improve their ideological, political and cultural levels; providing scientific research workers with research materials to promote scientific development. In response to the call of the Central Committee of CPC, Wuhan Library strengthened the work of serving scientific research and made great progress.

In early 1957, in order to provide scientific research workers with the necessary books and materials, as one member of the Preparatory Committee of the Wuhan Library Society, Wuhan Library actively participated in the cultural project of journals joint catalog compiled by 20 organizations including Hubei Provincial Library, university libraries and scientific research institute libraries in Wuhan. This journal joint catalog included the Chinese journals saved by the library before 1949 and Russian and other foreign periodicals before 1955, with a total of more than 5, 900 journals. They were divided into three volumes: Chinese and Japanese Part, Russian Part, English and Other Languages Part.

The reference reading room of Wuhan Library opened on June 25th, 1957. There were 100, 000 threat-bound books, over 50, 000 Chinese and foreign books published around 1949 and hundreds of Chinese and foreign newspapers in the reference reading room. The reference reading room served the Chinese experts, foreign experts, engineering and technical personnel, Chinese medicine and Western medicine doctors, teachers of middle schools, writers, journalists and officials. After registering, these people could borrow books not only from the reference reading room and other departments of Wuhan Library, but also from other libraries in China and the Soviet Union Lenin Library.

To set up training classes and offer guidances to grassroots libraries and to develop librarianship in Wuhan was the emphasis of the work for Wuhan Library. There had been 744 trained librarians working in grassroots libraries in Wuhan until 1963, who became the important bridge connecting libraries with readers.

Section 4

Lectures

In order to meet the requirements of building socialism including improving the level of culture, science and technology of people, establishing the ideological and moral needs of the new era, meeting the needs of people to learn the Marxist-Leninist theory and policy of current affairs and culture and science, Wuhan Library took the way of "getting tickets and attending lectures". Since 1953, Wuhan Library had held over 50 lectures involving literature, philosophy and natural sciences. At the beginning, it was hard to find the speaker, the venue and to keep the audience. There were only 17 lectures during the period from 1953 to 1954 and the content emphasized on literary appreciation. In 1955, Wuhan Library held several dialectical materialism lectures, and the situation was greatly different. More and more people went to lecturers, among them a large part were officials and young students, and there were also a lot of workers and soldiers as well as some intellectuals, businessmen and religious workers. The public were increasingly dissatisfied with holding the lectures only on a few Mondays and they asked for holding lectures regularly. In 1956, lectures were officially included in the regular work of Wuhan Library. This year, a total of 84 lectures were held including 20 lectures of Marxist Philosophy, 30 lectures of Political Economy and economic problems , 8 lectures of natural science, 14 lectures of literature and 12 lectures of national festivals. According to the report by the newspaper at that time, "Because the diversity of lectures can meet the needs of audience, people consider the lectures as the indispensable spiritual food and their weekend's life can be richer, they prefer lectures to films."

Wuhan Library was highly concerned by the society because of the lectures. On March

14, 1956, Wuhan Library was invited to share experience— "*How We Held Lectures?*" in *Changjiang Daily.* According to the experience of Wuhan Library, there are five steps. "The first is to determine the topic. On the one hand, the holders of lectures need to know the central work of the Party; on the other hand, they also should take what the public need and know into consideration. The topic should be systematic and flexible and it should be attractive. If possible, it is best to spend a year or six months (at least one month) to do topic planning and research. The second is to choose a lecturer. It is necessary to have some research on the topic for the lecturer. The political conditions, lecture skills and accents also should be considered. In addition to the celebrities, the new forces of society can also become lecturers. After choosing lecturers, it is necessary to promptly respond to them and provide some materials for them. For some systematic series of lectures, lecturers should hold meetings to discuss the key points of lectures or they can form a lecturer group. Thirdly, it is unwise to allocate tickets to units and rely on organizations' assurance. The experience tells us that attendance of audience with tickets units sent is low, but the attendance of audience who bought tickets themselves is high. The promoting and publicity is necessary before the lecture. The fourth is to collect advice from audience after the lecture. After the lecture, the advice of audience should be collected and the questions should be answered. After holding three lectures, it is best to hold an audience forum to exchange ideas and feelings. The fifth is to make full use of the power of the public and mobilize them to use their spare time to be volunteers. The enthusiasm of the public is impressive, for example, the audience in the weather station is willing to predict the climate for us in order to select a larger open space; audience actively helped us to make a record; all of members of a youth Philosophy self-study group helped us to check tickets and handed outlines out."

Section 5

Mobile Reading Stations

Wuhan Library opened to the public and abolished all of regulations which limited readers to borrow books such as charging deposits. It also widely established mobile reading stations. The mobile reading stations were established by large public libraries. They sent books which were suitable for most of people to factories, construction sites, rural areas, institutions, schools and settlements, actively offering services to people.

In order to carry out the service policy for the workers and peasants, Wuhan Library planned to supply the books to some key factories through the mobile book boxes, and at the same time, it sent books to the construction sites. As long as there were newspaper, popular books and comic books which met the actual needs of workers, many workers can be attracted by the mobile book box.

On March 22, 1954, the mobile reading station of Wuhan Library was set up in the construction site of Hanshui Iron Bridge. Librarians brought various comic and popular books and helped workers to build their own library. From March 22 to Sep. 13, the mobile reading station of Hanshui Iron Bridge construction site attracted 25, 000 readers and developed 934 readers who borrowed books. 36, 117 books were lent, including 32, 965 comic books and 3, 152 books about literature, science and technology. About 90% of people in the construction site read books. Workers called books as "the food in the pockets".

On Oct. 30, 1954, Wuhan Library was invited to introduce the mobile reading station — *Books in Hanshui Iron Bridge Construction Site*, in *Changjiang Daily*. "Firstly, it met the needs and requirements of the workers. Most of workers love comic books about history and revolutionary struggle, and some workers, technicians and officials like books about literature and science and technology. Therefore, the library in the construction site chose these books for workers to meet the needs. Because of the limited variety and number of these books, the library took the method of reservation so that people could read what they like according to the appointment time. The procedures of borrowing books was simpler. Secondly, it took active methods to offer books and the scope was from points to areas. Because some workers lived relatively far from the library and some workers were busy with the job, the library established the branch library in the Hanjiatun residential area and also organized collective borrowing in the military. The action of sending book to the various workplaces was generally welcomed by the military, workers and their families. Thirdly, the library built good relationship with readers. Librarians chose books and answered questions for readers. At the same time, librarians paid attention to a number of active readers and invited them to participate in the management work of books." In addition, Wuhan Library also did some work on book promoting and publicity by cooperating with the radio station in construction site.

Section 6

Sending Books to Rural Areas

In order to further implement the principle of serving the people, especially the agriculture, Wuhan Library actively carried out the service of sending books to rural areas. In October 1964, the rural library was established. At the beginning of 1965, a rural working group was set up to organize the Spring Festival rural cultural activities and sent 500 new books to three remote communes, Liming, Tianxing and Jianshe. Among these books, there were Chairman Mao's book, the new version of the literary and art books such as *Hongyan* and *Fenglei*, agricultural technology books such as *The Control of Swine Diseases* and *The Basic Knowledge of Agricultural Technology* and some popular book such as *Stories* and comic books. In March, some officials were sent to the suburbs of Wuhan to help the commune production team to establish a cultural room and carry out book reading activities. The service of sending books to rural areas of Wuhan Library was welcomed by the majority of members. In 1965, 44 book stations were established in Wuhan suburb commune production teams and more than 24, 000 books were sent to them.

Wuhan Library also set up some training classes for librarians during the period of sending books to rural areas. In August, 1965, Wuhan Library established the first training class of librarians in Jiefang Commune and Jianshe Commune. Over 50 people attent this class. The library also held the class of storytellers. There classes the peasants could manage book library and actively recommended good books to people, which enhanced reading interest of peasants.

Section 7

The Persistence in the Difficult Time

In April 1971, under the help of Premier Zhou Enlai, the national press conference was held in Beijing. In August, the Central Committee of CPC forwarded *the Report on the Press Conference*. The library work was discussed at the conference. The report pointed out, "The library is responsible for promoting Marxism, Leninism and Mao Zedong Thought, serving the three revolutionary movements. We should strengthen the management of the library and give full play to its role. At present, many libraries stop their service of lending books. The situation should be changed and libraries should actively organize books and resume their services".

Libraries gradually resumed their services after the conference. According to the *Wuhan Library Makes Efforts to Improve the Quality of Services* in *Changjiang Daily*, people can find that:

"In order to make convenience for readers to read books about Marxism and Leninism, Wuhan Library compiled the contents of *Complete Works of Marx and Engels* into cards and made essays about Marxism, Leninism and Mao Zedong Thought into index or albums. There were over 40 kinds of newspaper index and over 20 kinds of clippings. In addition, Wuhan Library also promoted Marxism, Leninism and Mao Zedong Thought by various activites such as holding reports, broadcasting recordings and holding picture exhibitions. In the first half of 1973, the library had been broadcasted the recordings of the report of the Central Committee of CPC in factories, troops, shops, institutions, schools and other units for 78 times and the audience reached more than 36, 000 people".

"In order to meet the needs of people to read and study, to better consolidate the socialist economic base, Wuhan Library did well in library management, check and borrowing work. In addition to purchasing new books through Wuhan Xinhua Bookstore, Wuhan Library also often contacted the local publishing and distribution departments to expand the source of books, the number of readers and books which were lent increased. In the whole year of 1972, there were 280,000 readers and 320,000 books which were lent. The library was patient to the requests of readers and tried to put forward a solution".

"Wuhan Library also organized faculties, and actively carried out the counseling work to grassroots libraries (rooms) in Wuhan. Wuhan Library held the city's library work conference and the experience-exchanging meeting, helped the District Cultural Center to organize business classes and print materials of business information, helping the libraries (rooms) in the city to actively carry out their work. Moreover, the library also held activities about book reviews, made posters of book reviews and organized teams of book review to recommend good books, promote new books and guide reading. In December 1972, the book review report on *Golden Avenue* was successfully held and it attracted many citizens".

汽車图书舘

04

Chapter 4

Recovery and Exploration

After the year of 1978, the implementation of the policy of Reform and Opening Up not only brought the opportunity for the public library to recover and develop, but also forced the library to reform to meet the needs of the times. Especially during the period from the 1980s to 1990s, the world undergone tremendous changes. The wave of new technological revolution promoted the rapid development of social productive forces and the scientific technology was applied in various fields of daily life. Some developed countries had entered the information society and the automation of library had made great progress. Facing the severe challenge of the new technological revolution, the library should continue to explore and innovate.

Section 1

The Recovery of Libraries

On May 24 1979, Hubei Cultural Bureau held a conference of the chief librarians in Hubei Province. According to the instruction of the central government on the "developing various types of libraries and forming the library network which serves the scientific research and the public," some important issues were discussed on the conference. After discussion, people agreed that "libraries of all levels should have different emphases based on their levels and positions. Hubei Library and Wuhan Library should serve the scientific research and the public but focus on the services on scientific research. Libraries of county or district levels should focus on the popularization of scientific and cultural knowledge, and at the same time, they should serve the scientific research of local county or local district." To practice the new spirit of library serving the "four modernizations", the meeting also requested that "the library should improve the construction of the book collection,

catalog and cadre, organize the library materials, expand the circulation area of books, extend the opening time and improve the service attitude. It also need to strengthen the training of library cadres, improve the level of business and service quality.

Exbitions. In September 1979, Hubei Library, Wuhan Library, Wuhan Science and Technology Information Bureau, Wuhan Textile Science Research Institute and Wuchang Workers' Cultural Center jointly organized the "Textile Industry Books Exhibition" in order to meet the needs of the development of textile industry in Wuhan and give full play to the role of the library to support the production and scientific research. The exhibition was held in the Wuchang Workers' Cultural Center from September 7 to 20. In the exhibition hall, there was a brief introduction to the development of textile industry in Wuhan and displayed 3, 500 books, periodicals and other materials. The content included 14 topics such as the basic science of textile, cotton textile, wool textile, linen textile, silk textile, blending textile, chemical fiber, knitting, printing and dyeing, textile machinery, enterprise management, product standards, automatic control, the application of infrared ray and laser. Among them, there were 830 kinds of foreign language books including English, French, Japanese, Russian and German, and the content was abundant.

Lectures. In order to acquaint the public with the relation between recite and drama performance, Wuhan Library invited the famous drama actor to give special lecture on recite of poetry and prose on December 10, 1979. The lecturer had a wealth of experience in drama, and during his lecture, it sparked a burst of warm applause from time to time. On September 24, 1981, Wuhan Library and Wuhan Film Company jointly organized the lecture of "the 100th Anniversary of the Birth of Lu Xun". They invited the expert from Chinese Department of Wuhan University. The theme of the lecture was "Lu Xun and His Works" and the film *Shangshi* which was adapted from Lu Xun's novel was projected.

Personnel Training. From 1979, Wuhan Library started to hold business lectures regularly, teaching the basic knowledge of books classification and cataloging systematically. It started to train grass-roots librarians to meet the needs of socialist modernization. These business lectures targeted at librarians from district and county libraries, large factories and mines, key scientific research units and some middle schools, with 300 people in each class. In order to improve the quality of lectures, lecturers made a deep research on the grass-roots library problems and requirements, and their lectures were useful and practical, gaining praise from librarians. On September 1, 1985, to strengthen the construction of the library professional team, approved by the Wuhan Municipal Government, the library science class of Radio and TV University and Technical Secondary School was set up. Wuhan Library organized the class, and the students who wanted to have the class should pass the unified examination. At the first year, 84 students entered the class of Radio and TV University and 96 students had the class in the Technical Secondary School.

Wuhan Library adhered to the quality service. Because of great progress in librarianship and serving the construction of the "four modernizations", Wuhan Library made a report on the National Library Work Conference that was held from July 18 to 23, 1985, in Beijing. The content of the report included, "The volume of existing book in library was 1.72 million; in order to further facilitate the readers to borrow, the library bought a set of microfilm machine to save the old newspaper, historical materials in film and save them better; the library canceled the habit of closing the door on Monday and extended the service time; in order to expand the circulation of books, in addition to individual borrowing and collective borrowing, the library also offered sending books to the rural areas with the car; paying attention to the construction of grass-roots libraries (rooms); the library network with three levels has been basically completed."

Section 2

Compilation of Local Records and Consultancy

In the summer of 1980, When Wuhan Library was informed that Wuhan was prepared to compile local records, it immediately decided to take the service for compiling local records as a key task. The library firstly edited the *Index of Local Records (Wuhan Library)*, specifically for people to learn chorography. When the Wuhan Local Chronicle Compilation Committee Office prepared the *Wuhan Records*, Wuhan Library wrote the *Catalog of Reference Collection of Wuhan Records*, providing the experts with the information clues and saving time to find the cards. The library then compiled the second and the third catalog, including more than 8, 200 articles about Wuhan. In order to make up for the lack of local information in Wuhan, the library sent librarians to Beijing, Nanjing and other places to collect more than 100 kinds of information of Wuhan. In 1981, Wuhan Library received more than 8, 000 readers who compiled records and lent about more than 27, 000 books and periodicals. Wuhan Library continued to collect local information, offering various services for the compilation of local records, and it therefore gained praise.

Changjiang Daily made a special report on Yao Haiquan, the old librarian in Wuhan Library. He was one of the builders of Wuhan Library, and was highly professional in library science and ancient literature. His article *Wu Ying Dian Ju Zhen and Identification* was published in the *Library Work*, the publication of Chinese Academy of Sciences and was discussed on the National Library Academic Seminar, gaining much academic attention. Yao participated in the cultural project of editing *National Catalog of Ancient Rare Books* in order to complete the task undertaken by Wuhan Library, he stayed in the stack for a long time to find out a large number of rare books with a higher cultural value and academic value, successfully completing the identification and cataloging work. In order to support the task of editing local records in Wuhan, Yao collected more than 6, 800 entries and compiled into a book *The Reference Bibliography of Wuhan Records*. This book received much praise after publishing. In addition, Yao could use reference books to provide services for readers expertly. For example, Wuhan Agricultural Chemical Machinery Factory asked Wuhan Library for information on the law of production capacity. Without knowing the name of the book, he found out the books they needed from Book Catalog (1951-1959) of China Machine Press and reference books (1951-1959) in a short time.

Section 3

The Pioneering Work of Mobile Library

In order to expand the service area, Wuhan Library set up mobile library in Shekou and Hengdian in Huangpi County on August 14, 1984. Wuhan Library regularly sent books to the reading points and opened to the readers for reading and borrowing. "Mobile library" was a new attempt in China. On August 15, *Changjiang Daily* reported the new initiative of Wuhan Library, "mobile library was for the grassroots, with regular tour, sending books to the home and mobile services. At the first day, more than 400 people read technical materials and nearly 40 people got the reader cards. Reading did not need to have credentials or charge fees. A large number of science and technology books hidden in Wuhan Library finally played their role.

On June 29, 1986, BH130TS library car jointly invented by Wuhan Library and Wuhan Binhu Machinery Plant, was welcomed in the national cultural and technological achievements exhibition and technology trade fair. On December 25, after technical appraisal, the BH130TS library car was approved for mass production. The "library car", similar to the medium-sized bus, could carry 2, 000 to 3, 000 books in the rugged mountain roads. After opening the car board, the "library car" became a very convenient temporary library. Its appearance was a pleasure for the vast number of readers, especially for the majority of farmers. Ministry of Culture decided to promote the application of the library car in the "Seventh Five-Plan" period.

In the mid-1980s, Wuhan Library firstly used the library car with bookshelves to offer services. Then the major libraries followed, and the number of "Mobile Library" in China reached more than 100. However, less than 10 libraries sticked to the service in the 11 years. The activity scale of library car in Wuhan Library was expanded year by year, and the number of reading point increased from 5 to 12, the library car has gone over 30, 000 km.

In April 1996, Wuhan Library's "Mobile Library" went into the Wuhan City Public Security Bureau Women's Education Center, providing books and holding lectures for the women. The "Mobile Library" also insisted to offer the service of free loan and donated books to prisons in Wuhan, which received good effect. The Ministry of Culture Library Division and Shenzhen Library jointly organized the report meeting on December 22, 1997, and the practice of Wuhan Mobile Library was praised.

Section 4

The Science and Technology Market

Wuhan Library took advantages of plenty collection of science and technology books and actively played the role of "promoting agriculture by applying scientific and technological advances".

In April 1990, Wuhan Library and 13 district and county libraries jointly established the "Wuhan Public Library Document Information Development and Utilization Network". Since then, the 14 libraries took some funds each year and sent some staffs to collect and organize useful information from more than 200,000 agricultural books and nearly 200 kinds of agricultural journals. Libraries also cooperated with the Wuhan Municipal Science and Technology Commission, Wuhan Agriculture and Forestry Bureau, Huazhong Agricultural University and other units to form a joint force and regularly published *Science and Technology Promoting Agriculture*, sent books to the rural areas regularly and promoted the scientific knowledge through Hubei Radio Station.

Wuhan Library set up squads, sending books to rural areas. In order to expand the impact, the squads and Wuhan rap group, Wuhan Chu Opera Group went to rural areas together and the shows attracted thousands of farmers. The squads held science and education activities before the performance and became popular among farmers. The materials about "turtle breeding" and "bullfrog breeding" was in short supply. The purpose and principle of Wuhan Library—"Doing the library obligations without making profit from farmers" was welcomed by the grass-roots. Martin Hans Thorne, the chief librarian of German Duisburg Municipal Library, visited Wuhan Library in September 1998. Knowing that the library had been sending books to the countryside for eight years and they volunteered to offer the service of "promoting agriculture by applying scientific technology", Mr. Thorne repeatedly praised, "Peers in Wuhan are great for their services!"

For 8 years, 14 public libraries in Wuhan worked together to carry out a number of large "agricultural information market", and over 50, 000 farmers went into the market. More than 100, 000 farmers benefited from the agricultural and technological information. Wuhan Library developed the information resources and focused on serving more than 50 "Spark Project", among which, there were over 20 scientific research projects at ministrial, provincial and municipal levels. The library has also been awarded as "the Advanced Agriculture, Science and Education Unit of Wuhan" by Wuhan Agriculture, Science and Education Office and Wuhan Personnel Bureau.

Section 5

The New Attempt in Information Services

With the rapid development of market economy, people's demand for information is growing. Because of limit of the financial and human resource, many enterprises could not use the newspaper to make profits. Wuhan Library set up the first information clipping service center on May 28, 1993. The center owned more than 3, 000 kinds of domestic newspapers, and had the parternership with the major domestic information agencies. It could provide over 30 topics clippings including economic policy information, domestic and international market forecast and dynamic, financial securities, futures market, new technology product and the real estate. The users could also choose the topic and the content of clippings. With the words from a worker in the service center, "You can come up with any topic and we can find out the related information from newspapers for you." Since the clippings were the latest information selected from newspapers across the country, they were helpful in understanding the industry dynamics, market demands and development trends. In less than 2 months after its opening, there were a number of users expressing their needs and the clippings were sent to users on time.

Wuhan Library developed the new characteristic services. The advertising material library of Wuhan Library was completed on September 27, 1996, attracting a large number of advertising practitioners in Hubei Province. It was the only one for collecting, displaying, researching and borrowing a variety of advertising materials in China. The advertising material library of Wuhan Library collected 40, 000 items including ads from the 1920s Sun Tobacco Advertising Company, advertising and advertisement design books, television advertising video, newspaper and magazine advertising clips, physical advertising, corporate image books and public relations marketing creative cases, among which the foreign advertising materials took up about 60%. In addition to the lending service, users could also use computers to retrieve the advertising information of national libraries, industry associations, research institutions and National Information Center. Advertising material library cooperated with the *Market Times* to publish advertisement special issue weekly. It cooperated with advertising experts to offer consultancy service for advertising practitioners and customers, and to organize occasionally thematic exhibitions or seminars. This was a new attempt for Wuhan Library to fully use and develop the collection and to expand the characteristic service.

Section 6

The Digitalization System in Wuhan Library

On December 12, 1992, the automatic circulation management system of Wuhan Library passed the expert appraisal, and it became the first public library achieving computerization in Hubei Province. On January 9, 1993, *Culture Newspaper* reported that "the automatic circulation management system of Wuhan Library passed the expert appraisal and reached the advanced level, which filled the gaps in the application of computer circulation management for public libraries."

In mid-February 1996, Wuhan Library started to use the automatic integration system, achieving the computerization of book management. All books in the library collection were included in the system, and the book circulation, book purchase, cataloging and information services were also included in the automation system. The procedures of borrowing books and getting reading cards became simpler. Readers could get reading cards through their ID cards and return books by scaning the codes of books without writing by hands. After achieving the computerization of book management, the books which were lent per day increased from 300 volumes to 1, 400 volumes. Moreover, the automation system also can help readers access to "The Database of Chinese Social Science Journal" made by Shanghai Library, "The National Bibliographic Backtracking Database" made by Capital Library and "Technology Supply and Demand Project Information Database", "National Important Research Results Database" and "Experts Database" in "Technology Transaction Information Management System" developed by Wuhan Technology Exchange Institute.

The first electronic reading room in public libraries of Hubei — Wuhan Library Electronic Reading Room, was officially opened on September 2, 1996. Readers could read the China

Imperial Encyclopedia and search for the catalog of 1. 5 million books and the article titles of Chinese newspapers since 1989 through computers. The computers in the electronic reading room were connected with the Wuhan Information Exchange Network and Wuhan Changxin Network, offering 24-hour information services including the latest world political, technological, economic information to readers. The rise of electronic reading room marked another innovation of work and service mode for Wuhan Library.

Wuhan Library had more than 50 computers by 1997. The automatic management extended to many business activites including book purchase, editing, reading and lending, which improved the quality and efficiency of library work greatly. The work of book purchase and catalog became more quick and convenient through the help of computers. The database including more than 1. 5 million books was established. Before, the library did the business of reading cards every 3 years and the procedure was complicated, but now readers can get reading cards every day and the computer registered over 30, 000 readers automatically. Readers spent shorter time to borrow books by the certification of computers than ever.

The modernization of management and facilities further promoted the second development of the literature in Wuhan Library. The audio-visual room of Wuhan Library had a micro-machine, Betacam editing recorder, Sobey TV picture machine and other systems. In addition, thanks to the modern helper, i. e. , computer, Wuhan Library set up the first advertising material library, collecting more than 30, 000 pieces of the original advertising and more than 2, 000 copies of advertising books and journals, and the library firstly established the clipping service center.

In the 20th century, the development of China's librarianship had gone through two golden ages. The first was from 1920s to 1930s and the second was from 1980s to 1990s, and the latter was greater than the first one. From the 1980s to the 1990s, the focus of Wuhan Library shifted to serve economic construction, scientific research and social education. Apart from keeping the literature and imparting knowledge, the library had also been responsible for the transmission of information and the development of intellectual resources. The biggest feature of this period was to achieve the computer automation management, which made good preparation for Wuhan Library to enter the 21st century, the new age with information, digitalization and network as features.

05

Chapter 5

The Beginning of the 21st Century

The Chinese librarianship in the 20th century is going forward like the rolling torrent, constantly scrubbing the dust of history, cleaning the dirt of the history and removing the gravel of the history. At the turn of the end of the 20th century and the start of the 21st century, the Party and governments at all levels paid more attention to the library, the social and cultural public welfare organization. Wuhan Library seized the historic opportunity of great development and flourishing of culture and entered a glorious development period.

Section 1

Dilemma

Reading the old newspaper in the 1980s, people could find many reports of Wuhan Library in two aspects. On the one hand, the report praised that Wuhan Library was full of readers; on the other hand, readers complained that there were no seats for them in the library. On November 15, 1984, *Changjiang Daily* reported *The Readers Suggested that the Library should Add Tables and Chairs* and analyzed this phenomenon. There were three reasons. Firstly, the funds were insufficient. Secondly, the amount of books increased year by year. The library's collection had increased from 400, 000 books in 1958 to the 1. 5 million books, which narrowed the actual space of the reading room. Thirdly, the number of people who went to libraries increased. As many young people were eager to knowledge, who often went to the library to learn knowledge, they took up some seats. There were only 260 seats but the number of daily readers reached 500 or 600.

In fact, in order to meet the needs of readers, Wuhan Library overcame a lot of difficulties. At the end of 1989, to solve the shortage of readers' reading space, Wuhan Library rebuilt and expanded the building. The total area of the lending room was expanded from the original 402 m^2 to 708 m^2 and the library could accommodate 150, 000 books. The service equipment was improved significantly and the new computer room was added. In 1992, the reading hall was renovated, and added nearly 300 m^2, over 100 seats and over 20, 000 new books for reading. At the same time, the newspaper department and audio &

video department were set up. In order to add diversified services and to meet the needs of readers, Wuhan Library set up the journals lending room in 1993 and broke the rule of "journals are not allowed to lend out" and over 1, 000 kinds of popular journals could be lent. In March 1994, Wuhan Library set up reference book room to hold over 2, 000 volumes of reference books including the social science books, natural science books and the appliance picture album, and set up over 40 seats. Readers could read books in the reference book room by their ID cards or reading cards. The library improved the existing service model to meet the needs of research-oriented readers. In 1994, the reference literature department of Wuhan Library was opened to the professional researchers.

However, with the development of "Four Modernizations", Wuhan Library met some difficulties and faced a dilemma.

Section 2

The Construction of the New Building of Wuhan Library

Wuhan Library set up in 1953 covered nearly 6, 000 square meters, had over 1. 5 million books and held over 400, 000 readers in one year. It was not easy for the old library to serve the city with 7 million citizens. The citizens hoped that "the university without fences" —Wuhan Library could — have a new look.

The relevant government departments of Wuhan attached great importance to the further development of public cultural undertakings. At the beginning of 1994, Wuhan Municipal Government passed the bill about the construction of the new building of Wuhan Library. From the preliminary construction plan, the area of the buildings would reach 28, 000 m^2, the amount of books would reach 3 million volumes, and there would be more than 2, 000 seats. The collecting, cataloging, processing, storage and retrieval of books would be done through the modern equipment. The new building constructed in the future would be at the top of the list of public libraries in provincial capitals.

On February 8, as one of the eight major landmark cultural projects in the period of "Ninth Five-Year Plan", the new building of Wuhan Library was laid the foundation at the one side of Jianshe Avenue in Hankou. The media said, "It tells the end of the history of the old buiding that borrowing a building of commercial bank for 36 years with the small space where a large number of books could not be on the bookshelf."

The project of the new building of Wuhan Library, which received the largest investment from the government since 1949, officially started on January 18, 1997. The blueprint of the new building depicted its appearance. The light blue is the main color of the building with 12 floors in the main building and there were 3 to 5 floors in the attached building. There were sculptures, arch, gable and other decorations. On January 19, *Changjiang Daily* reported *The Landmark of Spirit Civilization — The Construction of New Building of Wuhan Library*.

On November 14, 2000, at 8 pm, the last reader — the worker of Wuhan Ferry Company, Duan Jianyong went out of Wuhan Library, and the old Wuhan Library located in the Number 86 of Nanjing Avenue with a 54-year history closed its door in the history.

On November 15, *Changjiang Daily* set up a special edition to report the change from the old Wuhan Library to the new one. On the one hand, it summed up the achievements of the old library in the past half century — *The Contribution of Wuhan Library in Fifty Years*. In the 1950s, Wuhan Library became "the treasure of information" for many large-scale projects in Wuhan. In addition, the library also brought books, newspapers and magazines to the construction sites. Wuhan Library also set up training classes at all levels for the library management team, inviting experts to hold various lectures. In 1984, the library used a truck to set up a "mobile library", sending books to the remote suburbs and rural areas. In 1985, the Ministry of Culture introduced the experience of Wuhan Library to the whole nation. Local literature was the valuable cultural resources of Wuhan City, which gained much attention from the literature and history field. In addition to local experts and scholars, many overseas people came to the library to consult every year. Wuhan Library had become a bridge and ties for international cultural exchanges. The local literature also gained more and more attention from people in the economic field and added the cultural atmosphere to the economic development. The information also offered all kinds of statistical data and business information to the state-owned enterprises, private enteprises, joint ventures, foreign enterprises and other units. Wuhan Library helped Wufangzhai to know the development of the similar industry in other areas, helped McDonald's to study the investment environment and consumption potential in Wuhan and the surrounding areas and helped Lvzhiyuan to develop markets and expand the scope of business.

On the other hand, it painted the great picture of the new Wuhan Library for citizens — *New Multi-functional Library*. The new library had the novel design, with an opening book shape, the translucent glass top, the cylinders with Australian sandstone decorations and the book-shaped dreplights. The new Wuhan Library located in the financial street was the cultural facility project with the largest financial investment in Wuhan. The new library focused on the multi-level needs of readers and multi-functions. It set up computer search center, multi-function lecture hall, electronic reading room and exhibition hall, equipped with advanced computers, central air-conditioners, communication system, and fire defense system. It also offered study room for readers and barrier-free access for the disabled.

On the morning of December 30, 2000, the library with the shape of "an opening book" was officially opened. Wuhan Library with its great cultural connotation received the first group of readers in the turn of the two centuries.

The new building was magnificent and embodied the Jing Chu cultural atmosphere. The total investment reached 150 million. It took 4 years to complete the building with 33, 000 square meters, 2, 147 seats and 3. 5 million books. The new library added a multi-functional lecture hall, equipped with advanced audio broadcasting system. Readers could quickly find books through the computer in the electronic reading room, read books online in the multimedia room and choose books in the open reading room. There were card directory, computer search and guide systems in the catalog room, which greatly facilitated readers to borrow and read books.

Wuhan Library was a large library of the provincial capital libraries in China, and was also called the representative of the construction of new libraries in the turn of the 20th and 21st century. Wuhan Book World, Wuhan Acrobatics Hall, Wuhan Studios, Wuhan Radio and Television Center, Wuhan Stadium, Changjiang Daily office and New Wuhan Library were building a new Cultural Center of Wuhan.

In June 2000, Wuhan Library became a member of the International Federation of Library Associations (IFLA). On August 19, 2002, *Changjiang Daily* reported *Li Jingxia Attended the General Congress of IFLA and Gave the Hubei People's First Speech*. It said, "Li Jingxia, the assistant of chief librarian in Wuhan Library, read out the paper in the General Congress of IFLA. It made a breakthrough for Hubei Libraries to make a speech in the organization." It was reported that the 68th IFLA Congress was held from 17 to 24 August in Glasgow, UK. More than 80 Chinese delegates attended the conference but only three of them spoke at the conference and Li Jingxia was one of the three. The paper she read was *How the Chinese Public Libraries Carry out the Information Literacy Education for Citizens and Take Wuhan Library As an Example*. In addition, she became the only representative of the Asia-Pacific region who received the bonus for the speech on the meeting.

At the turn of the century, Wuhan Library not only stood at the cultural center of the modern city, but also realized the glory and dream of standing on the international stage of librarianship.

Section 3

The Development

At the end of the 20th century and the beginning of the 21st century, Wuhan Library entered a new period of leap-forward development marked by the construction of the new building. It was the foundation for the further development of the librarianship in the new century. Since the 21st century, the development of public cultural undertakings has developed rapidly. In 2002, the 16th National Congress of CPC proposed reform of the cultural system; in 2007, the 17th National Congress of CPC proposed to deepen the reform

of the cultural system, forming a trend of the construction of socialist culture and promoting the great development and prosperity of the socialist culture. The librarianship in Wuhan has a new look by seizing the opportunities of the new era.

Because of the efforts in the early 21st century, Wuhan Library has 16 functional service areas including the reading room, reference-reading room, ancient books reading room, multi-functional lecture hall, and academic activity room. It has also been equipped with a computer network system, satellite communication system, security protection and monitoring system and other modern intelligent facilities. In 2012, the library joined the project of "wireless city, wisdom Wuhan", becoming the first group of supporting free Internet access, achieving a full coverage of the wireless network. Wuhan Library has the broadband Internet with 210M, equipped with a dedicated storage device, and the capacity of disk was 111. 6TB. There were 424 computers including 234 computers for readers and 15 computers for retrieval, and there were 1, 081 data information nodes.

Wuhan Library attaches great importance to the construction of library collection. On the one hand, it focuses on enriching the diversity of information resources. On the other hand, it makes a research on the needs of readers through sending questionnaires to readers and holding reader seminars and makes a reasonable plan of the library collection, trying to establish a comprehensive document resources system with all kinds of information resources including digital resources and physical resources.

In addition to the purchase of traditional paper books, newspapers and periodicals, Wuhan Library improved the building of digital resources. It achieved the integration of the promoting project of digital library, cultural information resources sharing project, the construction of public electronic reading room and the construction of mobile digital reading project. The "digital resource free access" included millions of e-books, 76 million Chinese periodicals, 138. 78 million foreign periodicals, 3. 86 million theses, 3. 7 million Chinese conference papers, 83 million Chinese newspapers, 21, 605 sets of academic video and 15, 506 sets of audio books. The readers with cards could read or download them free. It bought 13 databases including VIP information resources system, Wanfang digital resources system, Bookan Website, Duxiu academic research, TOFO Audible Digital Library, Tsinghua University Academic Journal Database, Development Research Center of the State Council of the People's Republic of China, chinalibs, Leadership Decision Support System, VIDEO LIBRARY, The Foreign Language Resouce of Foreign Language Teaching and Research Press and Kuke. It also had 24 self-built databases and many of them recorded the culture and history of Wuhan. In addition, the library built the collection through accepting the legal deposit copies and donation books from the local publishers. The library accepted 2, 313 legal deposit copies and 3, 774 volumes, the donation reached 804 kinds and 1, 696 volumes. At the same time, "Citizens' Home" Branch Library of Wuhan Library provided readers with a national top-class public library digital resource service. "Citizen's Home" Branch Library was the reading model base of smart library and mumber of national cultural information resource sharing project, with the advanced information technology and rich collection of resources. "Citizen's Home" Branch Library provided convenient services including self-help registration, bibliographic inquiries, online renewals, government information inquiries, reference service, lectures on-line, digital reading and cultural resources browsing for the public. The branch met the needs of citizens for the cultural information resources to the greatest extent.

By the end of 2015, it has a collection of over 2. 72 million volumes including 220, 000 ancient books and 274TB digital resources, and it has received 2. 83 million readers. Moreover, it has printed documents, electronic documents, microform documents, audio-visual documents, on-line documents, and has formed a comprehensive collection system, including various types and kinds of the documents, mainly on Chinese philosophy, law, economy and stone inscriptions and the local documents.

Wuhan Library adhered to the idea of "readers first, service first" to promote the free

and open service. The library was open to the public for 365 days and improved the construction of infrastructure, having a broad social impact. At the same time, with the users as the center, to meet the needs of urban culture and modern metropolis, the library provided more convenient services, applied the RFID technology in all aspects, used the wireless networks and self-service facilities, achieving the intelligent and user-friendly library management mode. Wuhan Library offered more humanized services for special groups. By cooperating with the local CDPF (China Disabled Persons' Federation), association and charity, the facilities, equipment and reading environment were gradually improved. For collection resource, the library offered more books with the large size character, braille, audio books and e-books. It also built a relatively complete disabled access system through some technical methods including the website and mobile phone services. In addition, the library carried out the activity of "sending books to grassroots" to realize the knowledge assistance. It provided information service for low-income groups, the service of skills training for migrant workers and unemployed groups, the service of education for the prisoners and drug addicts in the drug rehabilitation center. At the same time, the library actively played the role of "Wuhan Library Expert Advisory Committee" and "Xu Mingting studio", establishing a high-level advisory team and improving the mechanism of consultation. It provided disciplines and industry information consulting services for all fields

of the community. It gradually improved the subject librarian system, providing subject tracking services for researchers and thematic information services for small and medium enterprises, giving full play to the role of providing services for scientific research and economic development.

Wuhan Library actively built the brand of reading services, expanded the social education function of public libraries, built the public life-long school, offering the effective resource support and intelligence support for Wuhan to build a learning society. In order to boost the brand building — "Reading City", on the base of traditional services like book-lending and consulting, Wuhan Library focused on the construction of a series of activites including public welfare lectures, public welfare exhibitions, reading salons, quality education, parent-child activities and entertainment competitions to create the sustainable reading service model of "the public reading". The model included "promoting reading" — public education lectures and exhibition activities, "tasting reading" — reading salon activities, "popular science reading" — quality education activities, "enlightenment reading" — adolescent reading activities, and "happy reading" — entertainment competitions.

Wuhan Library steadily developed many projects including the free interlibrary loan system, 24-hour self-help library project, cultural sharing project, digital library promotion project, the construction of public electronic reading rooms and mobile service network system, forming the library service network, which covers the whole city. The free interlibrary loan system and 24-hour self-help library project made remarkable achievements.

As the center of Wuhan public cultural service system, Wuhan Library is responsible for the work of Wuhan Library Academy. It is responsible for offering business guidance and coordination to the 14 district libraries in the city to promote the overall development of Wuhan public libraries. The alliance of more than 50 libraries in Wuhan, the signing of *Strategic Cooperation Framework Agreement* between the National Library and Wuhan Municipal Government, the opening of the branch of Wuhan Library — "Citizen's Home", the opening of 24-hour self-help libraries and the project of "Reading City" not only greatly promoted the building of the public cultural service system with Wuhan Library as the center, but also demonstrated the important role of Wuhan Library in the whole service system.

Wuhan Library played the leading role in the public library system because of the advantages of hardware, and more importantly, the innovation and practice of service mode. Wuhan Library was rated as the First Grade Library by the Ministry of Culture, the first list of national ancient books protecting units and was listed as the first list of national experimental libraries of digital library promotion project and one of the top ten libraries in Hubei Province.

For nearly a century, the library development in Wuhan has written an important chapter in the China's librarianship. Looking back, everything has become the history and the eternal dream and the pursuit of reality about the Chinese librarianship has never changed. From the beginning of the 20th century when the reformists tried to establish library to revitalize the nation, several generations of library people held the ideal of saving the nation by education and developed Chinese librarianship, taking the enlightening the wisdom of the people as their responsibility. In the

middle of the 20th century, the library people held the ideal "only socialism can save China", taking the serving for the scientific research and people as their responsibility. At the end of the 20th century and the beginning of the 21st century, the library people held the ideal "Construct a socialism, modern, and powerful country", taking the serving for the four modernizations and improving the level of science and culture of the whole nation as their responsibility. Everything is changing, but the dream to revitalize China's librarianship and the nation has never changed.

武汉图书馆

Features

In the 21st century, Wuhan Library has gone through more than half a century. Its ups and downs has always been conneted with the city. In 2011, Wuhan Municipal Government issued *The Views on Building Strong Cultural City — "Five-cultural-features"*. Wuhan would build "Five Cultural Cities" in five years to build a strong cultural city. Among them, the construction of "city of reading" was the first, which was followed by the city of museum, the city of art, the city of creativity, the city of universities. The construction tried to encourage citizens to "love reading, read good books, and be good at reading". Wuhan is the first and the only one city to become the "city of reading" in China. This plan is not only an extension of the library tradition, but also a greater ambitious vision and dream.

Wuhan Library adhered to the principle of "public welfare, basics, equality and convenience", and took the "inheriting civilization, spreading culture, enlightening wisdom and serving the society" as its responsibilities. It implemented the four service combinations (public service and professional service, basic service and extension service, traditional service and innovation service, traditional service and network service), three constructions (the construction of literature resources, talent team and management system). It also held to the development strategy of the five cultural projects designed to benefit the public (cultural information resource sharing project, digital library promotion project, public electronic reading room plan, ancient books protection project and interlibrary loan project). Wuhan Library held projects including "24-hour library", "the mobile library in Wuhan" and "the alliance of regional libraries in Wuhan", opening the network of reading promotion and achieving the culture-sharing pattern. It also created famous reading activities including "Famous Lecture", "School of Citizens" and "Appreciation of Reading", forming the public image with long-term insistence, benefiting for citizens, unbounded services, and social participation. They highlighted the goal and pursuit of Wuhan Library for the construction of public cultural services.

“金秋读书季”24小时自助图书馆宣传推广活动

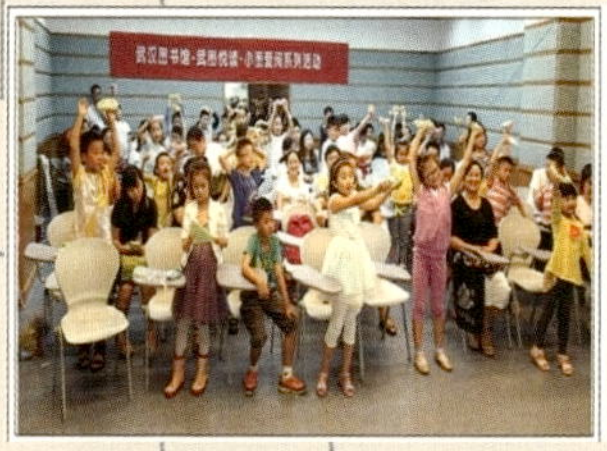

06

Chapter 6

Public Services in Wuhan Pattern

It is the important developing period with strategic opportunities for the construction of public library service system. On the one hand, the construction of the public cultural service system covering the whole society has become a national strategy and the public library service system is an important part of the public cultural service system. On the other hand, with the increasing national power, the economic foundation of the public cultural undertakings has been consolidated and strengthened, and the basic conditions for building the public library service system have been improved. Facing the opportunities, supported by the whole society, Wuhan public library service system is being built vigorously.

Since the Sixth Plenary Session of the Seventeenth National Congress, Wuhan cultural construction has entered an unprecedented golden period. The Wuhan Municipal Government has clearly put forward the goal of "building five cultural cities and building a strong cultural city", requiring that cultural work need to offer the spiritual motivation and intelligent support for building a national central city and Great Wuhan. It took the construction of the public cultural service that covered the urban and rural areas and benefited the people as the focus of cultural construction. For this aim, Wuhan increased public finance and human resources investment, adhered to being public welfare, public and open, and promoted the public libraries into a new development stage.

Section 1

The Basic Introduction

Over the past decade, Wuhan Municipal Government has attached great importance to building and improving the public library service system with Wuhan Library as the basis and built the city library cluster to achieve the sharing among the human resource, information, services and technology. It tried to build a network covering a wide range, with rational layout and sharing resources, offering functional, convenient, open and equal library services for urban and rural residents. It has built 2 municipal centers including Wuhan Library and Wuhan Children's Library and 14 district centers including Qiaokou District Library, Jiang'an District Library, Jianghan District Library, Wuchang District Library, Qingshan District Library, Hanyang District Library, Hongshan District Library, Hannan District Library, East and West Lake District Library, Caidian District Library, Xinzhou District Library, Huangpi District Library, Jiangxia District Library and Jiang'an District Children's Library. It also built 130 grassroots service points in towns and 1, 885 points in villages (communities), the service network covering more than 90% of the villages, towns and cities. The comprehensive public library service system covering the whole city and rural areas with Wuhan Library as the leader, district libraries as backbones, street and village libraries as the nodes initially formed.

1. Infrastructure Construction

Until August 2014, in the 14 district libraries in Wuhan (not including Wuhan Children's Library and Jiang'an District Children's Library), 10 libraries had been rated as the national first-class library and 4 had been rated as the national second-class library, covering 61, 315 square meters, including 6, 717 seats, 696 computers for users and 15 mobile libraries. There were 2 mobile libraries in Jianghan District. The average weekly opening time of the 14 public libraries was 63. 4 hours. Among the 14 libraries, 11 libraries were covered by Wi-Fi, providing readers with a good reading and learning environment and offering the basic conditions for carring out the various library services. The details are shown in. the following table (The statistical Table of the Infrastructure of Public Libraries in Wuhan)

2. Resource Construction

The construction of resources is the base of public library service. With the development of communication technology and network technology, the construction of digital resources has been paid more and more attention. Wuhan carried out the project of constructing and prmoting digital resources and the government paid more and more attention to the purchase of digital resource. The investment on public libraries from Wuhan government increased with the rate of 22%-23% every year and the fees which were used for purchasing e-resources were also increasing year by year. The details are shown in the following table (The Investment of Public libraries in Wuhan).

For the construction of collection resources and the circulation of each book, the statistics are shown in the following table (The collection Building of Public Libraries in Wuhan). From this table, it can be seen that the circulation rate of each book is relatively stable.

3. The Situation of the Practitioner

The number and quality of practitioners in public libraries in Wuhan are increasing. The practitioners composed of permanent staff, contract staff and volunteer workers, and the details are shown in the following table (The Statistical Table of the practitioners of Public Libraries in Wuhan).

Public libraries in Wuhan focused on the training and development of staff. In the library practitioners system, the proportion of senior and middle titles was increasing. The research team investigated the basic background of the public library staff in Wuhan and found that people who had the bachelor's degree or above took up more than a half and the proportion was still growing. The details are shown in Figure 1 and Figure 2 below.

The Statistical Table of the Infrastructure of Public Libraries in Wuhan

Library	Infrastructure							
	Time of Establishment (year)	Covered Area (square meter)	Rate	Seats	Computers for users	The opening hours per week (hours)	The amount of mobile libraries	WiFi service (yes/no)
Wuhan Library	2000	32, 000	first-class	1, 507	234	84	1	yes
Caidian District Library	1988	2, 037	first-class	380	34	60	1	yes
East and West Lake District Library	1988	2, 109	first-class	410	49	64	1	yes
Hannan District Library	1980	2, 008	second-class	938	31	65	1	no
Hanyang District Library	2010	3, 377	first-class	450	37	63	1	yes
Hongshan District Library	—	under construction	first-class	70	21	61	1	yes
Huangpi District Library	1985	1, 762	second-class	280	22	56	1	yes
Jiang'an District Library	1984	3, 018	first-class	361	32	64	1	yes
Jianghan District Library	1996	3, 022	first-class	380	37	66. 5	2	in decoration
Jiangxia District Library	1987	2, 550	first-class	380	29	60	1	yes
Qiaokou District Library	1979	3, 000	first-class	429	47	63	1	yes
Qingshan District Library	2010	3, 200	first-class	504	57	60	1	yes
Wuchang District Library	1978	1, 500	second-class	214	34	60. 5	1	yes
Xinzhou District Library	1985	1, 732	second-class	414	32	60	1	no
Total		61, 315		6, 717	696		15	
Notes	Library rate refers to the assessment level of libraries, specifically refers to the national first-class library and the national second-class library.							

The Investment of Public Libraries in Wuhan

Library	Investment								
	Investment per year (ten thousand yuan)			Expenses for purchasing document (ten thousand yuan)			Expense for purchasing e-resource (ten thousand yuan)		
	2011	2012	2013	2011	2012	2013	2011	2012	2013
Wuhan Library	1, 969. 4	2, 442. 6	2, 893. 8						
Caidian District Library	167. 7	229. 6	265. 8	20	20	25	0. 1	0. 14	3
East and West Lake District Library	153. 3	201. 27	346. 75	25	30	72	0. 1	3. 2	4. 5
Hannan District Library	35	40	49	3	5	8	0. 3	0. 5	0. 8
Hanyang District Library	100	127	150	15. 1	19. 3	21. 8	0. 3	0. 1	0. 1
Hongshan District Library	166	163	160	21	43	55	0. 3	0. 3	0. 3
Huangpi District Library	164	227	310	13. 8	16. 2	19. 8	0	0	0
Jiang'an District Library	107	137	112	16	16	16	0	0	0
Jianghan District Library	206. 3	227	278	25	25	35	0. 63	0. 45	0. 3
Jiangxia District Library	110	120	206	15	19	45	0. 1	0. 1	0. 1
Qiaokou District Library	109	151. 9	233. 1	23	24	26	0. 15	0. 15	0. 16
Qingshan District Library	169	175	186	30	30	30	0. 18	0. 18	0. 18
Wuchang District Library	10	52	60	73. 74	76. 51	87. 8	0. 2	0. 5	3
Xinzhou District Library	150	165	190	12	12	12	0	0	0
Total	3, 616. 7	4, 458. 37	5, 440. 45	292. 64	336. 01	453. 38	2. 36	5. 62	12. 44

The Collection Building of Public Libraries in Wuhan

Library	The collection building								
	The amount of books			The yearly new books			The yearly circulation of each book		
	2011	2012	2013	2011	2012	2013	2011	2012	2013
Wuhan Library	2, 418, 253	2, 520, 720	2, 616, 773	57, 810	102, 467	96, 053			
Caidian District Library	146, 031	153, 136	199, 740	7, 509	7, 105	46, 604	84%	96%	68%
East and West Lake District Library	190, 155	198, 968	210, 000	6, 030	8, 813	11, 032	80%	81%	76%
Hannan District Library	87, 745	91, 950	99, 530	2, 948	4, 205	7, 580	68%	60%	85%
Hanyang District Library	131, 452	137, 477	158, 510	3, 505	6, 025	21, 033	127%	125%	150%
Hongshan District Library	178, 741	185, 850	200, 000	6, 288	7, 109	14, 150	42%	39%	52%
Huangpi District Library	115, 833	119, 859	125, 000	4, 004	4, 026	5, 141	50%	52%	55%
Jiang'an District Library	153, 695	157, 962	194, 661	6, 134	4, 267	36, 699	100%	2%	10%
Jianghan District Library	200, 729	209, 930	230, 000	9, 251	9, 201	20, 070	47%	63%	43%
Jiangxia District Library	178, 371	185, 095	208, 000	6, 503	6, 724	22, 905	82%	83%	91%
Qiaokou District Library	180, 000	192, 308	212, 907	10, 000	12, 308	20, 599	74%	66%	58%
Qingshan District Library	193, 407	204, 242	216, 889	12, 473	10, 835	12, 647	64%	65%	91%
Wuchang District Library	197, 653	240, 470	272, 470	13, 172	42, 817	32, 000	66%	62%	55%
Xinzhou District Library	105, 938	109, 873	117, 601	3, 602	3, 935	7, 728	99%	89%	93%
Total	4, 478, 003	4, 707, 840	5, 062, 081	149, 229	229, 837	354, 241			
Notes	Jiang'an District Library was not opened because it moved during the period from 2012 to 2013.								

The Statistical Table of the Practitioners of Public Libraries in Wuhan

Library	Practitioner										
	Permanent staff				Contract staff				Volunteer		
	Number	Average age	Bachelor degree or above	Professional and technical personnel	Number	Average age	Bachelor's degree or above	Professional and technical personnel	Number	Average age	Bachelor' degree or above
Wuhan Library	157	44	117	152	9	28	5	0	80	20	64
Caidian District Library	17	42. 5	4	17	5	37. 5	1	0	3	62	0
East and West Lake District Library	10	42. 8	3	8	9	37	1	2	9	25	1
Hannan District Library	7	48	1	7	7	48	1	7	0		0
Hanyang District Library	7	42	6	3	6	42	2	0	2	21	2
Hongshan District Library	13	41	13	13	1	30	1	0	0		0
Huangpi District Library	23	40	2	20	23	40	2	20	2	23	1
Jiang'an District Library	12	44	7	7	0	0	0	0	0		0
Jianghan District Library	11	45	10	9	5	32	1	25	35	26	0
Jiangxia District Library	16	42	15	15	6	45	1	0	30	20	26
Qiaokou District Library	14	45. 9	9	11	2	48. 5	1	0	5	43	3
Qingshan District Library	10	45	9	8	7	45	1	1	2	40	0
Wuchang District Library	9	41	4	6	0				5	52	1
Xinzhou District Library	27	42	16	23	23	42	16	23	0		0
Total	333	43. 3	216	299	103	39. 6	33	78	93	33. 2	34

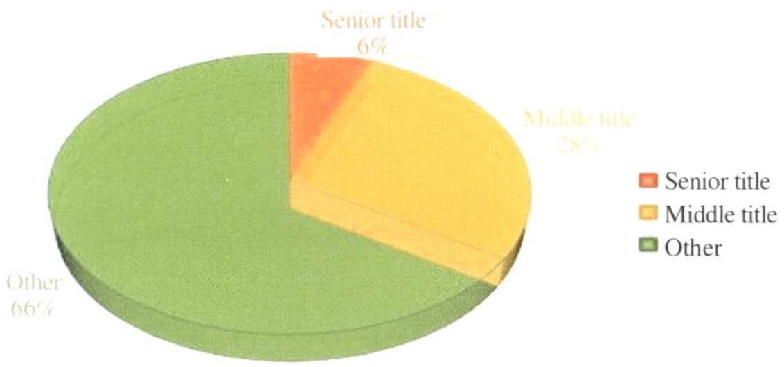

Figure 1

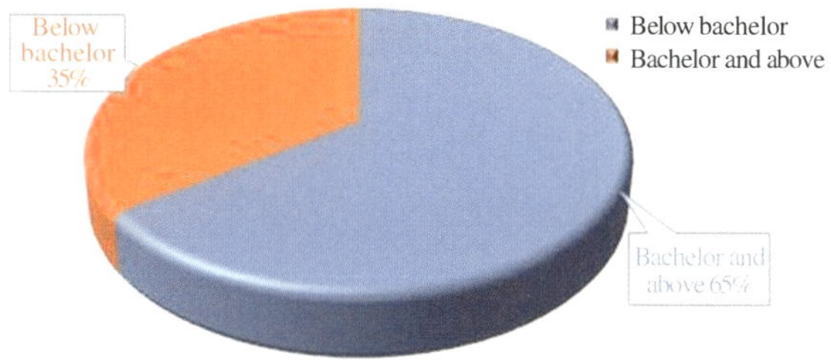

Figure 2

4. Reader Services

All-level public libraries in Wuhan not only had good hardware facilities, rich library collection, but also had various high-quality, professional services, attracting a large number of citizens to enter the library for leisure, entertainment, study and research, and creating a good reading atmosphere for building "city of reading" of Wuhan. The number of people Wuhan Library served and the number who participated in the cultural activities continued to grow, and the type of services was also constantly expanding and upgrading. In addition to the basic certification and borrowing books, the library also offered special search services, reference consultancy services for scientific research and production, information services for senior leadership, services of social education and user training, reports and lectures with different topics. The circulation rate of the library had been improved and the number of people who had the reader card was increasing. The details are shown in the following table (The library Services of Public Libraries in Wuhan).

The Library Services of Public Libraries in Wuhan

Library	The library services								
	Readers (per year)			The number of cultural activities (per year)			Service windows	Service points outside the library	Readers with reader card (thousand people)
	2011	2012	2013	2011	2012	2013	2013	2013	2013
Wuhan Library	1, 740, 000	2, 090, 000	2, 320, 000	132	210	272	10	50	50
Caidian District Library	38, 423	204, 350	48, 107	35	128	90	8	25	6. 7
East and West Lake District Library	30, 000	33, 000	23, 198	48	60	48	8	29	17. 3
Hannan District Library	16, 000	22, 000	30, 000	25	40	40	7	21	3. 1
Hanyang District Library	8, 620	24, 995	15, 049	22	30	53	7	35	3
Hongshan District Library	150, 000	150, 000	153, 000	30	30	30	6	25	4. 6
Huangpi District Library	19, 000	20, 000	22, 000	21	20	22	10	50	4
Jiang'an District Library	21, 000	34, 000	23, 000	31	18	30	7	71	1
Jianghan District Library	150, 000	150, 000	122, 000	52	49	82	9	95	6
Jiangxia District Library	35, 000	55, 000	58, 000	75	88	84	9	281	0. 62
Qiaokou District Library	30, 000	33, 000	45, 000	38	58	64	7	53	0. 59
Qingshan District Library	150, 967	158, 356	148, 001	36	38	94	7	27	6. 6
Wuchang District Library	4, 500	5, 000	10, 000	10	52	60	6	70	2. 8
Xinzhou District Library	157, 000	178, 000	183, 000	37	40	48	8	30	4. 8
Total	2, 550, 510	3, 157, 701	3, 200, 355	592	861	1, 017	109	862	111. 11

Overall, without changing the existing administrative system of the public library, Wuhan took the two-lever financial mechanism with municipal and district levels. It formed the center-branch mode with the municipal library as the business center library, district libraries as the district-level business center library, street and community libraries as the district-level business branch library, 24-hour self-help libraries as the supplement. By using a unified library cluster management system, the city's service network formed a "library group" and the mobile library served as the tie, the circulation of books among all service points was realized with the help of modern logistics. It gradually built the public library service network with the network covering the whole city, scientific and reasonable organization and structure, to achieve "use one card applicated in one library to borrow books in all libraries, brow books from one library but return books to all libraries."

Section 2

Characteristic Service

Wuhan Municipal Government improved the library service network with Wuhan Library and Wuhan Children's Library as the leader, the district libraries as the support, book rooms in town (community) as the base, regarding the implement of the social and cultural key projects as an opportunity to fully promote the construction and development of Wuhan Cultural Information Resources Sharing Project, mobile services project, 24-hour self-help library and interlibrary loan project. To create Wuhan's cultural brand, public libraries in Wuhan actively developed characteristic services including lecture, exhibition, book recommendation and training according to their own conditions and regional characteristics, and built the library's unique culture.

Public Libraries in Wuhan firmly grasped the pulse of the modern development of the industry and achieved the integration of service spaces. In addition to the basic functions of collecting and borrowing books, the library also expanded its service space functions by introducing cinemas, museums, concert halls, art galleries and science and technology museums and formed the giant open classroom. The integration could be shown in three aspects. Firstly, it formed the integration of services. Libraries offered services by holding many activities including lectures, exhibitions, thematic libraries, music appreciation, classic reading and science education reading. Secondly, it formed the integration of service objects by integrating libraries with different natures and functions and blurring the boundaries of the original library service object. Thirdly, it formed the integration of the social education system, including the city education, school education and social education, and provided a place to continue learning and life-long education for citizens.

1. Jiang'an District Library

As the Jiang'an sub-center of "National Cultural Information Resource Sharing Project", Jiang'an District Library achieved the connection with the national cultural information resource sharing center and offered the digital literature information services and online resource sharing work for citizens. Jiang'an District Library has been included in the computer information service network of Wuhan Public Library, offered the service of interlibrary loan, built seven 24-hour self-help libraries and set up "Jiang'an District Library book counter" in communities, institutions, units and troops, providing regular and free services of book borrowing. It has formed the mobile book service network covering the whole district, streets and communities, with Jiang'an Library as the center, the mobile cars as the link and the service points as the terminals.

2. Jianghan District Library

Jianghan District Library adhered to the orientation of free service, with the cultural sharing projects and the interlibrary loan as the aim, trying to provide more resources for residents in the district. To promote the construction of "city of reading", Jianghan District Library actively held many reading service activities including "Jinqiao Reading", "Jinqiao Book Review", "Jianqiao Lectures", "Knowledge Engineering" activities for children, sending books into the grassroots, painting and calligraphy competitions. Jinqiao mobile lectures established in 2010 have been held for 150 times, serving 20,000 people by entering communities, schools, troops and units. The Jinqiao Book Review established in 1987 have been held for 25 times, which was rated as the national 14th "Stars Award" (service award) by the Ministry of Culture and "Propaganda and Ideological Work Innovation Award" by Wuhan Municipal Party Committee Propaganda Department.

3. Qiaokou District Library

Qiaokou District Library offered the service of open-shelf reading, book reservation, books purchasing, sending books to the door and interlibrary loan. The library opened to the public for 365 days freely. It held book reviews and book exhibitions at the Municipal No. 1 Deaf School, donated comic books and popular science books, and held many activities including "monthly lecture", "knowledge engineering" reading series, the library service publicity week, excellent film screening, etc. It was the first one to realize the interlibrary loan by using one card with Wuhan Library and to install the intelligent reader query system with one mobile checkpoint and one visual query machine in district libraries. It built the first community visually impaired library at the Hanjiadun Street community. It has built 21 "one square kilometer" library branches, 37 service points outside the library, offering the service of "15-minute cultural circle" for the residents. The grass-roots service points of "sharing project" were more than 130. Baofeng Street Library Branch had been connected to the interlibrary loan service platform of the city's public libraries, basically realizing a library service network covering the city, districts and streets, with rich resource, advanced technology and convenient services.

4. Hanyang District Library

In recent years, following the guidance of the Scientific Outlook on Development and the focus of the district government, keeping to the principle of "readers first, service first", Hanyang District Library improved the reading environment, strengthened the construction of the hardware and increased the service project. The level of library services was improved through diligent, pioneering and innovative work. Library was opened for the whole year with many services including open-shelf reading, registering the reader cards, booking books for readers, reference consultancy and sending books to work-study schools, older's apartments, primary and middle schools, prisons, troops and rural areas. The library held many books culture publicity activities including "Library Service Publicity Week", "the Market for the Spring Festival", "the Market of Developing Agriculture by Science and Education" and "Hanyang District Temple Fair of Culture". It also organized some reading activities like "Hanyang of Books Everyone Reading" and "Knowledge Project".

5. Wuchang District Library

Wuchang District Library took the open-shelf reading and it opened to the public for the whole year. It also set up district library branches in armed police fleet and Wuchang squadron of armed police. The library held activities including "Red Scarf Reading Festival", competitions of paintings and speeches, seminars and other forms of activities. Wuchang District Government kept to enrich the "community library" as one of the ten practical things for the residents for 8 years, and Wuchang District Library made a lot of efforts to establish three-level network with the district library as the center, the street libraries as the starting points, the community libraries as the basic points. It has formulated the *Wuchang District Library Branch Management Measures* and actively promoted the center-branch system, unified the agreement, the listing, lending system and book distribution. It has built 93 community libraries. In 2013, it has realized the interlibrary loan first. Wuchang District established Hubei Province Public Culture Service Demonstration Area in 2014 and it tried to moved to the old location of Hubei Library, which was supported by the government. The construction plan is designed for meeting the needs of development of public library based on the situation of the old site.

6. Qingshan District Library

Qingshan District Library held the service purpose of "readers first, service first", and it opened to the public for the whole year. It offered services including the open-shelf lending, booking books, renewal by phones, sending books to the door and interlibrary loan. The library was committed to hold promoting reading activities including reading reports, lectures, knowledge contests, "Red Scarf Reading Prize", "Publicity Service Week", and "Knowledge Engineering". It had set up 2 branches and 27 service points outside the library, and the residents could enjoy the public cultural resources conveniently. In 2013, the library realized the network connection with Wuhan Library and offered the services of "interlibrary loan" and "the one card" service.

7. Hongshan District Library

Hongshan District Library adhered to the principle of "the brand improved the service and the service improved the brand" and held reading activities with "reading, knowledge and education" as the concept, sending books to communities, schools and military camps. It also carried out grass-roots business training, set up the library (book room) in the military camp, organized "Knowledge Engineering" and other special activities, which formed the brand effect of "Hongshan Culture". Hongshan District Library had established 10 street cultural stations and 142 community book rooms. It also introduced the modern technology of radio frequency identification (RFID) and realized the interlibrary loan and data sharing.

8. East and West Lake District Library

East and West Lake District Library took the open-shelf management and it opened to the public for the whole year. It set up the CD-ROM reading room, literature exhibition hall, 10 grass-root service points, community branchs and basic service points of culture information resource sharing project, covering all the sharing projects basic service points in the district. In 1997, it was the first to implement the library computer management and offered the OPAC online bibliographic search, electronic guide information window, Internet services and online library for readers. In 2013, it added some intelligent borrowing equipment including ID card readers, fingerprint identification systen, braille display device, self-help borrowing and lending machines, electronic newspaper reader machine, e-book borrowing machines and e-audiobook machines.

The library held a number of brand reader activities including "Hot August, Books Sharing", "Books Crossing" and "Knowledge Engineering". It set up the special library, Hubei Writer Literature Center, which gained the attention from the domestic and foreign literature writers. It has collected more than 11, 700 pieces of works from 4, 600 writers at home and abroad. Approved by the Hubei Provincial Department of Culture, Hubei Writer Literature Center was officially set up. The library also actively held and participated in many activities including the children's competition of "Red Scraf Reading Festival", sending books to the rural areas, "Knowledge Engineering", publicity activities of rural book rooms, book crossing and 24-hour self-help library publicity.

9. Hannan District Library

Hannan District Library kept to the principle of "people oriented, service first" and the daily work also showed this principle. The library improved the library's social service quality. Hannan District Library offered service of sending books to the door and set up mobile service points providing the consultancy services, organized classes of calligraphy and painting and competitions, held "Science and Technology Service Week", "Library Service Week". The library set up Hannan District Reader Association to organize seminars and exchange scientific research results. In addition, the library made efforts to provide services for developing agriculture by science and education, established mobile book reading points in remote rural areas and offered regular book-delivery service.

10. Caidian District Library

Caidian District Library offered the service of reading, lending, consulting, retrieval, information tracking and information release for many years and provided readers with literature in different forms like paper, disk and CD-ROM. The main service features are readers activities aiming at "agriculture, rural areas, and farmers" and young people. In recent years, it held "developing agriculture by science and education" activities more than 10 times every year. It also printed and distributed over 3, 000 volumes of secondary literature like *Agricultural Information* and *Science and Technology*. Over 100 people were sent to the countryside to guide the construction of cultural information resources sharing project and village libraries, and more than 300 CDs about agricultural technology were distributed. It had held farmer-reading festivals for 6 years. It set up "agricultural literature lending room", offering the information tracking service. Based on the Tao Hongkai Studio of Caidian Station, the library offered psychological consultation to the teenagers in the district and the visited people reached 2, 000. It also held psychological knowledge training, lectures, reports, and "Knowledge Engineering" reading activity. It had held the award of "Reading Star— Top Ten Young Readers" for 5 years.

11. Huangpi District Library

Huangpi District Library took the open-shelf management and automation system management. The library opened to the public for free in 2011. The service of interlibrary loan was upgraded by the end of 2013 and it offered self-help lending and retrieval services. It set up 24-hour self-help libraries in Qianchuan and Panlong. The various training and counseling activities were held in 629 village libraries and 634 sharing project grass-roots service points. It also built 60 mobile service points in some units, schools, communities and troops, forming the Cultural Information Resources Sharing Project grass-roots service points and meeting the reading needs of grass-roots people.

12. Xinzhou District Library

Xinzhou District Library was opened for free for the whole year. The activities for children made great progress. The library set up children reading room and held the children' reading competition of "Knowledge Engineering". It also held various reader services activities including the Riddles Game of the Lantern Festival, promoting science and technology education in Flower Festival, science and technology publicity service week, universal reading activities and lectures. The Riddles Game of the Lantern Festival had been held for more than 30 years, which had become the brand activity of Xinzhou District cultural service.

13. Jiangxia District Library

In addition to the normal library card, Jiangxia District Library offered the "family universal library card". The library insisted to hold library service publicity week activities. It held children's reading competition of "Knowledge Engineering" and teenagers' painting and calligraphy contest. In the development of cultural initiatives designed to benefit the public, it had built 292 basic services points of culture sharing project and 281 village libraries, sending books regularly to farmers and special groups by using mobile vehicles. It adhered to serve for promoting the agriculture by science and education, taking a variety of forms to do science popularization for 23 towns in the district such as publishing information, screening technology video, holding seminars and exhibitions of science and technology, distributing materials of science and technology and extended service areas.

Section 3

Case Analysis

The administrative areas in Wuhan have different natural environment and human environment, with different political, social and economic conditions, and their investment in the public cultural undertakings are different. With some knowledge of the construction conditions of district public libraries , this section analyzes several typical cases of innovative service by public libraries in Wuhan.

1. Jianghan District Library: Jinqiao Book Review

"Jinqiao Book Review" guides people to read more books and good books, to improve themselves and to develop the habit of reading. In order to make the "Jinqiao Book Review" become the bridge connecting authors, editors and readers, the activity of "Jinqiao Book Review" was included in the general goal of the district government in 1989. By 2014, Jianghan District had held 25 "Jinqiao Book Review" activities since the first was founded in 1987. The activity had lasted for 27 years and had become the most extensive brand reading activity in Jianghan District. The reading activity stepped out of the library building, entered the square, community and families, and over 700, 000 people had participated in the activity.

The scale of Jinqiao Book Review was larger and larger. Jianghan District Sports and Tourism Bureau allocated 60, 000 yuan to purchase mobile books cars, set up "Jinqiao" mobile bookrooms, sending books about customs of Jianghan to 12 street book rooms and set up the bookshelve of "Jianghan window", sending 600, 000 books to the institutions, enterprises, schools, communities, armed police and troops. In addition, sending books for disabled people is one of the features of Jinqiao Book Review in Jianghan District. Some readers of Jinqiao are old and blind and they are used to "touch" the traditional paper, i. e. , Braille books. Therefore, the district library purchased over 400 Braille books from all over the country to meet their needs, and the library would send books to the door as long as the blind phones.

As a reading activity with distinctive features, "Jinqiao Book Review" has a great influence in the city, province and even in the nation. "Jinqiao" has been rated as "Wuhan Propaganda and Ideological Work Innovation Award" and the 14th "Stars Award" (service award), and was recorded in *One Hundred Cases of National Political and Ideological Work*, *Spiritual Civilization Yearbook* and *Wuhan Yearbook*, having created good society effect and received the high praise from readers, fellow colleagues, experts, scholars and leaders.

2. Qiaokou District Library: One Square Kilometer Library

Qiaokou District Library innovated the service concept and created the new service model: from a single static service to a variety of dynamic services; from one library building with one point to one library building with several points; building the one square kilometer library close to the community, the enterprise, the troops and special group. The one square kilometer library refers to build one library in every square kilometer. It breaks the restrictions of administrative division on the development of small libraries, takes the convenience of service as the primary consideration and one square kilometer as the service radiation range, and strives to ensure that urban residents can reach a library within 10-15 minutes. The one square kilometer library has four distinct characteristics, smallness, scattering, a great number and the convenience. It has the functions of library and community center, providing residents with personalized and diversified document information service.

Qiaokou District covers 46 square kilometers and has 800, 000 permanent residents and 130 communities. By 2013, it had built 20 Square Kilometer Libraries and had sent 27, 048 volumes of books to residents for 28 times. Each square kilometer library had a separate building space with more than 30 square meters, and 80% of the space were used. The weekly service hours reached more than 40 hours, and it held training and lectures each year with emphasis on the training work for the staff of street libraries.

3. Wuchang District Library: the Interlibrary Loan Platform in Street Libraries

In recent years, the service of sending books to the grass-roots book rooms has been regarded as one of ten Works by Wuchang District Government. The district library provided books for 14 streets and more than 60 communities. The district formed the three-level public library service network with the district library as the center, the culture and sports station at the street center as the base and the community library as the basic point. The network of interlibrary loan connected district library and Wuhan Library, making books borrowing more convenient and quick.

Since 2012, Wuchang District Library had seen the interlibrary loan as the key work, overcame difficulties including the lack of funds, fewer personnel and heavy tasks, and improved the work by mobilization. It had built five interlibrary loan platforms in street libraries, and the rest will be finished in five months. All of books in Nanhu Huajin Community bookroom had the special code and they met the requirements of the interlibrary loan, realizing the equalization and generalization of book lending, which also marked the big step of libraries in Wuchang toward the digitalization.

4. Hongshan District Library: Reading Brand Activities

Hongshan District in Wuhan combined with the "883 Action Plan" to take the lead in the "hundred-thousand-ten thousand reading project" in the community, that is, building a hundred of book rooms in the whole district, cultivating a thousand of "five-good" families and selecting ten thousand active readers, trying to improve the virtue and wisdom by reading. At present, the reading activities were popular in more than 90 communities, guiding the residents to read more books and good books and playing an important role in creating a learning city.

People in all levels in Hongshan District were involved in the "hundred-thousand-ten thousand reading project" and achieved the expected goal of the public reading. It set the column of "Jiangcheng of Books" (Wuhan is also called Jiangcheng) in the *Hongshan Publicity*, recommending and reviewing a series of good books and sharing the reading experience, and the "hundred-thousand-ten thousand reading project" was included in the *The Construction Plan of City of Reading.* In addition, the offices, communities, rural areas, enterprises and schools in the district promoted the "hundred-thousand-ten thousand reading project", innovated service awareness, enriched activities carrier, making efforts to create a strong reading atmosphere in the whole district.

The "hundred-thousand-ten thousand reading project" in Hongshan District gave full play to the role of a typical demonstration, and improved the construction of "city of reading". The activities gained the high praise from the public and leaders. The activities were reported by the provincial and municipal media, which had a wide range of social impact.

5. Jiangxia District Library: Farmer Reading Knowledge Competition

Jiangxia District Library followed the guiding spirit of "village library" project and carried out the public reading activities of "Jiangxia of Books, Pursuit of Excellence". It held Jiangxia District "Xinhua Cup" farmer reading knowledge competition for three years, which aimed at enriching the cultural and technological life of the peasants, ensuring that the people could enjoy the cultural resources such as "village library" and enhancing the service level of the cultural sharing project.

Because of the support from the district government, the village library and culture-sharing project had covered 281 villages by the end of 2010. The street office and the Development Zone organized farmer-reading activities and played positive role in enriching the cultural life of farmers and improving the scientific cultivation technologies of farmers.

Farmer reading knowledge contest showed the progress that the village library and culture sharing project made. The ideological concept of peasants had undergone tremendous changes and they realized the importance of knowledge and culture; village library and culture sharing project brought people happiness; peasants learnt the skills through reading and the Internet; the activities expanded the social impact and gained more support from the whole society.

Public library service system of Wuhan adhered to the flexible and pragmatic construction concept, fully integrated the city's public cultural resources, and learnt from the construction experience, forming a distinctive and helpful model.

全市"阅读达人"风采

07

Chapter 7

Feature Reading, Brand Culture

This is a library emphasizing on humanities. Scholars give harangue and discussion on weekends, citizens gather to listen to the voice of wisdom, children and teenagers learn knowledge and special groups enjoy the fun of reading. Wuhan Library has always been the friend of the whole citizens.

This is a library with warm. Blind children could listen to the voice of wisdom through the mobile library, the elderly could borrow and return books at home, the disabled could enjoy the convenience of reading in the library and migrant workers could get the nutrition from books in the factory. Wuhan Library has always delivered the warmth in the charity activities.

This is a library with famous brands. After decades of exploring and practising reading services, Wuhan Library has formed the five major reading service activities the whole year, including public lectures, public welfare exhibitions, reader training, multi-subject book recommendations, book crossing. Since the beginning of the 21st century, as the center of the construction of "city of reading", Wuhan Library focused on four major activities including "Activities in the Spring Festival", "4. 23 Jiangcheng Reading Festival", "Summer Activity Season" and "Activities in Autumn". It planned, integrated and created the reader activity system of "Joyful Reading of Wuhan Library" with strict structures and clear categories. The library increased the intensity of activities, expanded the scope of activities and enhanced the impact of activities, creating a strong reading atmosphere and cultural atmosphere, promoting the construction of the "city of reading".

Section 1

Reading Starts from Wuhan Library

The establishment of a strong cultural city started from reading. As "the national reading demonstration base", Wuhan Library standardized and fixed the reading promotion activities, continued to hold series of "Joyful Reading of Wuhan Library" activities including nine branch brands: Famous Lecture, Social Science Lecture, Citizens' School, Exhibition, Reading Salon, i-books, Mobile Book Library, Teenagers Love Reading and The Voice of Wuhan Library. After more than ten years of growth, these activities became famous in Jiangcheng and more than 400 activities were held each year, which attracted more than 300, 000 audience. Wuhan, therefore, developed its reading environment and atmosphere.

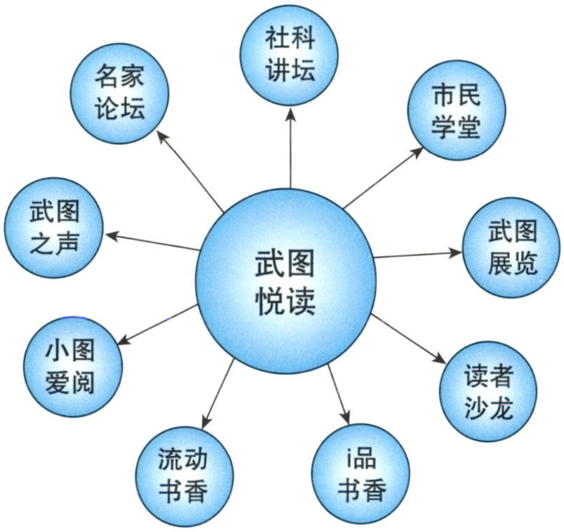

Famous Lecture is the brand model of the mainstream culture. Famous Lecture, founded in 2003, is a large public welfare public lecture organized by Wuhan Librar-

y. It has always kept "popular and public welfare" as the guides, invited the famous scholars from the whole world and gradually formed six features. After long time efforts, Famous Lecture owned a large number of listeners, gained attention from media such as *Guangming Daily* and *Chinese Culture News* and was rated as No. 1 in the "top ten reading brands of Wuhan" and the "top 100 brands of national life-long learning activities".

Social Science Lecture is the cultural classroom of the city on the weekends. Wuhan Library cooperated with the social science community in Wuhan to hold the large public welfare lecture and it is the education base of social science popularizing. The lecture set up in 2008 kept the purpose of "focusing on the livelihood of the people, popularizing the scientific knowledge, spreading the advanced culture and promoting the scientific spirit". It was close to the life of citizens, invited the famous people and built an effective social science knowledge popularizing platform for citizens.

Citizens' School is the cultural center, Which is close to the daily life. Citizens' School is the public training program held by Wuhan Library in every Sunday morning. It invited professional trainers, fashion insiders and psychological advisors, the content involved the computer basic knowledge, new information technology applications, database applications, information retrieval, library knowledge and other knowledge related to daily life. The Citizens' School set up online Class and provided millions of e-books for readers with library cards and the 100, 000 sets of learning video resource of 5, 000 domestic teachers could be used free of charge.

Reading Salon is the third space to meet friends by reading books. It won the "top ten reader clubs" in 2012. It adhered to the purpose of "open, interactive and sharing reading" and built the third space for urban culture exchange. It kept to the readers' interests as the orientation, hold activities including famous drama appreciation, photography enthusiasts sharing, voting excellent readers, forming different interest circles of reading, photography, tea, film, history and tourism, providing readers with platform to share and communicate.

Mobile Book Library is the cultural track of knowledge transmission. Wuhan Library focused on special groups including the elderly and the disabled and carried out reading promotion activities. Wuhan Library held lectures, exhibitions and other cultural activities in communitis, rural areas, welfare houses, camps, unites, squares, schools, factories and re-education through volunteers, mobile libraries, 50 self-help libraries and 74 mobile service points.

Exhibition is a feast for the eyes. The exhibition focused on showing the local features and promoting cultural exchange. In addition to the multi-theme public welfare exhibition held in the library, Wuhan Library cooperated with district libraries and academic libraries to form Library Exhibition Alliance in Wuhan, and cooperated with over 80 units to hold exhibitions. Wuhan Library Exhibition actively participated in the international culture exchange, and was chosen to the IFLA General Assembly Poster Exhibition in 2012 and 2015, showing the achievements of cultural construction in Wuhan.

Teenagers Love Reading is the fertile soil for teenagers to grow. Teenagers Love Reading focuses on the teenager reading promotion and holds a variety of activities such as storytelling, subject book recommendation, parent-child reading and holiday library practice to stimulate the reading interest of young people, cultivate reading habits, and enhance reading ability. Orderly organization is one of the important factors in the development of Teenagers Love Reading. The fixed time, the advance notice of the content, set up of QQ group and the establishment of incentive mechanism attract more and more teenagers and parents.

I-books leads people to enter the sea of knowledge. The letter "i" means a lot, including information, internet, love and I. It refers to provide "information" consultation service for readers; it refers to build reading platform by the "internet"; it refers to share books based on myself ("I"); it refers to promote nationwide reading with "love" reading as the core. Wuhan Library held a variety of activities to lead and spread the advanced culture and create the reading atmosphere. The activities included "scan a QR code, and take good books back" and the QR codes of e-books were shared by the display boards, official website, WeChat, MicroBlogs, 50 self-help libraries. People could read the whole book online by scanning the QR codes, and this service provided citizens with a new reading experience.

The Voice of Wuhan Library listens to the voice of wisdom. Wuhan Library and Wuhan Radio and Television jointly set up The Voice ofWuhan Library, including three columns: Famous Lectures, Joyful Reading of Wuhan and i-books. It broadcasts at different stages of a day on FM101. 8. The main column "Famous Lectures" was based on the brand lectures of Wuhan Library, spreading the content of lectures to more citizens. The special column "Joyful Reading of Wuhan" explored the unique cultural style and interesting anecdotes of Wuhan. The column "i- books" based on the most essential part of the library — reading. At present, these columns are popular among listeners.

Reading starts from Wuhan Library. The palace of knowledge is image of the heaven in the eyes of people who love books. It manifests the cultural inheritance and cultivates the intellectual resources in the development of the city. Welcome to Wuhan Library!

Section 2

The Reading Festival of Jiangcheng—The Distinctive Festival

For a thriving city, the mission and value of the library is not only to show the cultural image of the city, but also become an important part of the cultural life of the people. To promote the public reading, build the "city of reading" and create a strong reading atmosphere, Wuhan Library actively explored and made efforts to found the reading promotion activity brand, "The Joyful Reading of Wuhan Library". Relying on the content of activities, combining with the cultural characteristics, Wuhan Library build the "Reading Festival of Jiangcheng" — the large public welfare reading activity of the city. Wuhan Library cooperated with other public libraries and other organizations to promote the public reading, to attract more citizens to read by precise positioning, brand rebuilding, content enriching, enhancing the quality and expanding the social participation. It aimed at cultivating the public

recognition and pride of Chinese culture and enhancing the city's cultural quality and cultural competitiveness.

1. Paying Attention to the Top Design, Creating the New Model of "Library +"

"Jiangcheng Reading Festival" adopted a unified design, unified publicity and unified implementation, with "Library +" service as the center. Wuhan Library cooperated with other public libraries in the city, invited bookstores, post offices, shopping malls, media and other units to form the "big league" of reading promotion and gave full play to the role of these organizations to display the public cultural achievements in Wuhan. In 2016, at the site of "Jiangcheng Reading Festival", the league of "public library + bookstore" promoted by 15 public libraries and some bookstores registered in Wuhan encouraged and promoted the idea of public reading and equal sharing. The alliance also promised to offer more open and quality services for citizens. It played the role of bridge between readers and alliance members, between the public and the government, stimulated the vitality of the city, and made a great contribution to the building of the "city of reading". The different organizations will give full play to their advantages and it is bound to create greater "coupling effects".

At the same time, Wuhan Library actively implemented the "going out" strategy, exploring the link between reading and other industries and trying to spread the reading idea to whole city. In April 23, 2016, Wuhan Library cooperated with New World Department Store to build a cultural information resources center. It was the first time to introduce the digital resource of library to the consumption places in China. It made the use of mobile reading services and digital audio books to enhance the multi-service of the library, so that the public could enjoy quality cultural services when they were shopping.

2. Promoting the Position Service and Creating the New Activity Pattern of "Reading +"

The activity of "Jiangcheng Reading Festival" of Wuhan Library gave full play to the leading role of library to guide and help the reading. It focused on the theme of "reading starts from the library", closely linked to the important news and the hot spots, and actively promoted position services, enriching the theme and form of the activity to create a new pattern of activities. In 2016, "Jiangcheng Reading Festival" took the "reading the red classic" as the theme, and issued the 10th anniversary stamps of public reading and new book of *The Story of Long March*. Through the big data analysis platform, it released *The Reading Report of Public Libraries in Wuhan*, analyzing the characteristics and trends of the public reading and providing the valued reference. It also released the list of "the top ten books favorited by readers", actively playing the role of the mainstream culture and guiding the reading tendency of readers. Furthermore, all the public libraries in the city jointly selected "the outstanding readers" and encouraged more citizens to love reading.

During the activity, there were many activities, including lectures related to reading and library, ancient book repairing shows, youth reading festivals, book exhibitions, Wuhan public library development exhibitions, photography salons, handwork classes, competitions of painting and calligraphy, 3D printing experiences and other recreational activities to meet the different levels and aspects of information and cultural needs of readers.

3. Building Technology Platform and Leading the New World of "Experience +"

In order to meet the new trend of modern reading, Wuhan Library actively used a variety of new media to broaden the reading service. It offered services including the reading experience of electronic books, e-book recommendation, digital book system display, 24-hour self-help library publicity and other activities to lead the new content of service — "Experience +" and set up an integrated reading service platform of "physical library + digital library +

mobile library". It tried to offer the public mobile-based reading resources, the reading area based on the traditional mode, the learning community based on reading and communications, and encouraged more people to use the library and to be familiar with the library resources, services, activities, space, facilities and other information.

At the same time, librarians actively used the new technology platform of Internet, such as WeChat and MicroBlog to open the social-based reading promotion. Through continuous attempts and technical adjustments, Wuhan Library has been able to achieve the WeChat live of "Jiangcheng Reading Festival". The citizens will experience the activities and the Internet services of the Reading Festival more conveniently in the next "Jiangcheng Reading Festival".

4. Highlighting the Reading Care and Creating the New Public Welfare Value of "Service +"

Offering the reading services for the teenagers, the elderly and the disabled is the focus of the "Jiangcheng Reading Festival". On April 16, 2016, mobile libraries of Wuhan Library invited the members of the car club and some enterprises to form a "car team with books" to enter Xinmin Primary School, Tanshu Village, Zhashan Street in Wuhan, and carried out the public welfare caring activity of "sending books and delivering the warmth". In addition to the workers in the library, more than 40 volunteers participated in the activity and brought over 400 children books and some tools including school bags, footballs and chess. In the canteen of Xinmin Primary School, librarians, volunteers and children gathered. Several members of the car club shared the experience of changing their life by reading with children. "Real People" led children to feel the power of books through the real reading experiences. On April 23, Wuhan Library cooperated with Wuhan Disabled People Social Service Center, relying on the "reading promotion base for the disabled" and invited some special people to experience the reading counseling services of audiobooks and digital books. During the activity, Wuhan Library relied on the mobile service points of the city to carry out reading promotion activities for the stay-at-home children, the elderly, and the disabled, giving full play to the role of public service platform of the library so that all kinds of vulnerable groups of society could enjoy the reading services from the library.

In order to enable more people to "read more books and read good books", Wuhan Library constantly integrated the relevant elements of reading and created the "Jiangcheng Reading Festival" which met the needs of citizens and changes of society. The activities have made progress in the concept, model, scope, meaning and impact, and developed its features including "promoting the mainstream culture value and the full integration of scientific technology and literature". It gained much attention from the media including *Changjiang Daily*, Phoenix, Tencent and other media. According to statistics, millions of citizens participated in the "Jiangcheng Reading Festival" in 2016.

Section 3

The Famous Lecture: To Feel the Style of the Famous People

In order to meet the growing knowledge and cultural needs of the public, Wuhan Library seized the opportunity to develop the public welfare lecture platform. Wuhan Library co-operated with the Association of Writers in Wuhan to hold the series of Wuhan Literature Lecture, which was the predecessor of the "Famous Lecture" and opened the weekend lectures.

In May 2005, Wuhan Library cooperated with Wuhan Evening News, expanded the levels of the speaker and the topic, and expanded the promotion and publicity activities to enhance the influence of lectures. The lecture gradually became the service brand of Wuhan Library, with the purpose of spreading scientific culture knowledge and improving the quality of the people, with the principle of showing features of Wuhan and being close to citizens, and set up series of lectures including political, economy, military, culture, science, art, education, life and many other lectures.

In order to make this service brand bigger and stronger, leaders held special meetings to discuss and study the program of activities, and they decided to revise the lectures based on the original lectures and by learning experience from other lectures to highlight the characteristics of Wuhan. In May 2007, the "Famous Lecture" of Wuhan Library was changed into "China Wuhan Famous Lecture". The new lecture was officially opened on May 8, 2007. The city's public welfare lecture brand, supported by the government, scientific research units and the media, was established.

1. The Development and Achievement of "Famous Lecture"

"Famous Lecture" aimed at offering the public fair and equal cultural services, guided by the thoughts of "being popular and public", with the subject of "caring about people's livelihood and cultivating the habits", and formed six characteristics including public topic, high-end, being free, three-dimensional communication, effectivity and long-term adherence.

The lecture adhered to the concept of "the famous people served for the public" and promoted the humanistic spirits of the whole society. The lecture relied on the advantages of location and invited experts from the local colleges and universities, scientific research institutions and other units, and it invited experts and celebrities from Peking University, Tsinghua University, Fudan University and other famous universities, China Central Television, Phoenix TV and other media to give lectures. Over the past years, many famous people have been invited to the lecture. In the lecture, Liang Xiaosheng, Zhou Guoping, A Lai, Ye Yonglie, Er Yuehe and Cao Wenxuan tasted the literature; Yi Zhongtian, Yan Chongnian, Wang Liqun, Ge Jianxiong and Qian Wenzhong reviewed the history; Shi Qiping, Ruan Cishan and Liang Wendao talked about the society; Qin Shuo, Liu Yanbin and Ye Tan talked about the business; Hong Shaoguang, Qu Limin and Zhongli Baren shared the knowledge of health care with the public.

At the same time, "Famous Lecture" focused on the development of local culture and offered the opportunity for 18 local experts and scholars including He Zuohuan, the famous storytelling artist, He Xichang, the dean of School of Humanities of Huazhong University of Science and Technology and Yuting, the vice dean of college of Chinese Language and Literature of Wuhan University. It specially designed a series of local culture and Wuhan construction as the theme of the lecture, such as *Business City of Big Wuhan*, *Wuhan City Spa-*

tial Pattern: *From "Three Towns" to "1 = 6"* and other lectures. These series of lectures showed a vibrant big Wuhan, leading the public to understand the cultural history of Wuhan City and feel the new style and new pattern.

To meet the construction needs of "city of reading", the library launched the series of activities of "Joyful Reading", showing the beauty of reading, the charm of books and the magic of culture. "Famous Lecture" chose some lectures and officially published the series of books *Chinese Culture Apocalypse*. After lectures, the library would select some books related to the theme of the lecture or the lecturer to promote the reader to continue to feel the charm of the culture by reading. The lecturers who were invited by Wuhan Library felt touched by the contribution of the library to the city reading. Wang Meng, Yang Shuzi, Liang Wendao and other masters recommended quality books and Wuhan Library set up a special "exhibition area for monographs with experts' signatures", and these books could be lent to readers.

2. The New Media of "Famous Lecture"

Wuhan Library set up the column of "Lecture of Wuhan Library" on the official website, and established the databases of special lectures audio and video, and the public could have access to these materials on the Internet. It created a communication bridge via the mobile library, QQ group, MicroBlog, WeChat, e-mail, and other network media. Citizens could gain lectures notice, video information, and communicate with organizers to create a good interactive atmosphere. The lecture also used the electronic display, classrooms and academic rooms to hold more audience. It signed a lecture alliance agreement with 13 district libraries and offered these libraries lecture resource and set up sub-venues of Famous Lecture in East and West Lake District and Qiaokou District and set up video venues in other district libraries. Citizens could listen to the lectures from the network, district libraries and city library. *Guangming Daily*, *China Culture News*, *Changjiang Daily and Wuhan Evening News* reported the lecture and it was called "Happy School of Citizens" by the media and citizens.

Today, "Famous Lecture" has met the spiritual and cultural needs of the people, improves the people's ideological and cultural quality, and enhances the cultural taste of the city. Like the fine wine, the Famous Lecture will play a greater role with age in promoting the cultural development in Wuhan and even in Central China.

Section 4

Social Science Lecture: To Popularize the Scientific Knowledge

After "Famous Lecture" was highly praised by the public, Wuhan Library continued to carry out public welfare universal lectures in order to enrich the reading life of the public. "Social Science Lecture" was therefore born. Wuhan Library and Wuhan Municipal Federation of Social Sciences established "Social Science Lecture" in 2008, including two sections, "Social Science Lecture" and "Local Culture Lectures".

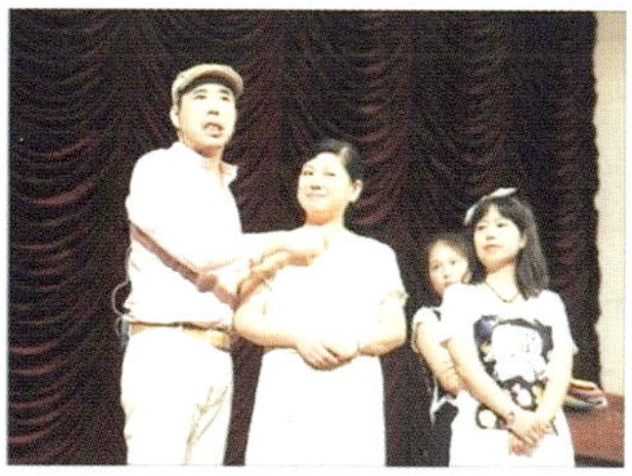

"Local Culture Lectures" relied on universities and scientific research institutions, promoted the characteristics of local culture and invited local experts and scholars to give a series of lectures about history, culture, architecture and art of Wuhan. For example, Xiang Xinran, the builder of the Yellow-crane Tower talked about the history of Yellow-crane Tower. Chen Feng, the professor of Wuhan University, talked about "the history of Hankou and the internationalization of Wuhan". These lectures have excavated and accumulated the local culture, enhancing the public sense of identity, belonging and responsibility for the city, becoming the city spirit and strength of Wuhan.

Local Culture Lectures of Social Science Lecture

The content of the lecture	Lecturer	Time
Old Hankou in the Old Paper	Xiao Qinxue	2014-07-12
The Change of Hankou Concession	Wu Mingtang	2014-07-05
The History of Lu's Family and Sheshan Mountain in Wuchang	Lu Gang	2014-06-07
The Old Brands of Wuhan	Wang Qionghui	2013-11-09
The Wuhan Dialects	Zhu Jiansong	2013-09-28
The Collection about Wuhan History	Ge Liang	2013-09-14
Museum and City Memories	Liu Qingping	2013-08-24
The Memory of Childhood—the Old Children's Rhymes	Peng Xianghua	2013-08-17
The Old Pictures of Wuhan	Guo Xun	2013-08-03
The Cultural Charm of the Old Houses (lifen) in Hankou	Dong Yumei	2013-07-20

"Social Science Lecture" was held on every Saturday's morning, with "focusing on the people's life, popularizing the scientific knowledge, spreading the advanced culture and promoting the scientific spirit" as its purpose, with "being close to the public life and filled with the local cultural atmosphere" as the principle. The lecture was held in the hall on the second floor of the library. The lecture tried to popularize the social and scientific knowledge, shape and cultivate the public's scientific thinking, scientific methods and scientific spirit, enhance the quality of the public and boost the building of "Innovative Wuhan" and "Harmonious Wuhan".

The Social Science Lecture in 2014

The content of the lecture	Lecturer	Time
Environment Protection and Green Dreams	Ke Zhiqiang	2014-11-08
The Styles of Masters	Wang Xiaoqing	2014-11-01
Reading Chinese Literature and Experiencing the Traditional Culture	Xu Gang	2014-10-25
Business Interpersonal Communication	Pan Wenfu	2014-10-11
The Book *Zeng Guang Xian Wen* and the modern social Life	Wang Bin	2014-09-27
Xu Zhimo	Hu Junxiu	2014-09-13
Look at the Beauty of the Earth	Zhang Qing	2014-08-23
Marriage, Family and Mental Health	Jia Hongwu	2014-08-16
Defense Situation and Security	Huang Haibo	2014-08-09
How to be an Attractive Person?	Lei Wuming	2014-08-02

After five years of continuous development and improvement, the "Social Science Lecture" in 2014 launched a new series of lectures about the work, life and personality of citizens. For example, "My Road to Start an Enterprise", "How to Protect Our Glasses" and "How to be an Attractive Person". There were some lectures about the Chinese traditional culture and art, like "The Inheritance of Calligraphy" and "Tea and Chinese Traditional Culture", and some lectures about international news like "The Ukrainian Coup and Its Influence". Some lectures like "Reflection of Sino-Japanese War" and "How to Break the Moral Dilemma" talked about the history and humanity. The series of lectures started a journey to the knowledge life and cultural art for the citizens.

In order to strengthen the construction of new socialist countryside, the library expanded the high-quality lecture services to rural areas and communities so that the villagers could have access to the knowledge. Wuhan Library also often sent disks about social science lectures to the various rural areas. It sent lectures into rural areas and entered communities every month.

"Social Science Lecture" has been held for 180 times by the end of December, 2016 since its establishment in 2008. It has received more than 46, 800 people and the clicks on the "Social Science Lectures" on the official network of Wuhan Library reached over 100, 000 times. The lecture and the Famous Lecture benefited from each other and promoted each other, gaining support from the public.

To answer the readers' appeal, the "Social Science Lecture" selected 60 lectures, compiled them, and published *Wuhan Social Science Lecture Collection* which were displayed in the district libraries and Wuhan Library. The book further expanded the impact of "Social Science Lecture". In order to meet the growing needs of the public's spiritual and cultural life and improve the overall quality of the public, Hubei Province Social Science Association set up the provincial social science popularization base in Wuhan Library on December 7, 2013 to praise the "Social Science Lecture".

08

Chapter 8

Interlibrary Loan, Wisdom of the Internet

As an important science and education center in China, Wuhan took the project of "interlibrary loan among city and district public libraries" as one of the "ten tasks" and five cultural initiatives designed to benefit the public by the government, and actively promoted the construction of "city of reading". Wuhan Library is fully implementing the project of "interlibrary loan" to reduce the cost of reading so that more people could borrow books conveniently. It also promoted the public reading, created a fair, convenient and efficient library service network, and contributed in building "smart city", "happy city" and "national center city" to achieve the city rise in the central region.

Section 1

"Realizing the Interlibrary Loan by One Card"

"Realizing the interlibrary loan by one card" is a kind of new service and idea. It not only breaks the limitation of time and space, but also breaks the limitation of the ownership of the readers and the books, sharing the literature information resources in a larger range and highlighting the fair and equity value of public libraries.

Without changing the administration management system of public libraries in Wuhan, the service network of "interlibrary loan" took two-level (city and district) financial sharing construction mechanism. The network took the operation mode of "center-branch" with Wuhan Library as the business center, the district libraries as the district-level center, street and community book rooms as the district-level branches, 24-hour self-help libraries as the supplement. The service network scattered in the city was connected to form a "library group" through a unified library cluster management system. The literature resource could be circulated in all service stations with the help of modern logistics. It finally built a public library service network covering the whole city, with rational organizational structure, unified allocation of literature resources , the same service quality and efficient, general and fair operation, realizing the goal of "getting card in one library and borrowing books in any library; borrowing books in one library and returning them in any library".

Under the guidance of Wuhan Municipal Government, it made great progress in the interlibrary loan service network. In order to support "the interlibrary loan among city and district libraries" and "24-hour self-help libraries", the government allocated 13. 7 million yuan for the two projects. On the basis of summing up many years of experience, investigation and research, *The Construction Plan of the Interlibrary Loan Project of Public Libraries in Wuhan* was finished.

On January 1, 2014, 16 public libraries in Wuhan offered the service of interlibrary loan. Readers with library card of any library in Wuhan could borrow and return books in any library, which took the first step in the chain library services.

Section 2

The Characteristics for the "Center-Branch"

Wuhan created the project of interlibrary loan, with double-center management model of "two city libraries cooperated to build the management platform", using the operation model of "interlibrary loan" and got the technology support from the third part. It built the service platform of interlibrary loan, integrated all kinds of cultural information and carried on the culture promoting service, showing the innovative idea of Wuhan.

1. Double-center-library Management Mode

Public Library in Wuhan is unique with two-level center-branch alliance mode. Wuhan Library, Wuhan Children's Library and district libraries formed the center alliance. Each center library had its own advantage and carried out the construction of branch libraries by many forms.

At present, libraries in other cities took the one-center management mode to develop the service network of the interlibrary loan. In this mode, the center library needs to take a lot of tasks and pressure.

So, on the basis of the existing system of the center-branch, public libraries in Wuhan have its distinctive interlibrary loan service network. It relied on the existing two city-level public libraries and established the double-center management mode with Wuhan Library as the center and Wuhan Children's Library as the second center. In the double-center management mode, Wuhan Library is responsible for the development of construction standards, management systems, business technical standards and norms, building a joint management platform, offering the supervision for the work and relevant technical guidance. Wuhan Children's Library is responsible for the development of the city's public library joint cataloging norms, the organization of the bibliographic data within the existing cluster system, controlling the data and technical training for all catalogers.

2. The Operation Model of Hierarchical Interlibrary Loan

Based on "center-branch" system, through the unified platform and norms, it formed the operation model of hierarchical interlibrary loan. In the 14 district libraries, the majority of them have good hardware, management, technology and financial conditions. For example, Qingshan District Library with 190, 000 books and 300, 000 yuan to buy books annually has built 22 branch libraries. Qiaokou District Library with 180, 000 books and 230, 000 yuan to purchase books annually has built 51 branch libraries. Jianghan District Library with 217, 000 books and 250, 000 yuan to purchase books annually has built 30 branches. In the operation model of hierarchical interlibrary loan, the district libraries could play their role of coordinator better, and share the pressure of center library, encouraging the personality development of district libraries and construction of the district branches as required. The network took the three-level operation model of "center-branch" with Wuhan Library as the business center, the district library as the district-level center, street and community book rooms as the district-level branch, 24-hour self-help library as the supplement.

3. The Unified Technology Platform and the Full Coverage of RFID

Libraries in Wuhan with Wuhan Library as the center, managed the automation integration system, achieved the full coverage of RFID, which was a highlight of "interlibrary loan" in public libraries in Wuhan. The libraries in the city were connected through a computer, and each member library was connected to the center in star shape. The network is connected in the way of VPN and each member library took the Interlib system to connect with the center, forming the virtual network with the VPN technology. Through the efficient network management platform, Wuhan Library as the center library and data management center, was equipped with special broadband. Wuhan Children's Library and the district libraries used

VPN line to connect with the management platform of the city center library.

4. The Established Logistics Management Platform

The project of interlibrary loan in public libraries in Wuhan carried out the grading commitment and hierarchical circulation rules, established two-level logistics system and two-level financial system to share the costs of logistics. Wuhan Library is responsible for managing the distribution of circulation books, collecting circulated books in all libraries to sort and distribute regularly. Libraries did not implement a unified procurement, and the resource purchased by library belonged to the library. The establishment of special counter for interlibrary loan and the regional logistics solved the problem of the management of literature belonging. Libraries set up special shelves for books of other libraries and opened borrow service. The municipal logistics and distribution service were outsourcing service, the outsourcer constructed the book distribution and distribution center, logistics and distribution routes, logistics personnel and vehicle arrangements, and Wuhan Library was responsible for supervision and management.

5. The Safeguard Mechanism

In order to ensure the effective implementation of the "Interlibrary loan" project, Wuhan Library summed up the experience, made in-depth research and expert demonstration and repeated consultations, and formulated *Construction Plan of the Project of Interlibrary Loan of Public Library in Wuhan City.* The plan described the construction modes, construction content, construction steps of the project, refined the organization and leadership and the work responsibilities of various departments. Furthermore, it also formulated *The Book Purchase Guidance of Interlibrary Loan in Wuhan*, *Wuhan City Public Library Document Joint Code*, *System Management and Maintenance Norms of Interlibrary Loan in Wuhan*, *Circulation Rules of Public Libraries in Wuhan*, *Rules of Codes of Public Library System in Wuhan* and other relevant management system and business technology norms. These documents offered the comprehensive and detailed arrangements and regulations for the project of interlibrary loan.

24小时自助图书馆

24小时自助图书馆

09

Chapter 9

The "24-hour Self-help" Library, the Bookroom of the city

The convenient reading way, extensive service network, rich cultural resources and innovative service means made the "24-hour self-help libraries" an important part of the construction of the "City of Reading". The most fundamental aim of the self-service library system is to "send the service to the door", extending the library service to the every corner of the city, making full use of the library resource and forming the innovative service platform with the library as the center. As a new model of the library, "24-hour self-help library" is the "reader-oriented" innovative practice, playing an important role in ensuring that citizens could enjoy the open and equal cultural rights and enhancing the cultural quality of citizens.

Section 1

The New Idea of "Being Near and Convenient"

The first group of 25 self-help libraries appeared in the street of Wuhan on December 26, 2012. The libraries were distributed in public areas including the streets, cultural squares, parks and large communities in seven central districts and three development areas, gaining a strong response from the public. In 2013, the second group of 25 self-help libraries were added with the principle of "building two self-help libraries in each of the six new urban areas, one in each of the seven central areas (two in Qingshan District), two in Donghu Gaoxin Area and two in Development Area, one in Wuhan Library". The 24-hour self-service library service points in Wuhan in 2015 was shown below.

"24-hour self-help library" took "being near and convenient" as the service concept, offering the 24-hour service for readers, and was the bookroom of the city which was always open. It focused on the humanistic care, with service innovation as the goal, integrated the technology of library automatic control and data communication, data processing technology, the related security technology and production technology, is the combination of humanistic, intelligent and traditional library. It is also the combination of physical libraries and digital libraries, of humanities and high-tech products, of the center library services and community library services.

24小时自助图书馆分布网点

江岸区
市民之家·金桥大道

吉庆街·中山大道黄石路路口

市青少年宫·解放大道正门

汉口江滩·三阳路广场右侧水池树阵

解放公园·沁芳桥

大江园·江大路南苑中门

汉口花园二期·后湖大道正门

江汉区
龙王庙公园·大兴一路路口

江汉经济开发区·发展一路江兴路路口

市博物馆·青年路正门

中山公园·啜茗轩茶社

武汉图书馆

民主一街 · 汉剧院宿舍

硚口区
硚口公园·中山大道正门

辛家地·古田二路融侨锦城

宗关·轻轨宗关站出站口

江城壹号创意园·古田四路南泥湾大道

汉阳区
人信汇广场 · 汉阳大道

莲花湖公园·汉阳大道正门

自立社区·鹦鹉小道中商平价

24路终点站·阳新路

武昌区
首义文化公园·楚善路彭刘杨雕像广场

水果湖步行街·西入口

昙华林 · 市十四中

四美塘·和平大道新一佳超市

青山区
绿荫广场·和平大道

青山区青少年宫·沿港路正门

钢都花园·园林路中百仓储

青山区
118街坊·建二路中商平价

洪山区
南湖水上生态公园·书城路正门

凯乐桂园·虎泉路地铁出口站

关山荷兰风情园·民族大道正门

街道口·珞瑜路街道口献血屋

东湖高新技术开发区
光谷软件园·软件园路A1栋汉口银行光谷支行

佛祖岭社区·流芳一路佛祖岭社区服务中心

武汉国家生物产业创新基地·高新大道666号

武汉经济技术开发区
沌口文化中心·联城路郭蔡路路口

全力北社区·沌口街全力北路

东西湖区
六顺路 · 街心花园

二雅路 · 汉口银行

江夏区
江夏区体育馆 · 熊廷弼路

世纪广场 · 北华街路口

蔡甸区
区文体广场 · 树藩大街

金家上城 · 汉阳大街新都汇

黄陂区
奥特莱斯广场 · 盘龙大道

黎黄陂广场 · 黄陂大道

汉南区
碧桂园小区 · 汉洪高速汉南区出口

区文化馆 · 汉南大道文豪酒店

新洲区
区人民广场 · 古城大道

阳逻 · 阳光路天河影城

The 24-hour self-help library in Wuhan, like a small library in all corners of Wuhan, gained the praise from readers because of its comprehensive functions, simple operations, rational locations, flexible time and quick borrowing procedures. The 24-hour self-help library located in Wuhan subway stations will joined in this network, achieving a great self-help library network spreading the whole Wuhan.

Section 2

The New Experience of "Self-help Book Borrowing and Returning"

The 24-hour self-help libraries in Wuhan entered the life of citizens and brought the new experience for readers. The data showed that 102 thousand readers used the self-help libraries of Wuhan, and the circulation books reached 205 thousand and the new readers with the library cards reached 6, 300 by December 26, 2013. The survey of readers in 2014 showed that more than 84% of readers who used self-help libraries in Wuhan were satisfied with the services, 72% of the readers felt that the use of self-help libraries changed their traditional way to get books and 44% of the readers used the self-help library at least once a week. China Central Television, China Cultural News, People's Network, Xinhua Network and other media made the special reports and publicity about the opening and operation of 24-hour self-help libraries.

Since the construction of 24-hour self-help library, Wuhan library continued to held large-scale activities to promote this new reading mode, enhanced the useage rate and awareness rate of self-help library. The city libraries and district libraries held 31 service publicity activities including the book recommendation, reader training, popular science exhibition, and other activities through the platform of 24-hour self-help libraries. The nearly 20, 000 citizens were immersed in the fun of reading.

According to statistics, during the "Wuhan People's Reading Month" in 2014, the 50 self-help libraries circulated 29, 000 times of books and served 13, 000 people. It became a new record and the number increased 45% compared with the previous highest number.

The 24-hour self-help libraries in Wuhan offered the convenient and high-quality cultural services and carried out the scholarly street construction of Jiangcheng, making a great contribution in the building of Cultural Wuhan, Charming Wuhan and Happy Wuhan.

Section 3

The New Model of "Integration of Three Networks"

With the implementation of the city's interlibrary loan project, libraries in Wuhan met the new opportunity of resources integration and structural optimization. The new-type book-borrowing model was realized, the citizens could get the library card from one library and borrow and return books in any other libraries in the city. The fourth generation of new car library were put into use at the 30th anniversary of the establishment, which greatly enhanced the depth and breadth of outside services of Wuhan Library. Wuhan Library seized the opportunity to integrate the circulation books in all the public libraries as the resource reservation and to take district libraries, car libraries and 24-hour self-help libraries as the service bases. It built the three-dimensional public library service network, integrating the three networks including the interlibrary loan network, the mobile service network and the 24-hour self-help library service network, realizing the connection among data, books and logistics. It made efforts to provide the reading service of "15-minute walking circle" for citizens and tried to realize the goal of "people who read books are everywhere in Wuhan".

In the construction of the "City of Reading", the library is not only a resource-providing organization, but also shoulders the important task of building a lifelong learning system for the public and cultivating the public's respect for reading and good reading habits. Wuhan Library relies on the extensive service networks, real-time information release platform, cluster management system of 24-hour self-help libraries, constantly optimizes the book distribution structure, improves the updating frequency of books and service efficiency to develop the good reading habit of readers by media promotion, readers training and book recommendation. It tries to build a new image of self-help library brand services.

10

Chapter 10

"Mobile Library", Mobile Service Network

Car library is called "mobile library" or "automobile library". Its role is to extend the library circulation services to the grassroots of the community.

In order to gradually change the imbalance of cultural development between urban and rural areas and protect the basic cultural rights of vulnerable groups, Wuhan invested 1 million yuan each year since 2005 to build a group of mobile book rooms in the city, districts, towns, communities and villages in 3 to 5 years. Therefore, the book mobile service network formed with mobile library cars as the connecting points, municipal libraries as the leader, district libraries as the branch center and community (village) libraries as the basic mobile service points.

Section 1

The Four Generations of "Mobile Library"

On August 14, 1984, Wuhan Library created the "mobile library" in China. The first generation of "mobile library" is a large truck. It sent books for the peasant readers in Hengdian Town and Shekou Village of Huangpi County to meet their needs for books.

Under the support of the Ministry of Culture, the Provincial Department of Culture and Municipal Culture Bureau, Wuhan Library and Wuhan Binhu Machine Factory jointly produced the special car of "mobile library". In 1987, the second generation of "mobile library" won the fourth prize in the fourth scientific and technological achievements appraisal meeting held by the Ministry of Culture. The mobile library gained the high praise, the Ministry of Culture promoted it to all public libraries in whole nation. In 1994, Wuhan Library won the title of "The Advanced Unit of National Mobile Library" by the Ministry of Culture. Therefore, many public libraries organized mobile libraries and the service got the extension and the sustained development.

Wuhan Library moved to the new building on December 30, 2000. In order to improve the service function of "mobile library", the third generation of the "mobile library" was born in January 2001. The mobile library has traveled the streets and thirteen districts of Wuhan, including 61 service points, social welfare homes, communities, neighborhood committees, schools, prisons, labor camps, the PLA, traffic police, armed police forces. It is particularly worth mentioning that the four new remote villages also felt the warm service of the mobile library.

In 2013, in order to promote the public reading, improve the functions of public library derivative services, Wuhan Municipal Bureau of Cultural invested 600, 000 yuan for Wuhan Library to purchase the fourth generation of "mobile library" cars. There were three function areas in the car, book storage area, office service area and readers reading area. The car

was also equipped with wireless Internet access notebook computers, printers, magnetizing and demagnetizing apparatus, bar code scanner, projector, and other necessary facilities. The system of library automation management was installed in the computer, and it was connected to the library through wireless Internet access and other modern communication technology. This new generation of "mobile library" relied on the core concept of "equipment + technology + resources", with three functions—lending, service and activities. The improved service function, advanced service means, convenient service mode and rich cultural resources were welcomed by the public, which was known as "the mobile study room".

Section 2

City Administration-District Library Mobile Service System

Wuhan launched the project of mobile book service network system in 2005. The mobile library service of Wuhan Library entered a new stage with a larger scale. In the project construction, Wuhan Library adhered to the building and sharing information resources, improved the management system and operational mechanism, expanded the scope of services, innovated forms of service and created the service brand, achieving the good social effects. After the construction, it formed the mobile service network consisting of the city-level and district-level mobile libraries and mobile bookrooms in towns, communities and villages, covering cities, districts and villages.

1. Adhering to Co-build and Share, Revitalizing the Literature Resources, and Improving the Supply Level of Public Culture

In recent years, the state has paid much attention to the construction of cultural initiatives designed to benefit the public. Wuhan Municipal Bureau of Culture seized the opportunity and unified the construction plan about the construction of mobile library service system, national culture information sharing project, village book house. It adhered to the co-building and sharing and improved the use of resources, built a comprehensive cultural information resource network without the geographical and time restrictions. Through the construction of grassroots service points, sharing digital resources, creating transmission channels, the mobile services sharing project carried out 600 cultural information resources service activities and benefited more than 700, 000 people by the end of 2010.

2. Coordinating Urban and Rural Culture Development to Promote Equalization of Basic Public Cultural Service

Mobile library service in Wuhan has paid the in-depth, all-round and powerful attention to the grass-roots, especially peasants with information poverty, ensured the public rights in sharing basic culture. Libraries of urban and district levels have been adhering to the principle of "demand orientation", in order to strengthen the resource construction based on agriculture, peasants and rural areas, striving to transform grass-roots service network stations in rural areas into multi-functional cultural centers involving information service, education training and cultural entertainment activities. By the end of 2010, there have been 1, 776 grass-roots mobile service stations in villages, streets and towns, with the rural coverage rate as 87%.

3. Implementing Public Welfare and Universal Benefiting Spirit of Public Libraries to Guarantee the Cultural Rights of Special Groups

For a long time, the construction of mobile service network system in Wuhan has taken mobile library as the carriers. It expanded cultural service to special groups including senior citizens, juveniles, prisoners, city residents with low income, disabled and migrant workers. It takes full use of books and e-resources and develops diversified forms of mobile cultural services to serve readers of different levels. All of these have demonstrated the core value and service concept of public libraries as commonality, openness, public welfare, sharing, equalization and freedom.

So far, Wuhan has set up 66 mobile service stations in the city, covering all the people, including social welfare institutes, community resident committees, schools, public security organs, prisons, military and police forces, etc.

List of a Part of Mobile Library Service Stations

Serial No.	Region	Service Station	Serial No.	Region	Service Station
1	Jiang'an District	Jiang'an District Social Welfare Institute	13	Jianghan District	Cultural Station of Tangjiadun Office
2		Ping'an Community of Siwei Street	14		Tianmendun Community of Tangjiadun
3		Wuhan Homeless Juvenile Protection Center	15	Qiaokou District	Qiaokou District Social Welfare Institute
4		Baibuting Garden Community	16		Yunhe Community of Hanjiadun Street
5		Wuhan University for Old Age	17		Xinhe Community of Zong Street
6		Wuhan 30th Middle School	18		Gonglu Community of Baofeng Street
7	Jianghan District	Social Welfare Institute of Jianghan District	19		Fazhan Community of Zong Street
8		Wuzhan Community of Wansong Street	20		Fengzhuyuan Community of Changfeng Street
9		Qingsong Community of Wansong Street	21		Pizijie Community of Hanshuiqiao Street
10		Home-based Nursing Service Center of Wansong Street	22	Hanyang District	Hanyang District Social Welfare Institute
11		Wutai Community of Minyi Street	23		Jiangdi Street Culture Station
12		Miaojia Warf Community of Hualou Street	24		Hubei Provincial Transportation Planning Institute

（续）

Serial No.	Region	Service Station	Serial No.	Region	Service Station
25	East and West Lake District	Changqing Garden Community	33	Caidian District	Xiaosi Township Culture Center
26		Qingfeng Brigade, Zoumaling Street	34	Huangpi District	Zhangdian Village of Qijiawan Town
27		Shiliuhong Village of Cihui Street	35		Shizi Primary School of Mulan Town
28		Kaipingli Community of Wujiashan Street	36		Luohansi Street Culture and Sport Service Center
29	Jiangxia District	Zhushan Village of Anshan Town	37		Jinzhai Village of Luohansi Street
30		Jinxiu Village of Wulijie Street	38		Dayuwan Custom Cultural Village, Mulan Town
31		Culture Station of Fasi Town	39		Wuhu Farm Guoqiang Library
32	Caidian District	Xingguang Village of Zhashan Street	40	Xinzhou District	Hushan Village of Xinchong Town

In general, the mobile book service network system of Wuhan has accumulated rich experience since its initiation, achieving extremely outstanding results. In the mobile service network, Wuhan Library's mobile libraries have been boasting the dominating position, acting as the main force to provide mobile service. Those libraries have promoted the co-construction and sharing of cultural information resources in Wuhan and realized the basic rights of grass-roots citizens in Wuhan.

徐明庭工作室

惟楚有才
著作展

011

Chapter 11

The Collection of Wuhan, The Inheritance of Culture

City, like human, owns its soul and memory. The famous American writer in the 19th century, Emerson once said, "the city exists because of its memory". The memory of city includes historical and cultural genes after a long accumulation. A brick and a stone, a street and a historical relics and a part of regional culture become the most powerful evidence of the city memory. It not only records the rise and fall of the city, but also gives the cultural glory and unique charm to the city.

The literature is the real carrier of historical information. Wuhan Library has rich literature resources. The collection of local literature not only records the long history of Wuhan, but also carries the rich culture. Through the literature, readers can know the history of Wuhan, touch the present Wuhan and think about the future of Wuhan, making a spiritual communication with the city.

Section 1

The Literature Room

There are three stages in the 70-year development collection of the local literature of Wuhan Library.

1. 1951—1950, the Staggering Start

Before the official establishment of Wuhan Library, the staff of Hankou Municipal Library started collecting the local literature of Wuhan.

In July 1952, the library accepted 2, 899 books from the Civil Affairs Bureau and the works of Zhang Nanxian and Li Shucheng were selected as the special literature and collected separately.

After the opening of Wuhan Library in 1953, the leaders knew the collection of books and realized that the number was small, which could not be placed in the same category with Hubei Library. Wuhan Library needed to develop its own features, which is the construction of local literature.

Wuhan Library published a notice in *Changjiang Daily* in March, 1957, collecting the local literature including the political, economic, municipal construction, water conservancy and other books published before 1949. At the same year, the Procurement Committee of Wuhan Library was set up and it formulated the procurement principles and standards, with the local records and thread-bound books as the focus of the purchasing.

In this way, the local literature work of Wuhan Library started.

2. 1980—1990, the Vigorous Development

After the 3rd Plenary Session of the 11th Central Comittee of the CPC in 1978, Wuhan Library continued to carry out work.

In order to rescue the Wuhan literature before the liberation, interviewers of Wuhan Library seized each moment to visit major publishers, bookstores, streets, other areas like Beijing, Nanjing, Qingdao, Hunan and Sichuan to collect the literature through the acquisition or copy. For instance, they copied *Wuhan Municipal Newspaper* in Qingdao Library, copied *Hankou Business Monthly* in Jiangsu Library, purchased *The Movement History of Wuhan Workers* in Guangzhou Library.

The collection of literature is the first step in the work of local literature, and how to use the literature is the focus of the work. In 1980, the first work meeting of the National Local Records was held in Beijing, forming a national climax. As the Wuhan Library carried out Local records' compilation work actively, it gradually became famous.

In order to know the collection better and save the time of compiling local records, librarians extracted the articles about Wuhan from the old newspapers and journals in the dusty stacks. They also made more than 10, 000 index cards and 9 groups of *The Reference Catalog of Wuhan Local Records* .

The chief librarian Wang Rongbao published some articles including *Talking about the Innovation of Local Records*, *Two Issues about Compiling Local Records* and *How to Make Ma-*

terial Index Cards in *Wuhan Local Records Communications.* These articles were valuable. The librarian Xu Mingting participated in the compilation and revision of *Wuhan Records* (*People*) and *Wuhan Records* (*Culture*). In 1981, Wuhan Library was appraised as the advanced unit of compiling local records.

3. From 2000 to the Present, Two Rooms were Built

Wuhan Library moved to the new building on December 31, 2000, and the local literature room was set up later.

The Local Literature Reading Room was located on the fifth floor of the new building, covering 400 square meters. It was divided into six functional areas including "government information area", "Wuhan literature display area", "Wuhan region works exhibition area", "The display of new book of local presses in Wuhan", "Book storage room" and "Reading area". It collected about 35, 000 kinds of literature in Wuhan and became the good place for citizens to know, read and research their hometown.

In 2002, Wuhan was developing prosperously, forming the atmosphere of reading and studying Wuhan. However, the local literature work of Wuhan Library lacked professionals. The leaders decided to re-employ the expert of local history and ex-librarian Xu Mingting who was in charge of work of local literature. On Oct. 30, Xu Mingting Workroom was established.

Section 2

Small Place Spreading the Great Culture

"In February 1954, the library accepted two books *Zhang Wenxiang Governing Wuhan* and *Xinhai Wuchang Mengyi* from Zhongnan Library (Hubei Provincial Library)".

"In 1980, ... the library purchased and copied a large number of local materials about Wuhan and Hubei from Beijing, Shanghai, Nanjing, Guangzhou, Chongqing, Yunnan, Qinghai and other provinces and cities".

...

In this way, the book about mountains and rivers of Wuhan, the history of Wuhan, the monuments, the streets, the poetry and other characteristics of this city gathered in the local literature room of Wuhan Library.

In the activities held by local literature room of Wuhan Library, readers could enjoy the cultural relics including Yellow Crane Tower, Guqin Tai, East Lake, Mulan Village, Qingchuan Ge, Guiyuan Temple, Changchun Guan, etc. Readers could feel the folk charm by unique customs including grinding, lotus lantern, the river lamp, sugar cane festival and Dongyue temple. They also could have a feast for the eyes about the delicious food in the books.

In the photo exhibition of "Memorial of the Revolution of 1911", "Anti-Japanese War", these pictures told the epic of Wuhan and the fighting spirit of Wuhan people in the face of difficulties, showing the courage of Wuhan people who dare to be the first.

Section 3

An Old Story-teller

There is an old person who tells stories in the local literature room in Wuhan Library. The elderly tells stories for experts, scholars, citizens and students about Wuchang fish, Hualou Street, Jianghan Guan, Liu Xinsheng ...Through these stories, more people know the history and culture of Wuhan. The old man is Xu Mingting, a senior librarian, and people call him "Mr. Knowing Everything about Wuhan".

Being Addicted to the Culture of Wuhan

Xu Mingting, born in 1927 in a scholar family in Xu's Village, Caizha Town, Huangpi District, Wuhan City. He moved to Wuhan with his family at one year old and then the story between him and Wuhan started.

Xu Mingting was keen on the study of Wuhan and was good at "telling stories". On the one hand, he lived in Wuhan for a long time and he was interested in the history, legends and customs of Wuhan. On the other hand, he learned much from his grandfather. His grandfather, Xu Wengai was the Xiucai (the person who passed the imperial examination at the county level) in the late Qing dynasty and had works including *Hangao Zhuzhici*, *Wancheng Difang Jiyao*. Because of the influence from his grandfather, Xu started to learn the poems since 3 years old.

After graduation from Hankou Municipal Senior Normal School, he went to a college in Chengdu in 1944. His grandfather had a lot of collection of local literature including *Hankou Zhuzhici*, *Talking about Hankou*, *The Records of Huanghu Mountain*, *The Records of Dabie Mountain*, and Introduction of *Wuchang*. Through the guidance and help of his grandfather, Xu read all of them and knew Wuhan better.

New Wuhan Library was planned to set up in 1953 and Xu Mingting was assigned to do some research work in Wuhan Library. Xu Mingting was interested in the job.

Being Absorbed in Telling Stories

"Telling stories" is an important work of the library. Xu Mingting, who had worked in the library for 30 years, was good at telling stories.

Xu Mingting spent over 30 years in studying the literature of Wuhan and he therefore became familiar with the culture of Wuhan. Because of his knowledge, his love for Wuhan and readers, Xu adhered to telling stories for readers. Xu was familiar to these popular old stories of Wuhan like "Wuhan has a duck eggshell", "the legend of Sigongdian", "a-hundred-year old store Gaonianchu", "the story of Zhang Zhidong", and "the Flying Gold in the Yellow Crane Tower". Therefore, he became "the Mr. Knowing Everything about Wuhan" and more and more people wanted to listen to his stories.

Feng Tianyu, the famous professor in Wuhan University praised very highly of Xu Mingting. Feng said that Xu was indispensable and it would be better if there could be more local culture experts like Xu in Wuhan. The experts in the local records also gave high praise of Xu and they said they always asked for help from Xu when they met difficulties in compiling local records.

Training the Successor of "Storyteller"

Xu Mingting often said that telling stories is not easy and being good at telling stories is more difficult. It did not work if the person who told stories did not know rich culture of Wuhan well. Xu appealed to attach importance to Wuhan literature and explore the history of Wuhan for many times. He said that, "the study of Anhui Culture has become a famous study, and it is popular to study the local culture in Shanghai, but it is not enough for people to study the culture of Wuhan. Since the Guangxu period of the Qing Dynasty, the foreigners have made deeper and wider study of Wuhan than Wuhan people did." "The old literature left by the previous people in Wuhan was not much, some historic materials were lost in the war, and there was not enough work of collecting old literature after the liberation, the literature, therefore, were not used fully. It was a regret." To make up for the loss, Xu led the young people in the workroom to explore the "Wuhan Study". The road ahead will be long and our climb will be steep.

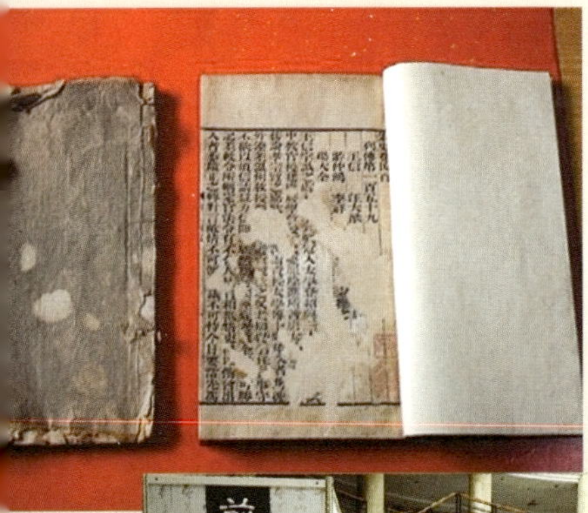

前言

12

Chapter 12

Ancient Book Protection — A Heavy Mission and Long Way

The last two decades of 20th century marked the period of high-speed development for various businesses in Wuhan Library, with the reorganization, cataloguing and repairing of its collected ancient books obtaining remarkable achievements.

After its removal to the new site, Wuhan Library has improved dramatically in terms of financial appropriation and library condition. All of these have led to the quick advancement of ancient book collection. The work way was transformed from manual operation to the computer data. In July, 2003, Wuhan Library completed the requirement analysis and function model design of its rare ancient book database. In Sept. 2003, it completed the development of background management system for this database and started to input basic data. At the same time, it started the development of foreground user-retrieval interface and completed it at the end of Oct. 2003. At present, the database has 119 pieces of ancient book cataloging data, 110 abstracts with 200, 000 words and nearly 25, 000 pieces of special terminology vocabulary entries on trial involving various disciplines. The total data volume is over 25. 2GB and continues to increase.

The ancient book cataloguing of Wuhan Library started to be computerized since 2002, adopting the cataloging method as Four-branch Classification, compiled by Wuhan Library itself. According to the requirement of project construction for Wuhan Library Rare Ancient Book Database, the library started the cataloging work with reference Service Manual for MARC (Machine Readable Catalog) Format of Ancient Books in Chinese Language in May

2002, formulated and completed Wuhan Library Service Manual for MARC Format of Ancient Books in Chinese Language for supplement. After a period of trial and amendment, the library officially started the MARC program on its collected rare ancient books in Nov. 2003. Wuhan Library MARC Program for Ancient Books is a detailed catalog, with comprehensive information including inscription, preface and postscript, collation, plate record, carve workers, form and arrangement of lines in calligraphy and imprinting. It initially formed the "version files", trying to provide a detailed description of the external characteristics of the ancient books for searchers.

Since 2005, Wuhan Library hired experts of ancient books to offer programs for new employees of historical literature department about ancient Chinese language and related knowledge about ancient books, including *Ancient Chinese*, bibliology of ancient books, Wuhan Library Classification Table for Ancient Books, *Chinese Bibliographical Cataloging Rules* and *PRC National Standard Ancient Book Cataloging Rules*. During the program, staff of ancient book cataloguing studied very hard, and completed the ancient book-cataloging mission independently.

Damages because of dust, insects and germs on ancient books are irreversible, making reparation the important mean to extend the lives of ancient books. However, ancient book reparation has been a prominent problem in China's ancient book protection, featured by lack of reparation methods and talents for many of libraries. In contrast, Wuhan Library realized this problem in 1980s, arranged its employees to study reparation technologies in Shanghai Library, Sun Yat-sen Library and Hunan Library and cultivated some senior professional repairers of ancient books. Consequently, Wuhan Library has been systematically repairing

ancient books. It once had 4 repairers of ancient books simultaneously, indicating a huge labor cost for a public library with only 220, 000 volumes of book collection. So far, Wuhan Library has completed the reparation of its collected rare ancient books. Since 2006, staff in charge of ancient book reparation in Wuhan Library has implemented the quantitative work system based on related requirements, and different injured degrees of ancient books. By 2012, they had repaired 5, 026 pages of ancient books. Such an outstanding achievement has resulted in the flourishing development of ancient book reparation in Wuhan Library. In the past years, the work has been reported by *Chutian Metropolis* Daily and *Wuhan Evening News* in succession, winning a great reputation among the public. In 2015 and 2016, the ancient book reparation technique of Wuhan Library have been approved by Wuhan Municipal Government and Hubei Provincial Government as representative projects of intangible cultural heritage. In 2016, He Lin, ancient book repairer of Wuhan Library, was confirmed as a representative inheritor of municipal intangible cultural heritage.

Ministry of Culture officially started the national-level key culture project in 2007: Protection Planning for Chinese Ancient Books. On Mar. 1st, 2008, the State Council approved to release the list of first batch of national key protection units of ancient books (51 units), confirmed by Ministry of Culture, with Wuhan Library involved. In Mar. 2009, Wuhan Municipal Government sent a notification to build up the joint conference system for ancient book protection, with Wuhan Bureau of Culture taking the lead, Wuhan Library in charge of launching the citywide ancient book protection and investigationed on ancient books collected by district-level libraries.

In 2009, Wuhan Library gained a special expenditure of ancient book protection valued RMB 500, 000, which shall be used to improve the safekeeping conditions for rare ancient book stack room, including building up an independent computer room, changing the constant temperature and humidity air-conditioning system, installing the ultraviolet-proof lighting and floor, strengthening the security and protection measures. The transformation of special collection stack room of ancient books was completed in Oct. 2009, which could maintain the indoor temperature at 16° C—22° C and humidity at 45%—60%, with other indictors reaching or exceeding national standards.

National attention to ancient book protection during the previous years has also triggered the wide concern by the social public. More and more readers are becoming interested in ancient books, demonstrating the key position of ancient book promotion. Wuhan Library took advantage of its cooperation with China National Library and Shanghai Library to launch a series of exhibitions and lectures about ancient books, such as Exhibition of China's Book History, Rubbing Technique Exhibition and lectures on ancient book query and appreciation. In 2013, Wuhan Library held Wuhan Library Achievement Exhibition of Ancient Book Protection to introduce its accomplishments in ancient book protection comprehensively.

Wuhan Library Achievement Exhibition of Ancient Book Protection was the first time that Wuhan Library ever demonstrated its rare literatures to the public and a review on the achievement of ancient book protection in Wuhan, with an important significance to promoting the cultural construction and ancient book protection in Wuhan. This exhibition integrated the physical display and board display together. Physical display included repair tools, comparison of repaired ancient books before and after reparation, certificates of rare ancient books and national standards. Board display briefly reviewed and introduced the important results and progress achieved by Wuhan Library in ancient book protection since the implementation of Protection Planning for Chinese Ancient Books. It also comprehensively presented the basic information of ancient books of Wuhan Library selected as national and Hubei provincial rare books, demonstrated over 20 rare ancient books included in Ancient Book List and displayed the entire process of ancient book reparation in the forms of images and texts.

This achievement exhibition of ancient books has not only showed the rareness of ancient books and the importance of ancient book protection to the public readers, but also advocated all occupations to know about and pay attention to ancient books and participate in general survey and protection of ancient books. Furthermore, it has dramatically advanced the concern and development of public library service systems in Wuhan on protecting Chinese ancient books.

It is a heavy mission and a long way to go for ancient book protection. The companion of books may be lonely, but also indicating a heavy responsibility. Public libraries are shouldering the duty to inherit and transmit the traditional culture by following the hardworking efforts and dedication spirit of their ancestors. Only the steadfast advancement based on adhering to traditions with innovation thought could pass down ancient books from generation to generation.

武汉图书馆

Pictures

Wuhan Library, founded in Oct. 1946, was moved to No. 861 on Jianshe Avenue in Dec. 2000. It covers an area of 32, 000 m^2 with more than 16 functional divisions including reading rooms combined with loaning and reading, a reference literature reading room, an ancient-books reading room, an academic-activities room, and so on. By the end of 2014, it library owned a collection of over 2. 72 million volumes including over 220, 000 thread-bound ancient books and 150 TB digital resources. Moreover, it has printed documents, electronic documents, microform documents, audio-visual documents, on-line documents, and has formed a comprehensive collection system, including various kinds of the documents, mainly on Chinese philosophy, law, economy and stone inscriptions and the local documents. Wuhan Library was rated as the First Class Library, One of the first national ancient books protecting units and one of the first national experimental libraries of digital library promotion project and the top ten libraries in Hubei province.

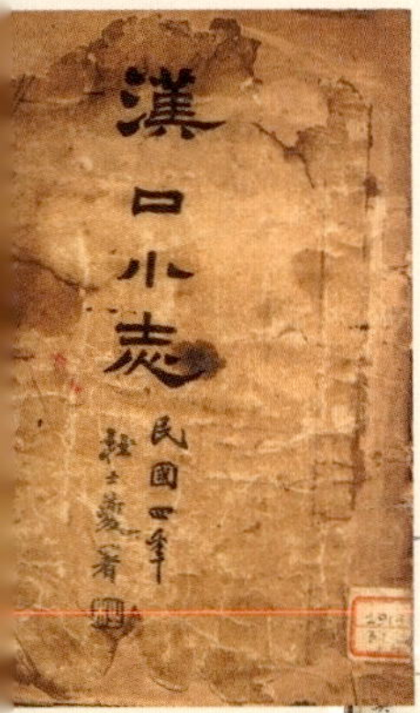
漢口小志
民國四年

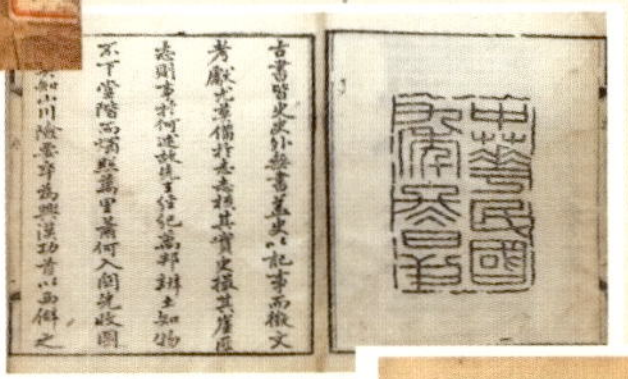

漢游金石小記
漢口竹枝詞
一夢緣
三種合刊

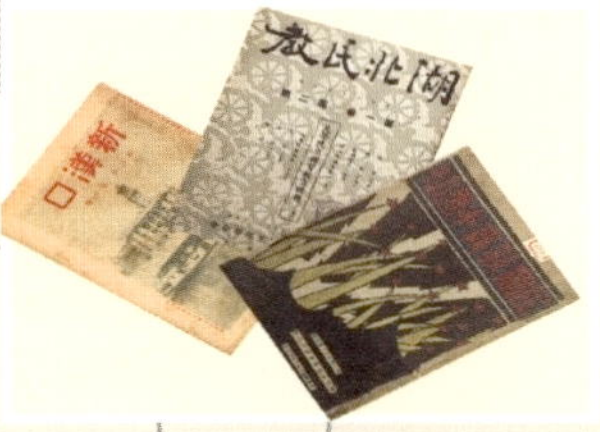
新漢口
湖北民政

Chapter 13

Local Documents

As the local documents collection center of Wuhan, Local Documents Department of Wuhan Library has collected more than 30,000 kinds, 40,000 volumes of local documents, including more than 27,000 books, 2,600 newspapers and magazines and 300 kinds of other-form documents like disks and photos. These materials could meet various readers' need and support researches.

Local Documents Department in Wuhan Library collected, purchased or copied publications published before 1949 and formed three series: more than 130 kinds of local chronicles; more than 400 kinds of local newspapers and periodicals; about 1,000 kinds of books, maps and photos. These collections provided abundant detailed historical materials for study of Wuhan city and played an important role in local culture studies.

In 1912, Xiakou (today's Hankou) became a county. *Xiakou County Chorography* was born in 1920. It was the first and only one local record of Hankou, which recorded the history of Hankou. Because it was published before 1949 when Wuhan was hugely influenced by Western culture, *Xiakou County Chorography* also focused on national interest and people's livelihood and it was valuable . The record was stored in Local Documents Department of Wuhan Library to spread the culture of Hankou.

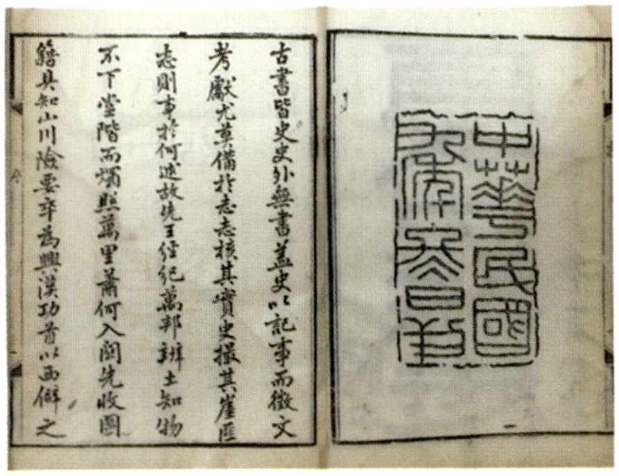

古書皆史史外無書蓋史以記事而徵文
考獻尤莫備於志志核其實史據其崖匪
志則事於何述故先王经纪萬邦辨土知物
不下堂階而燭照萬里蕭何入關先收圖
籍具知山川險要卒為興漢功首以西僻之

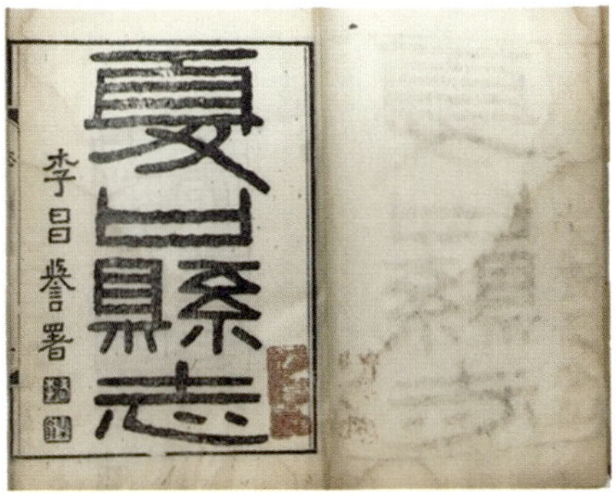

There were many other local records beside *Xiakou County Chorography*. Records also talk about mountains, rivers and buildings. For example, *Hankou-Shanxi and Shaanxi Provincial Guild Hall Chorography* was one of them. It was published in 1896, recorded the history and building structures of the Guild Hall and businessmen from Shanxi and Shaanxi provinces in Hankou. It was an important document for studying Hankou's business, business group culture and Hankou building culture in the Qing dynasty.

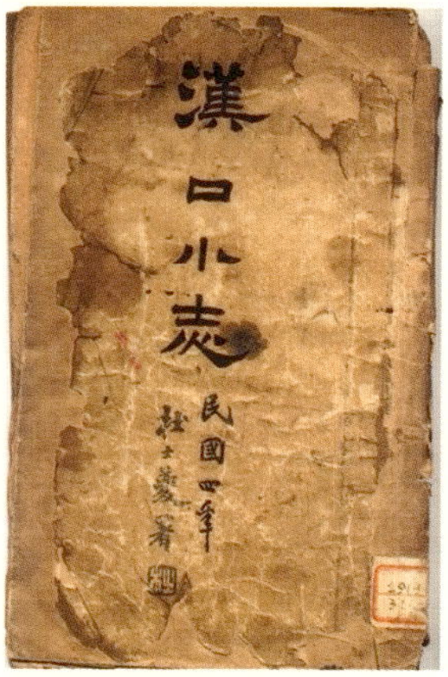

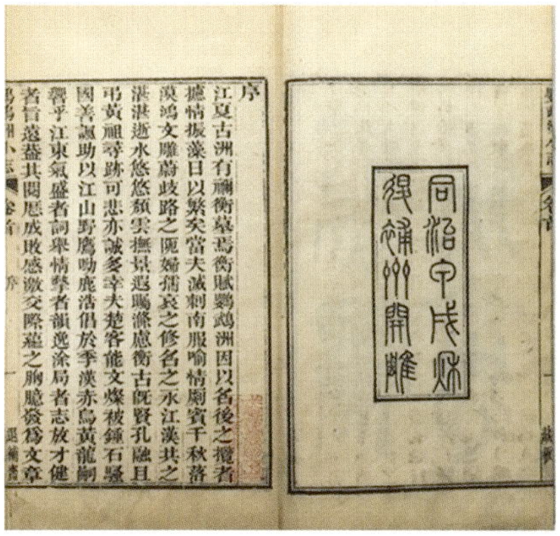

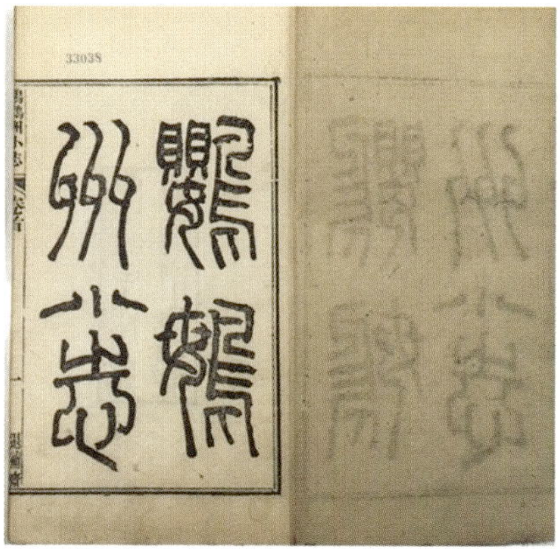

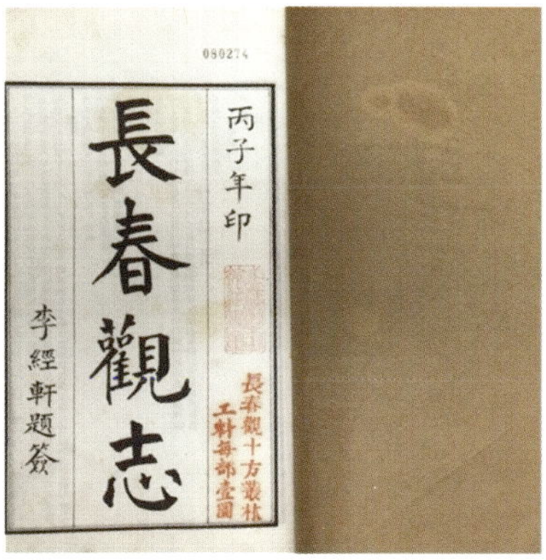

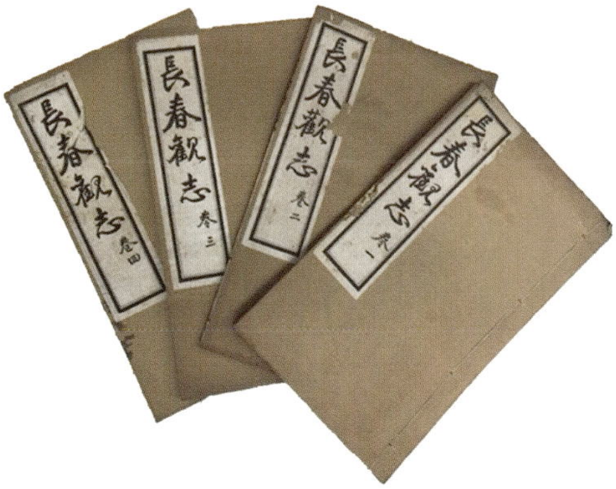

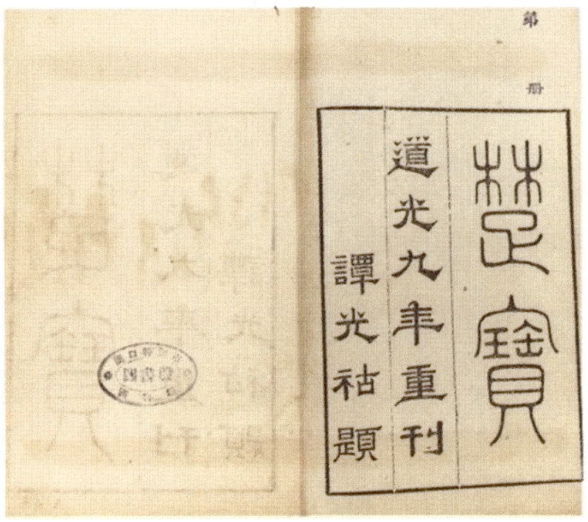

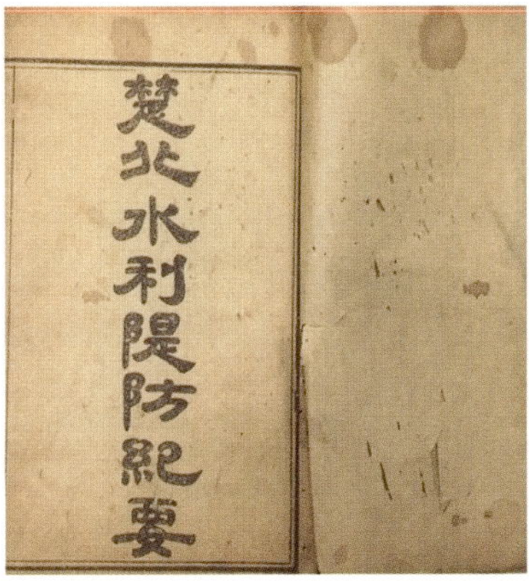

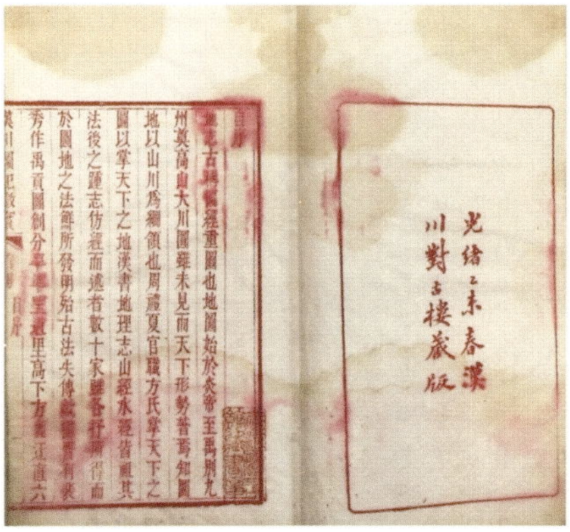

Wuhan is a city full of nature's treasures and outstanding people. Many scholars left their poems and essays in Wuhan. Ye Tiaoyuan, a scholar from Yuyao, visited Wuhan for twice, spent 10 years writing Zhuzhici (a special kind of poem) based on what he encountered in Hankou and published *Hankou Zhuzhici* in 1850. Luo Han, from Guangdong Province, wrote more than 170 Zhuzhici of Hankou and published on *Hankou Zhongxi Newspaper*. These Zhuzhici were collected and published together with other two books. These Zhuzhici wrote history in the style of poems and described the city's transformation from the late Qing dynasty to Republic of China. The rich historical value of Zhuzhici attracted many readers and these books became very important for researchers who were interested in Wuhan's history.

清道光刻本扉頁

Hankou Serial, *Hankou Serial II*, *and Hankou Serial III* were three great documents of Wuhan local history. Anyone who were interested in Wuhan or its history would come over to document room and look for these books. *Hankou Serial* was written by Fan Kai, from Wucheng, Zhejiang. He was a salt dealer and did business in Hubei and Sichuan. He considered Wuhan as his hometown so he collected all kinds of information about Wuhan and wrote them down. It was the first book that described the vicissitudes of Hankou. Although the resources were limited, it systematically and comprehensively recorded cultural and historical development of the city and had a huge influence on the following books like *Hankou Serial II* and *Hankou Serial III*. *Hankou Serial II* and *Hankou Serial III* were written by the expert in chorography Wang Baoxin from Luotian, Hubei. The three books recorded streets, business, landscape, productions, entertainment, weather, war and disasters of Hankou and thus became an important complement of authorized history. There were many other collections which represented the charm of Wuhan in old time in different aspects.

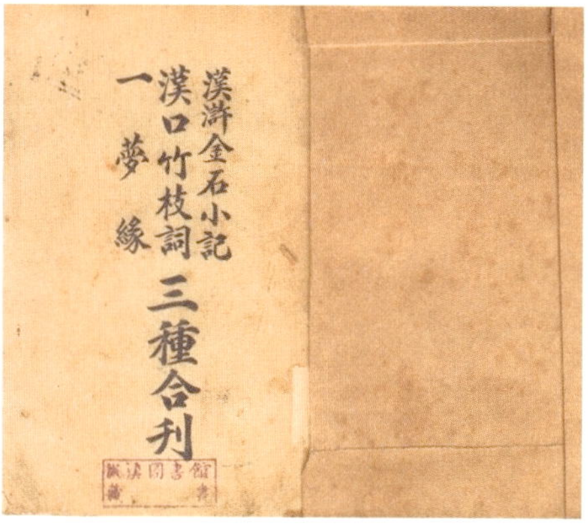

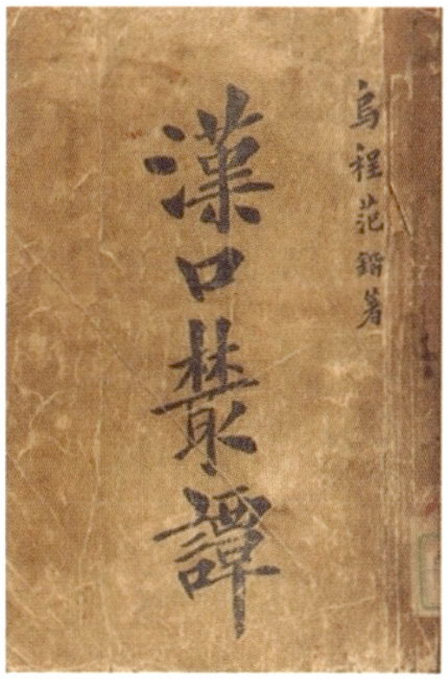

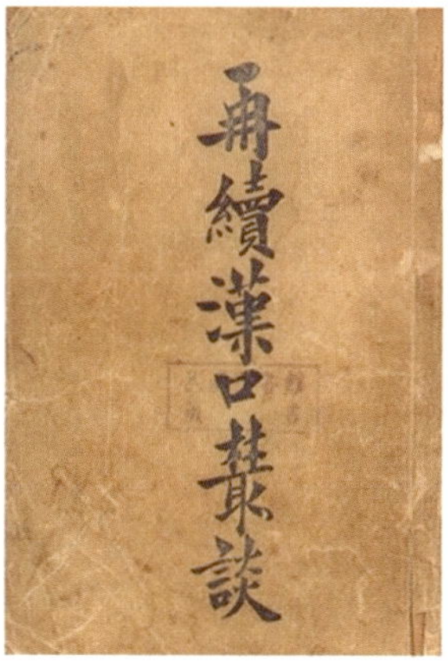

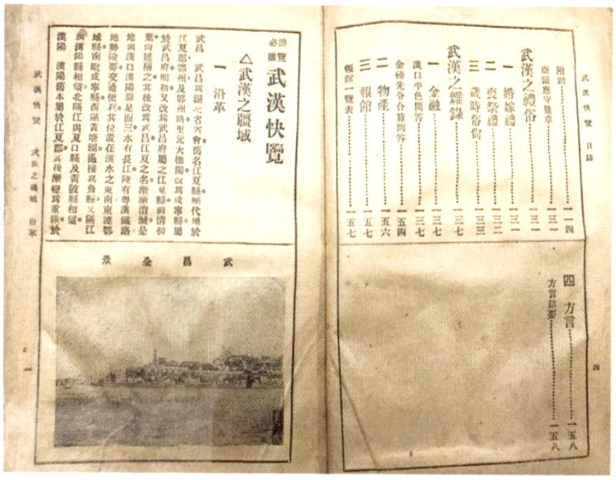

Wuhan is a city with strong commercial atmosphere. Businessmen from Hunan, Sichuan, Shanxi, Shaanxi, Jiangxi and Guangdong ran their business here. The British, Americans, Russians, Japanese, Belgians, Swiss and Dutchmen also came here to engage in trade. They left records like *Hankou Business Directory*, which became valuable historical materials.

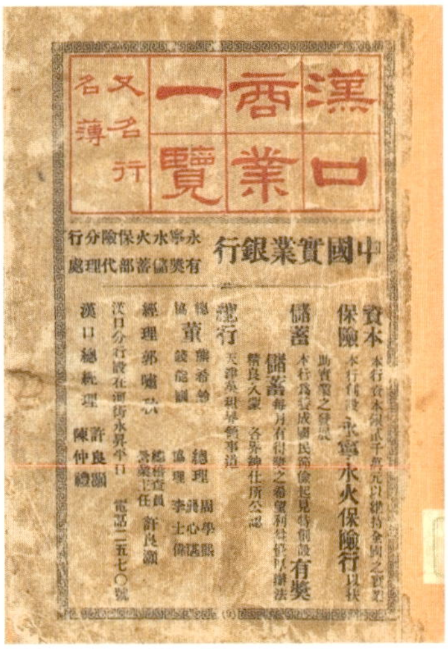

After the late Qing Dynasty, Japanese schemed and used every kind of trick to gather intelligence in China. Japanese collected information about the politics, economy, culture, geography and local customs of Wuhan and wrote them in documents. *The Street History of Wuhan*, *Hankou*, *Hankou Economics* and *Wuhan Industrial Report* offered the historic materials. In 2006, Wuhan Library purchased *Wuhan Army Station* and *Hankou Comfort Station* wrote by Japanese soldiers who stayed at Wuhan in 1938 and recorded the real history of Wuhan. These books became the special collections with *Situations of Wuhan* (*Japanese*), *The Refugees of Wuhan* (*Japanese*), *The Future of Wuhan* (*Japanese*) and *Acceptance of Japanese Surrender in the Sixth War Zone.* These documents became important historical materials for study and formed the special collection.

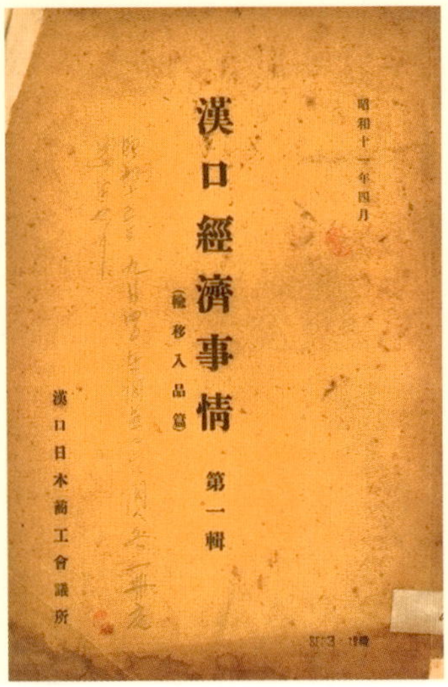

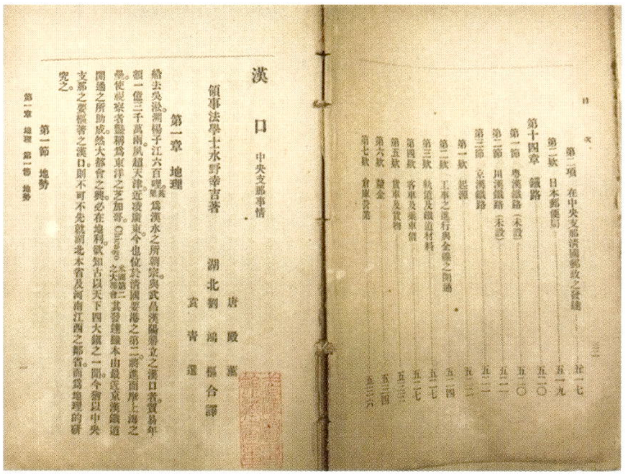

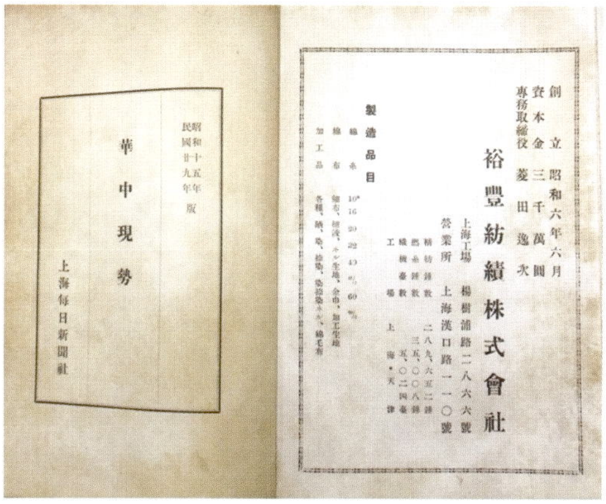

Wuhan benefited from water and suffered from water. From May to July of 1931, the Yangtze River and Hanshui River rose sharply and the whole Hankou and the half Wuchang and part of Hanyang were destroyed. Three local documents in Wuhan Library including *Hankou Flood*, *The Record of Hankou Flood* and *The Situation of the Flood* recorded the flood in 1931. The three books were valuable documents for studying the water history of Wuhan.

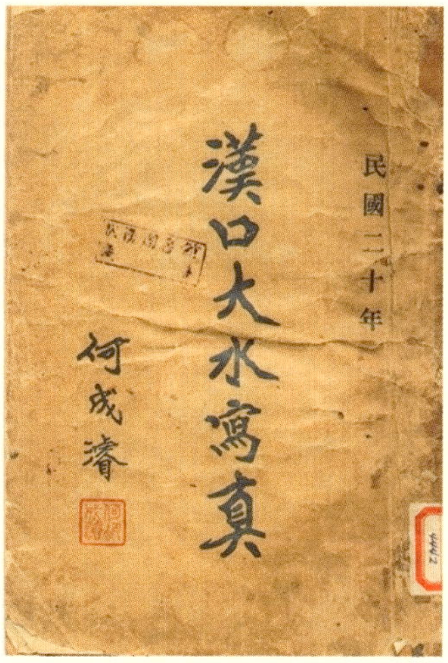

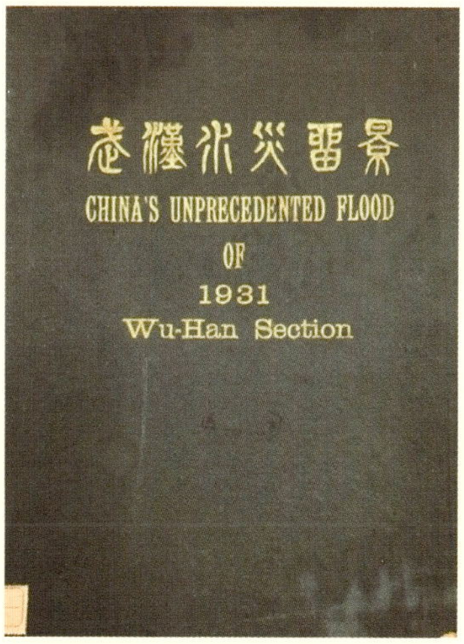

Wuhan was one of the places where modern newspaper originated. The first newspaper of Wuhan, *Hankou Newspaper* was born in 1866. Later, it became a trend to publish newspaper and magazine in Wuhan and there were over 350 kinds of newspapers and magazines in Wuhan in 1947. The Local Document Room of Wuhan Library collected over a hundred of newspapers. The newspapers had great value and recorded the real history of Wuhan.

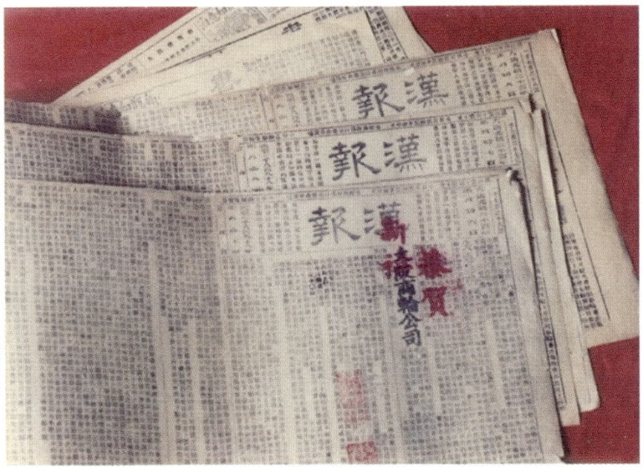

Han Bao, which was *Zilinhan Bao* in 1893, was taken over by Japanese in 1896. *Han Bao* were sold in many cities of Wuhan, Tianjin, Shanghai, Nanjing, Guangdong, Fuzhou, Taibei, Anqing, Wuhu, Jiujiang, Changsha, Changde and Tokyo.

Hubei Business Newspaper and *Hubei Government Newspaper* were the representatives of official newspapers in the late Qing dynasty. *Hubei Business Newspaper* was the earliest official business newspaper published by the Qing government.

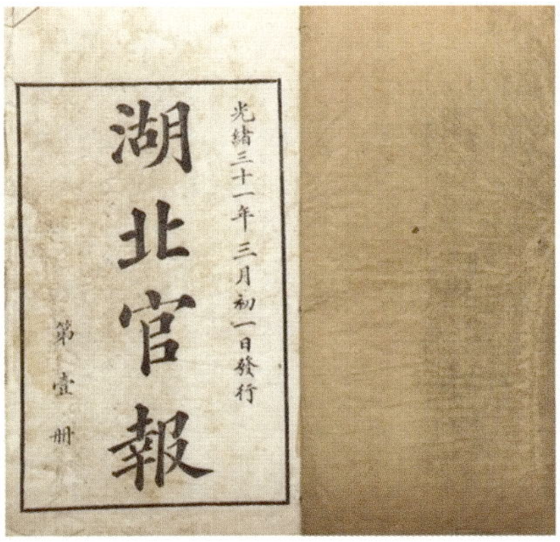

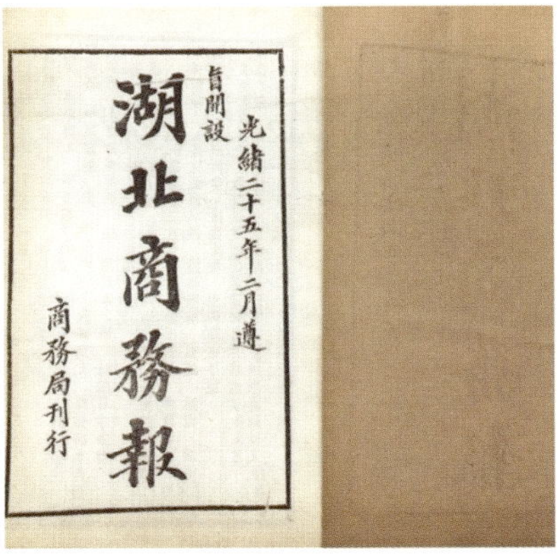

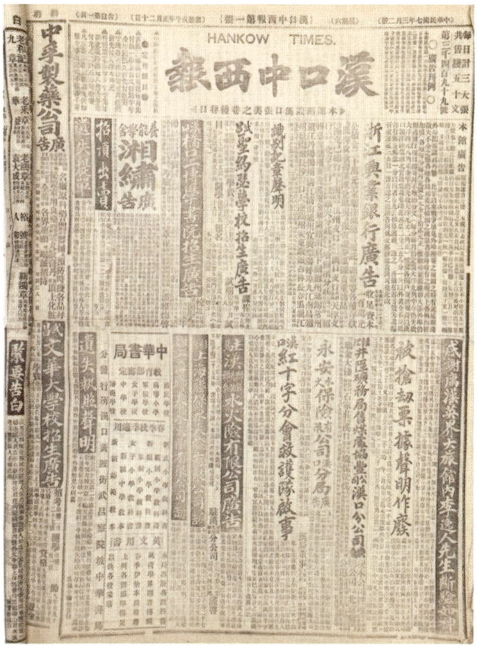
HANKOW TIMES.

漢口中西報

Hankou Zhongxi Bao was the newspaper of Wuhan that had the longest history. It was established in May, 1906 and stopped publishing in Dec. 1937, and had a 32-year history. It was created by Wang Huaxuan from Huanggang, Hubei and the chief editor was Feng Zhusun from Yangzhou. *Hankou Zhongxi Bao* was famous in the whole country following *Shenbao*, *News*, *Dagong Bao*, *Eastern Times* and *Shishi Xinbao*. On Nov. 28th 1936, *Hankou Zhongxi Bao* published the special memorial issue, the 10000th issue. It was rare to find that Chinese old newspapers could publish more than 10000 issues.

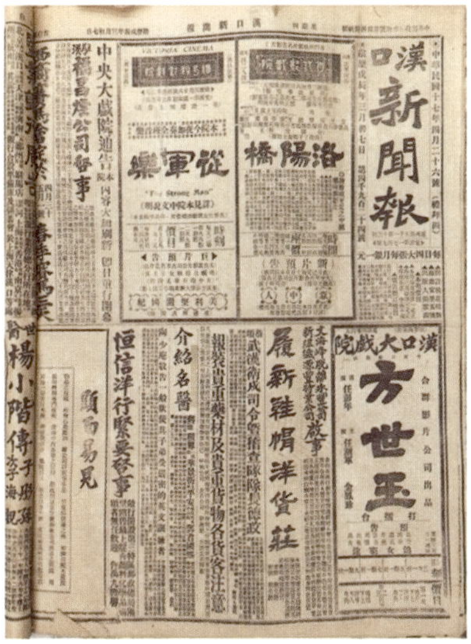
漢口新聞報

漢口大戲院

方世玉

Hankou Republic Daily was the official newspaper of Kuomintang, held by communists during the first Cooperation of Kuomintang and CPC. It was established on Nov. 25th , 1926 and seemed to be the official newspaper of Kuomintang, but actually, it showed the cooperation of Kuomintang andCPC. The manager of the newspaper office was Dong Biwu, a communist, and Wan Xiyan, Gao Yuhan, Shen Yanbing (Mao Dun) served as the chief editor successively. The newspaper existed for 13 months and issued more than 10, 000 copies. The important figures in the two parties including Wang Jingwei, Chen Duxiu, Deng Yanda, He Xiangning, Dong Biwu, Liu Shaoqi, Su Zhaozheng and Zhang Tailei wrote articles in the newspaper and it also showed the great impact and importance of the newspaper.

Wuhan Daily was the official newspaper of Kuomintang. It was established on June 10 1929 and stopped publishing before the liberation of Wuhan. It existed for 20 years and it could issue 20, 000 to 30, 000 copies per day. It was the important newspaper of Wuhan before 1949.

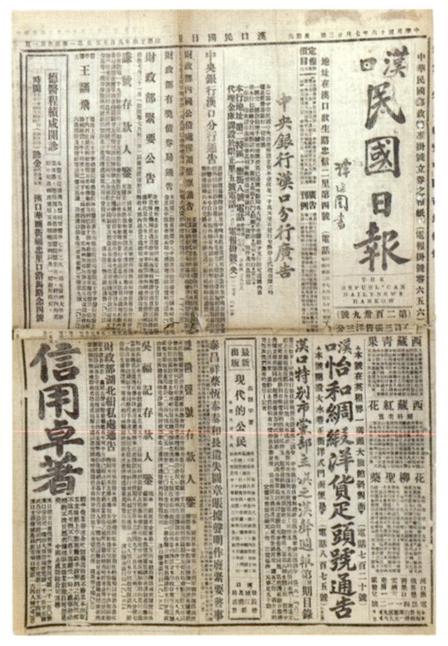
漢口民國日報

THE REPUBLICAN DAILY NEWS HANKOW

中央銀行漢口分行廣告

財政部緊要公告

信用卓著

漢口怡和綢緞洋貨疋頭號通告

漢口特別市黨部

現代的公民

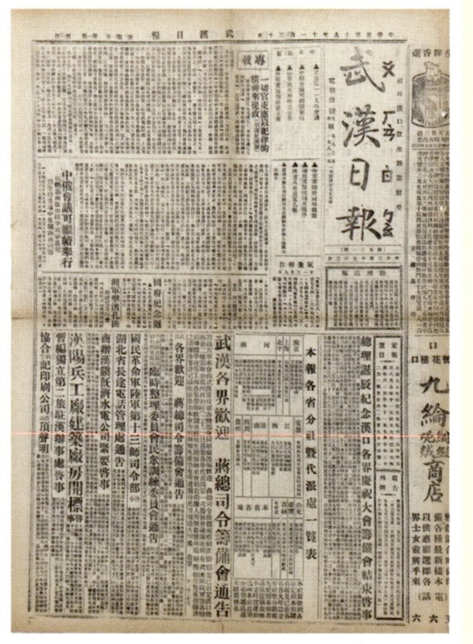
武漢日報

本報各省分社暨代派處一覽表

武漢各界歡迎蔣總司令籌備會通告

漢陽兵工廠建築廠房開標

九綸綢緞商店

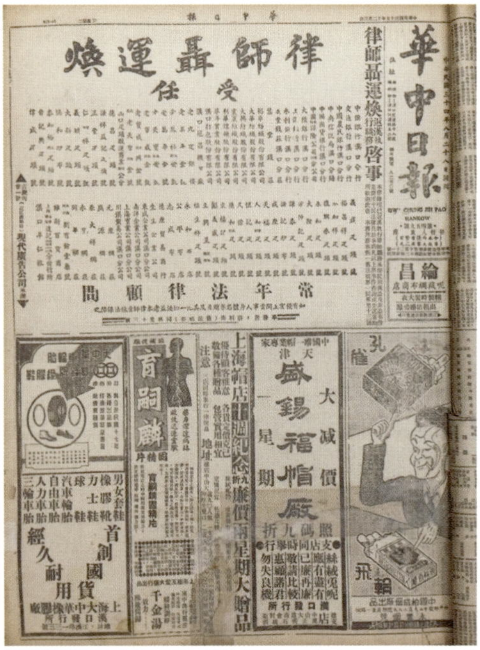
華中日報

律師聶運煥啓事

律師聶運煥受任

常年法律顧問

大減價

盛錫福帽廠

首創國貨

經久耐用

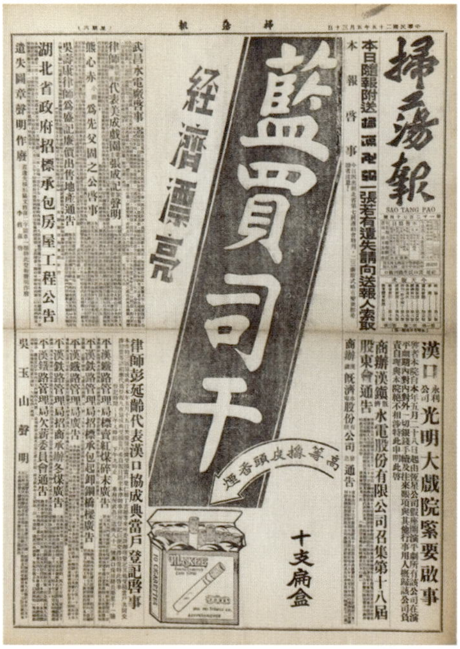
掃蕩報

SAO TANG PAO

本報啓事

藍買司干

經濟漂亮

十支扁盒

湖北省政府招標承包房屋工程公告

律師彭延齡代表漢口協成典當戶登記啓事

漢口光明大戲院緊要啟事

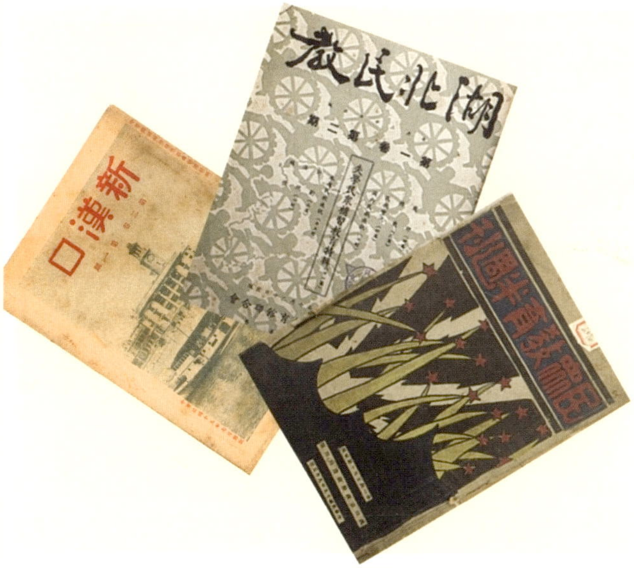

In July, 1937, there were over 140 kinds of newspapers in Wuhan. *Xinhua Daily* was the official newspaper of CPC during the second cooperation of Kuomintang and CPC. It was directed by Zhou En-lai, and the manager was Pan Zinian and the chief editor was Hua Gang. The purpose of *Xinhua Daily* was to act as the voice for any Party, organization and individual who willed to resist against Japanese aggression. The newspaper was established in Hankou on Jan. 11 1938 and stopped publishing on Feb. 28 1947, with a 9-year history. Furthermore, there were *Dazhong Bao*, *Quanmin Kangzhan* and other publications which formed Anti-Japanese War Culture in Wuhan.

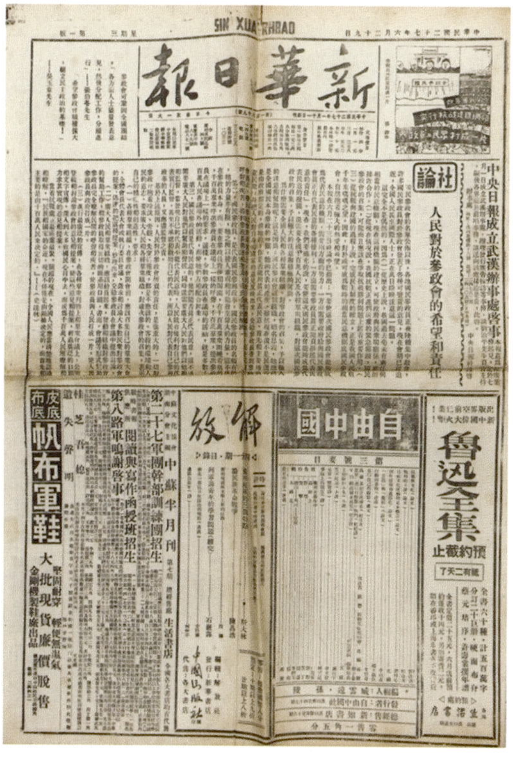
新華日報

社論

人民對於參政會的希望和責任

中央日報成立武漢辦事處啟事

解放

自由中國

魯迅全集

預約截止

皮底 布底 帆布軍鞋

第二十七軍團幹部訓練團招生

閱讀與寫作函授班招生

第八路軍鳴謝啟事

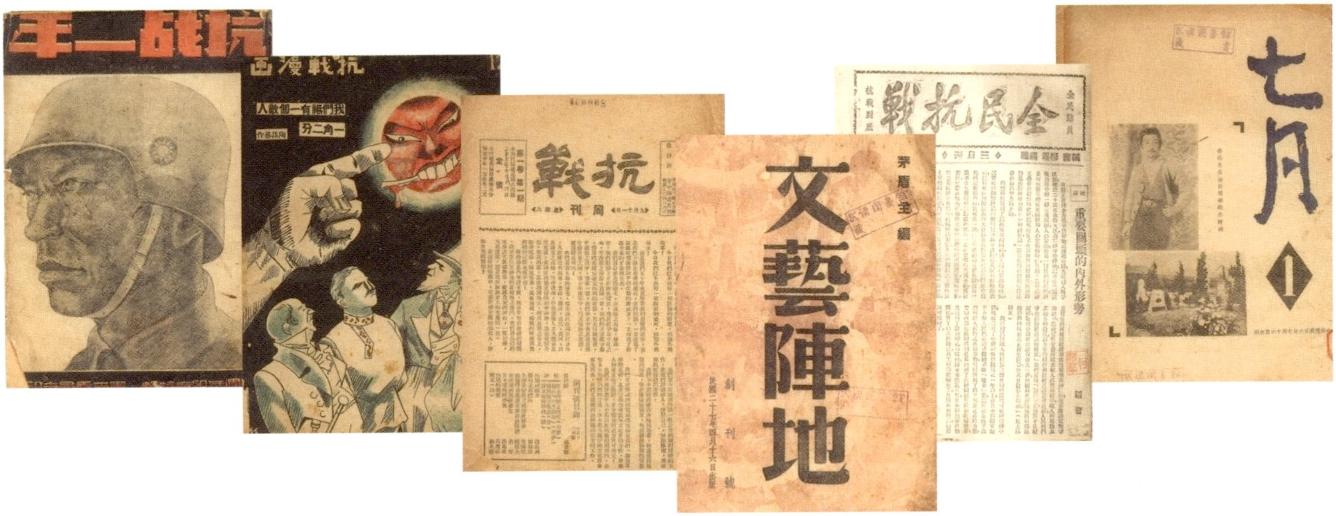

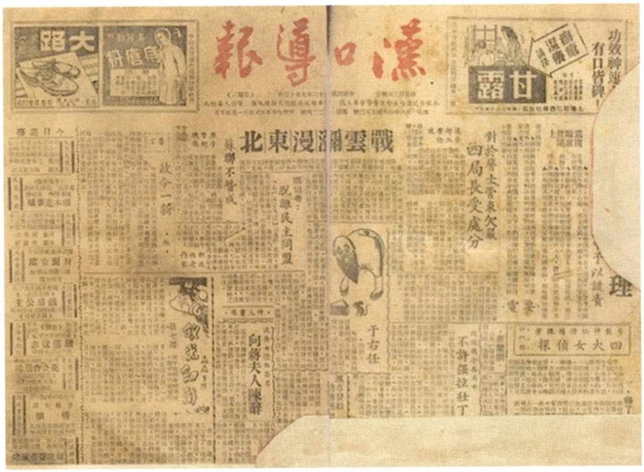

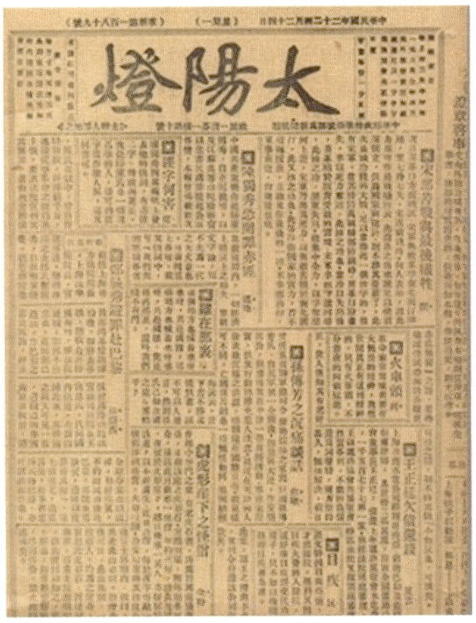

Moreover, the library also collected newspapers which recorded the culture and the daily life of citizens in Wuhan, such as *Mirror Bao*, *Hankou Daobao*, *Robin Hood Bao* and *Sunlamp Bao*.

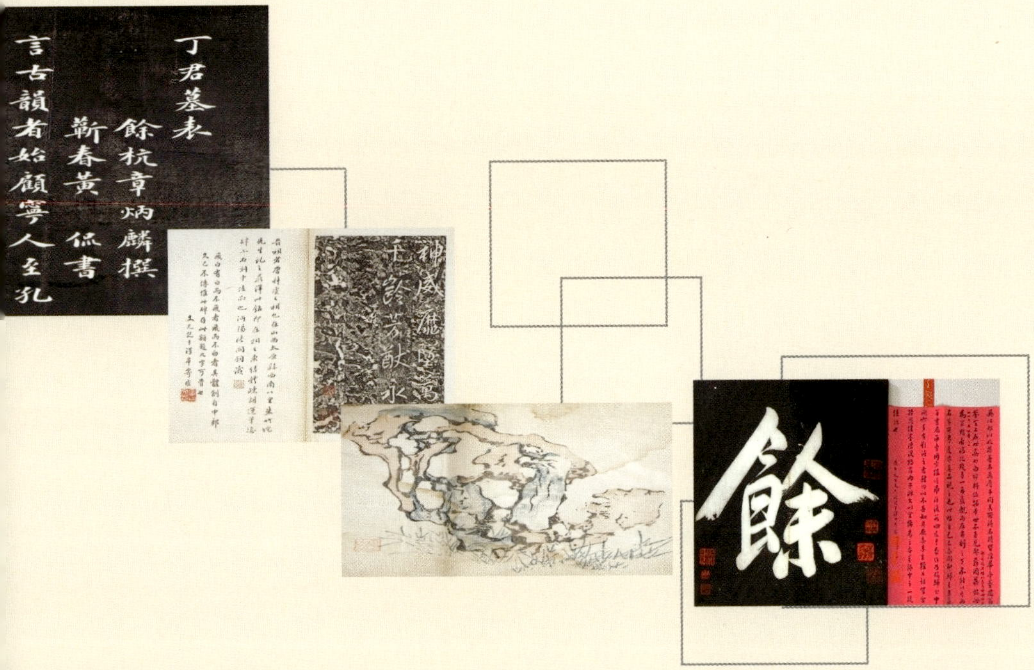
丁君墓表
餘杭章炳麟撰
蘄春黃侃書
言古韻者始顧寧人至孔
餘

14

Chapter 14

Ancient Books

Wuhan Library has about 220, 000 volumes of ancient books, including over 7, 000 volumes of fine books , over 5, 000 stone inscriptions, 50, 000 books published from 1911 to 1949 and 9, 000 volumes of reference books.

The earliest ancient books collected in Wuhan Library were the made-up copies of the Song dynasty's books in Yuan and Ming dynasties, such as *Book of the Northern Qi dynasty* and *Wen Jian*.

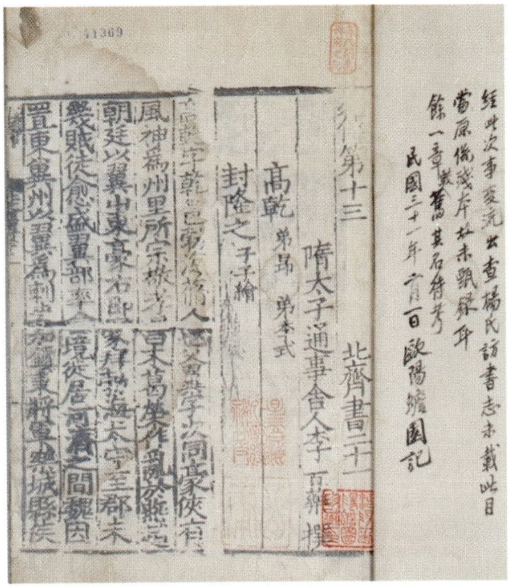

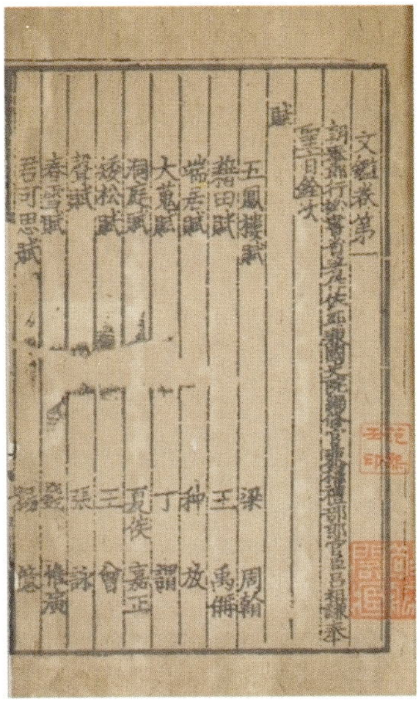

For some historical causes, ancient books in Wuhan Library were collected from different sources but formed its distinctive features. Most of them were local bibliographers' books, precious marginalia and proofread editions and manuscripts. Donggu Zhengxiansheng Yiyizhuan published in 1676 was collected by Zhou Zhenliang in the period of the Republic of China. Zhou Zhenliang, whose courtesy name was Zhou Zigan, was also called Zhi Xin and Tui Zhou. He was from Hanyang, Hubei and became Jinshi in 1904. He graduated from

Hosei University of Japan and served as the professor in Nankai University, Beijing Normal University and Fu Jen Catholic University. In 1931, he returned Hubei and served as the professor of Wuhan University to teach bibliography. Most of his collections became the important collection of the library. The books from other bibliographers included Dadailijibuzhu from Xu Xingke, Chunqiu Zuozhuan from Liu Changrun, Daxuehuowen from Yang Shoujing, etc.

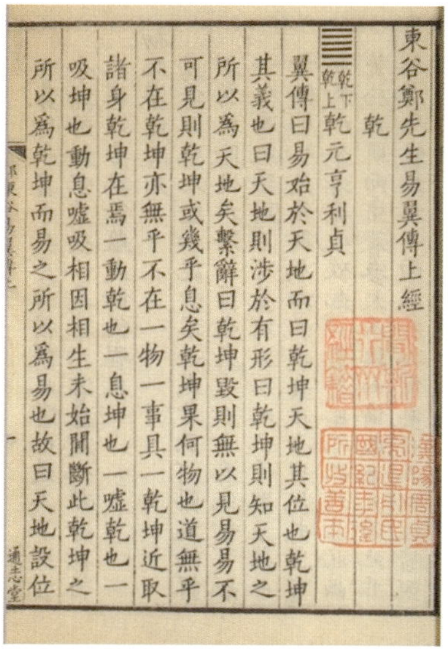
東谷鄭先生易翼傳上經
乾
乾下乾上 乾元亨利貞
翼傳曰易始於天地而曰乾坤天地其位也乾坤其義也曰天地則涉於有形曰乾坤則知天地之所以為天地矣繫辭曰乾坤毀則無以見易易不可見則乾坤或幾乎息矣乾坤果何物也道無乎不在乾坤亦無乎不在一物一事具一乾坤近取諸身乾坤在焉一動乾也一息坤也一噓乾也一吸坤也動息噓吸相因相生未始間斷此乾坤之所以為乾坤而易之所以為易也故曰天地設位

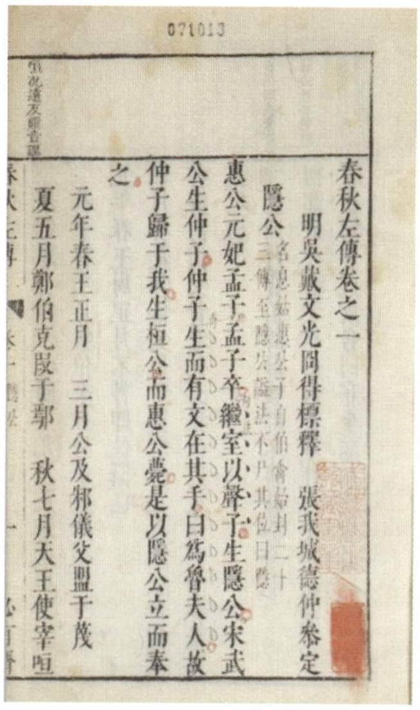
春秋左傳卷之一
明吳興戴文光同得標釋 張我城德仲參定
隱公
惠公元妃孟子孟子卒繼室以聲子生隱公宋武公生仲子仲子生而有文在其手曰為魯夫人故仲子歸于我生桓公而惠公薨是以隱公立而奉之
元年春王正月 三月公及邾儀父盟于蔑
夏五月鄭伯克段于鄢 秋七月天王使宰咺

Manuscripts are a key feature of ancient books collections in Wuhan Library. The oldest one should be Jia Ye Quan Shu of the Ming dynasty. It is in fold-binding mode and has 72 pages. It was written by Fang Yisheng (1563-1645) of Huanggang, Hubei, whose courtesy name was Xinyun or Rusong. After retiring from government, he went back to hometown to build Ancestral Shrine and wrote the genealogy of Fang's family called Yong Si Pu. The genealogy described his life story and family's events in detail. Readers could get a glimpse of the social and economic situation in the late Ming dynasty. The bibliography of private collection was originated from the Southern dynasty. Manuscripts of bibliographies required much effort of bibliographers and provided valuable materials for studies about bibliographers and scholars. The famous bibliographer Ke Fengshi, whose courtesy name was Ke Maoxiu, spent all his life doing book collecting and publishing. The manuscript of his bibliography, Bibliography *Linxijing she*, is one of the precious collections in Wuhan Library.

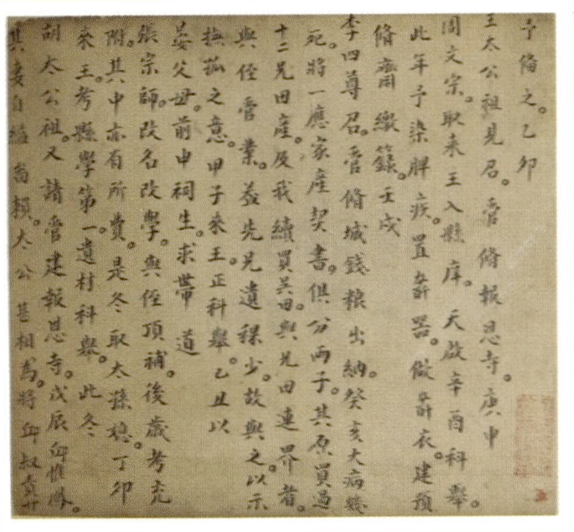

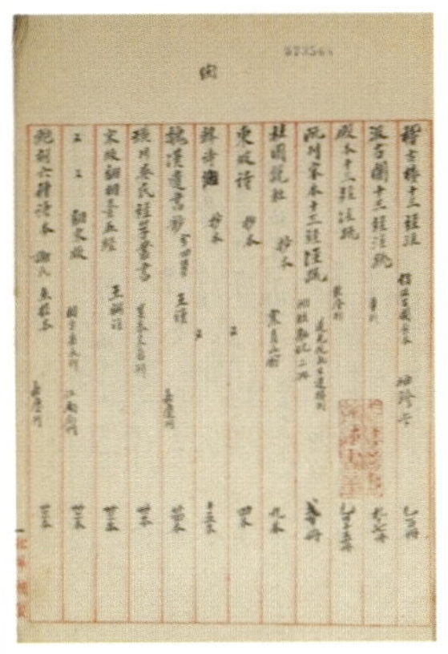

Wuhan Library has more than 5,000 stone inscriptions. The amount and kind of these inscriptions are rich and they form the historical system of epigraphy in Wuhan Library. The collections were from famous scholars like Ke Fengshi, Yang Shoujing, Shen Zhaonian, Ouyang Chanyuan, Ruan Wenguang Lu Kaijun and Li Bowen.

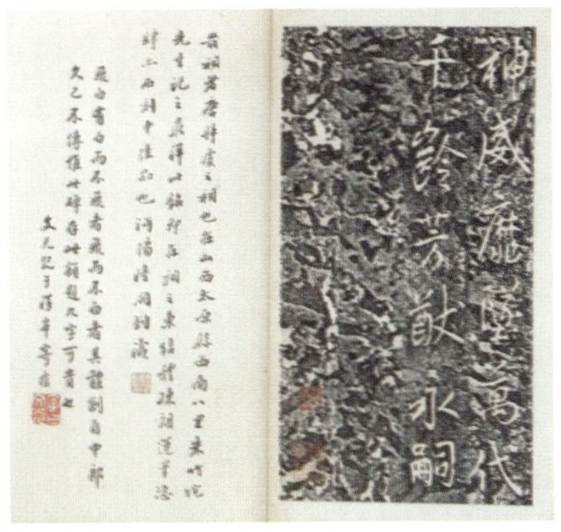

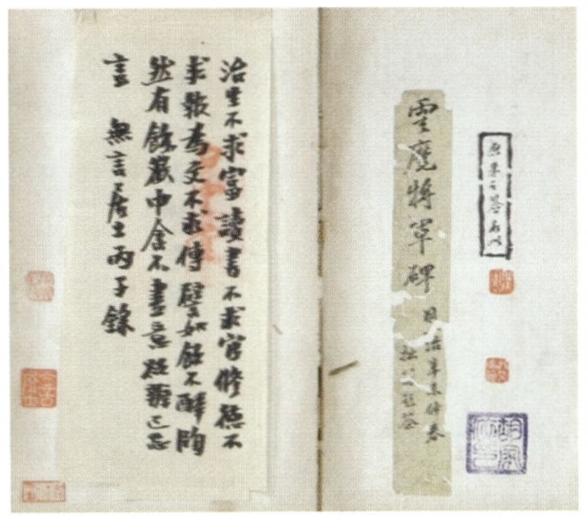

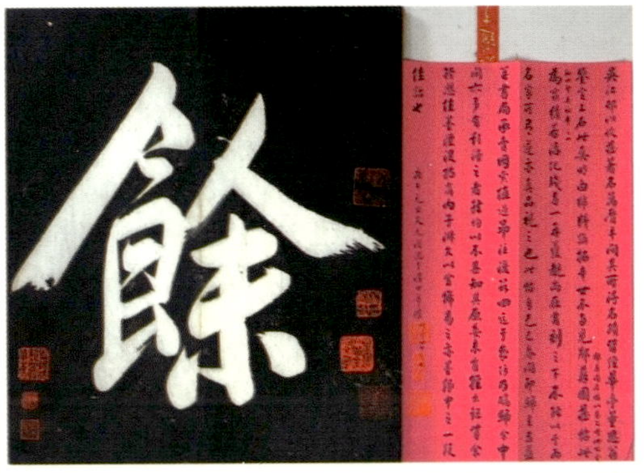

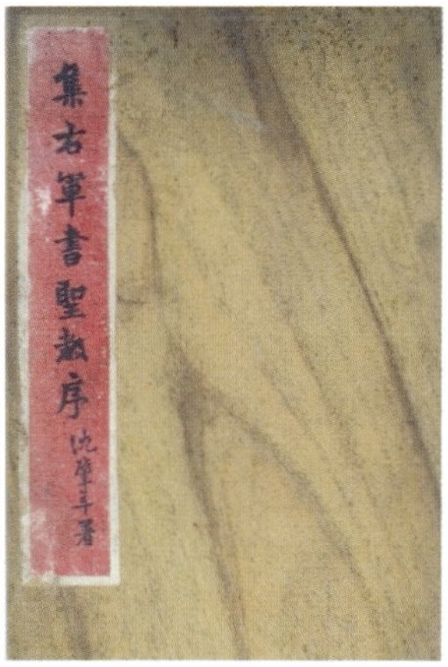
集右軍書聖教序

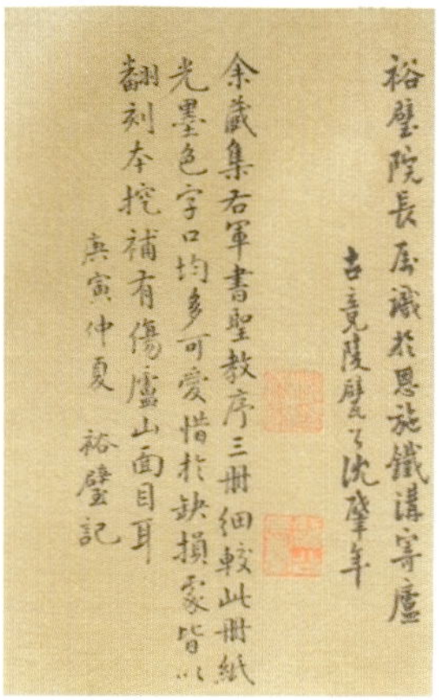

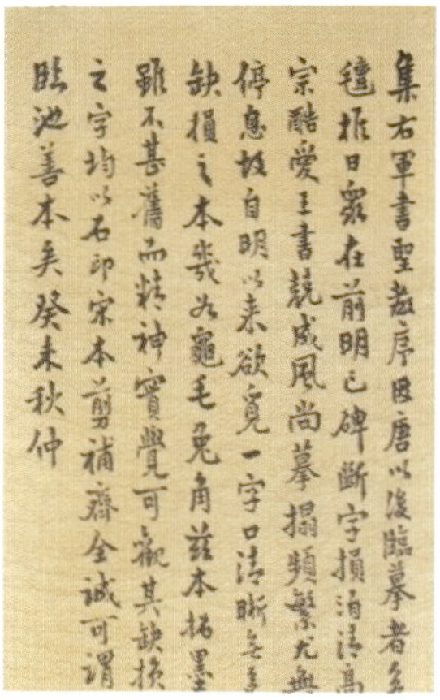

Since 2007, Wuhan Library has completed five batches of ancient books registrations based on the requirement of the state. The first included *Book of the Northern Qi dynasty*; the second included 11 ancient books; the third included 23 ancient books; the fourth included 20 ancient books and the fifth included 28 ancient books. Some of them were selected into *List of Rare Ancient Books of China successively.* Besides, 25 ancient books were included in *Hubei Rare Ancient Book List.*

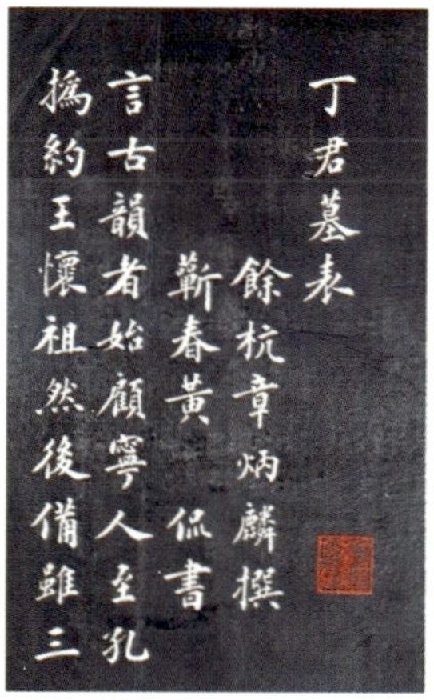
丁君墓表
餘杭章炳麟撰
蘄春黃侃書
言古韻者始顧寧人至孔
撝約王懷祖然後備雖三

Documents published in the Republic of China that were collected in the library covered topics about politics, economics, military, education, culture and science, with specialities like history of the CPC, War of Anti-Japanese Aggression and Liberated Area publications and Journalism. Zhai Qiubai's translation work, *Hai Shang Xu Lin*, edited and published by Lu Xun in 1936 and some other unopened copy books also have certain historical value.

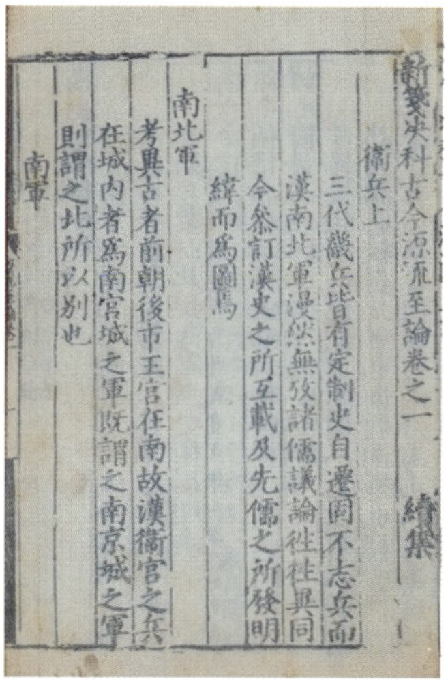

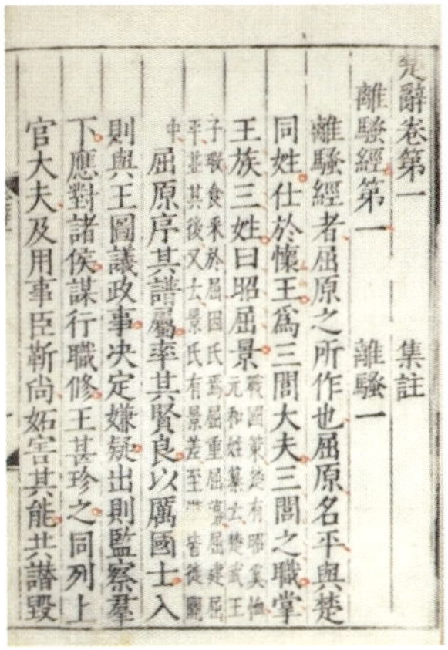
楚辭卷第一　集註
離騷經第一　離騷一
離騷經者屈原之所作也屈原名平與楚
同姓仕於懷王爲三閭大夫三閭之職掌
王族三姓曰昭屈景
屈原序其譜屬率其賢良以厲國士入
則與王圖議政事決定嫌疑出則監察羣
下應對諸侯謀行職修王甚珍之同列上
官大夫及用事臣靳尚妬害其能共譖毀

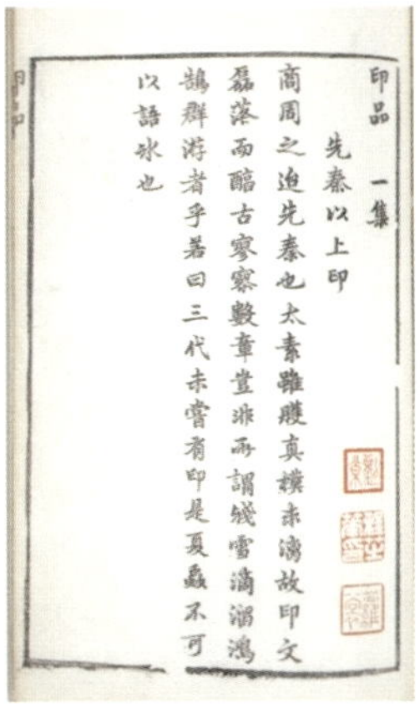
印品　一集
先秦以上印
商周之迨先秦也太素雖瀉真樸未漓故印文
磊落而醞古寥寥數章豈非所謂鐵雪瀟淵鴻
鵠群游者乎若曰三代未嘗有印是夏蟲不可
以語冰也

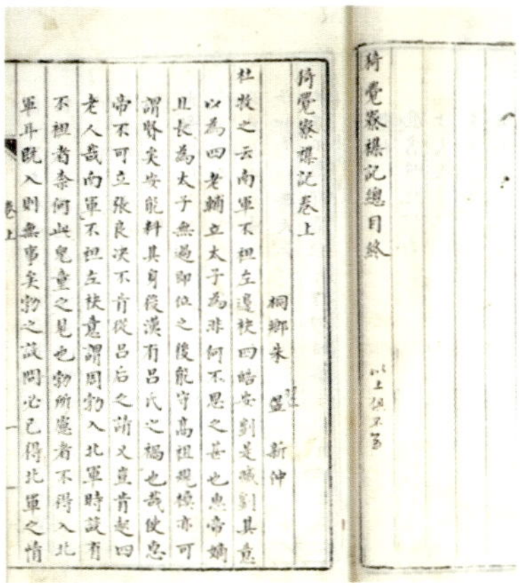
綺覺寮雜記總目終

綺覺寮雜記卷上
桐鄉朱　翌　新仲
杜牧之云南軍不袒左邊扶四皓安劉是滅劉其意
以爲四老輔立太子爲非何不思之甚也惠帝嫡
且長爲太子無過仰位之後能守高祖規模亦可
謂賢矣安能料其身後漢有呂氏之禍也哉使惠
帝不可立張良決不肯從呂后之請又豈肯起四
老人哉向南軍不袒左袒意謂周勃入北軍時設有
不袒者奈何此兒童之見也勃所慮者不得入北
軍耳既入則無事矣勃之設問必已得北軍之情

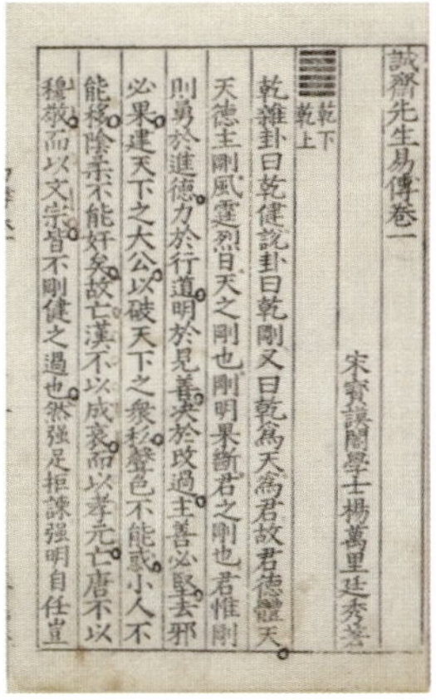
誠齋先生易傳卷一
宋寶謨閣學士楊萬里廷秀著
乾下
乾上
乾雜卦曰乾健說卦曰乾剛又曰乾爲天爲君故君德體天
天德主剛風霆烈日天之剛也剛明果斷君之剛也君惟剛
則勇於進德力於行道明於見善決於改過主善必堅去邪
必果建天下之大公以破天下之衆私聲色不能惑小人不
能移陰柔不能奸矣故亡漢不以成哀而以孝元亡唐不以
穆敬而以文宗皆不剛健之過也然強足拒諫強明自任豈

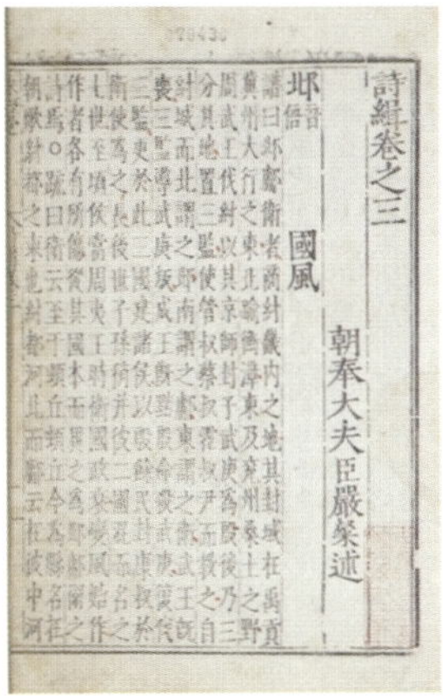
詩緝卷之三
朝奉大夫臣嚴粲述
國風
邶

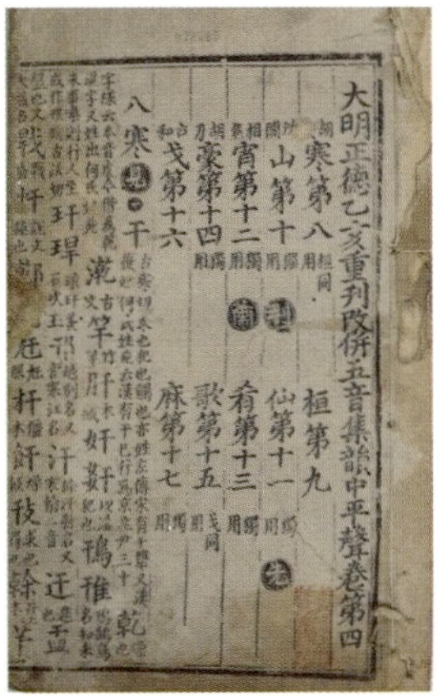
大明正德乙亥重刊改併五音集韻中平聲卷第四
寒第八　桓第九
山第十　仙第十一
宵第十二　肴第十三
豪第十四　歌第十五
戈第十六　麻第十七
八
寒　干
瀩
竿
奸
鵪
雉
乾
玕
琿
汗
迂
秆
䄳
奸

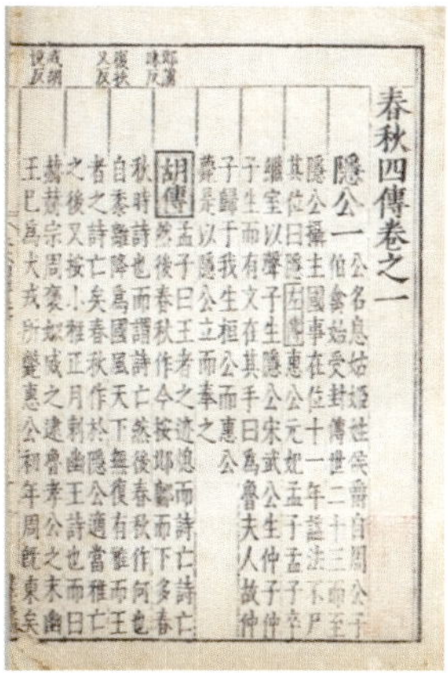
春秋四傳卷之一

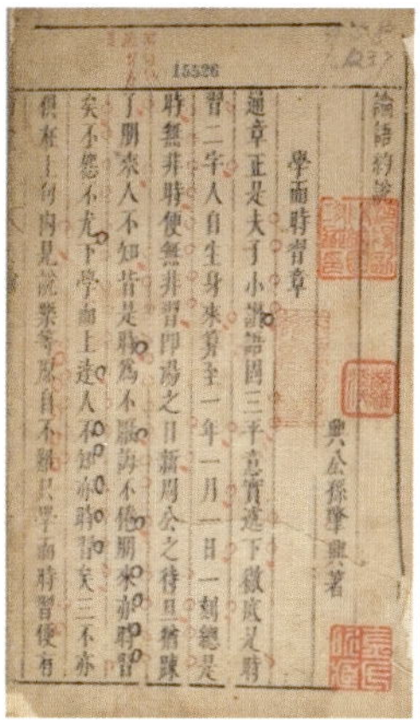
論語約說

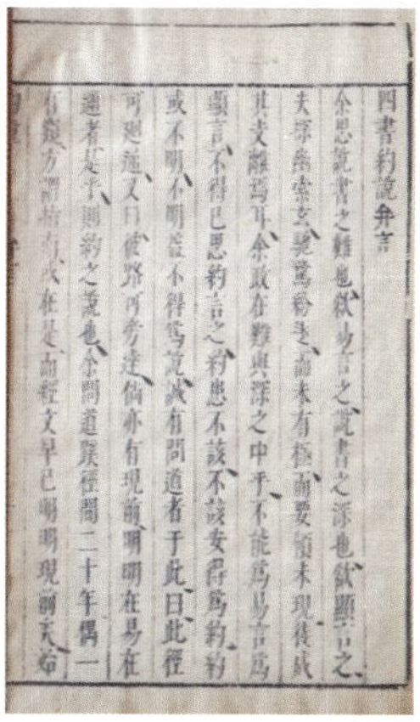
四書約說弁言

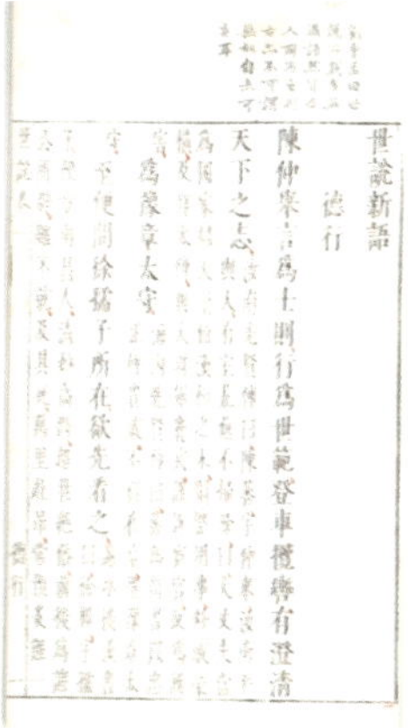
世說新語
德行

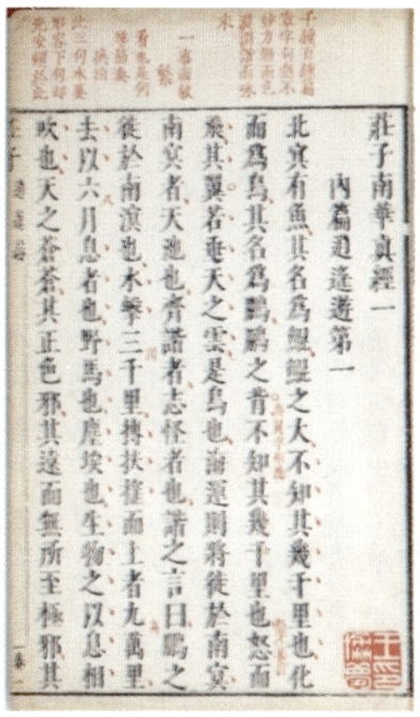
莊子南華眞經一
內篇逍遙遊第一

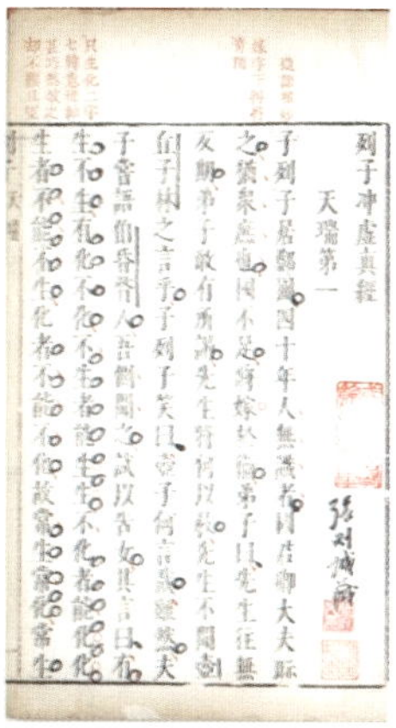
列子沖虛眞經
天瑞第一

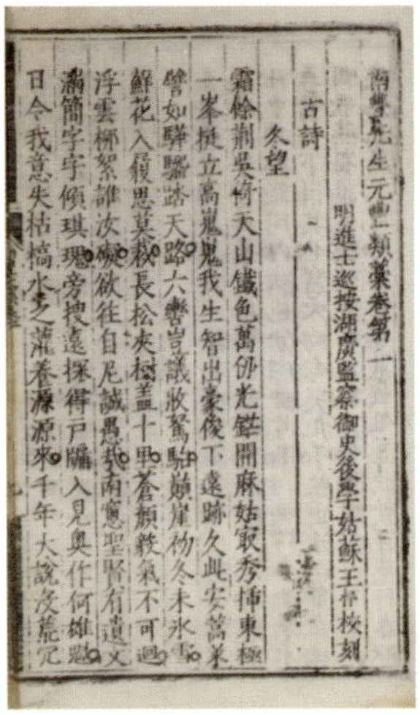
南豐先生元豐類藁卷第一
明進士巡按湖廣監察御史後學姑蘇王忬校刻
古詩
冬望
霜餘荆吳倚天山鐵色萬仞光鋩開麻姑散秀掉東極
一峯挺立高嵬巍我生智出豪俊下遠跡久此安蒿萊
譬如驊騮踏天路六轡豈識收駑駘顛崖初冬未冰雪
蘚花入履思莫栽長松夾樹蓋十里蒼顏數氣不可過
浮雲柳絮誰汝爛欲往自尼誠愚哉南宫聖賢有遺文
滿簡字字傾琪瑰旁搜遠探得户牖入見奥作何雄瑰
日令我意失枯槁水之源卷源來千年大說浚荒究

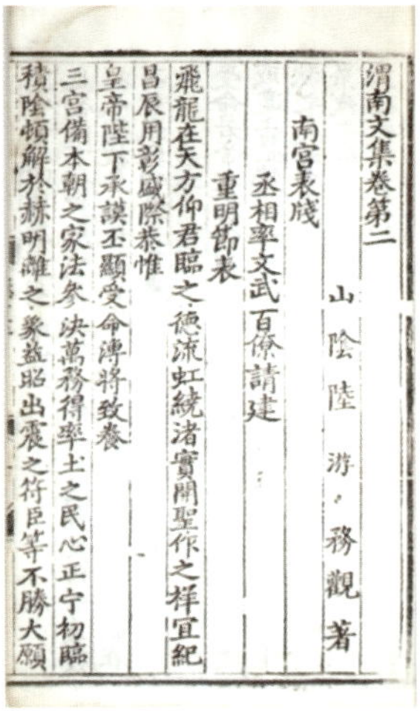
渭南文集卷第二
山陰陸游務觀著
南宮表牋
丞相率文武百僚請建
重明節表
飛龍在天方仰君臨之德流虹繞渚實開聖作之祥宜紀
昌辰用彰盛際恭惟
皇帝陛下承謨丕顯受命溥將致養
三宮備本朝之家法參決萬務得率土之民心正宁初臨
積陰頓解於赫明離之象益昭出震之符臣等不勝大願

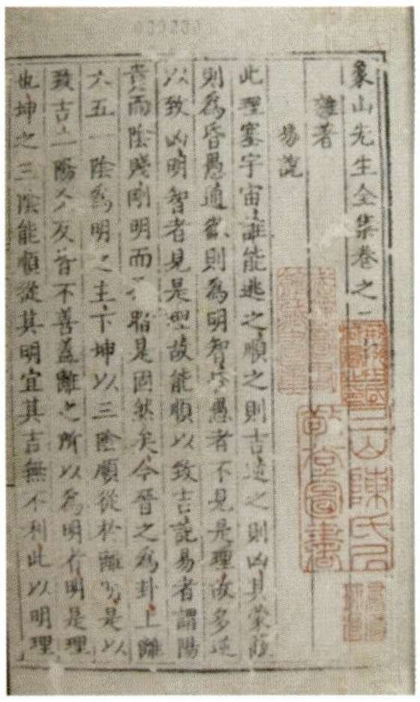
象山先生全集卷之一
書
易說
此理塞宇宙誰能逃之順之則吉逆之則凶其蒙蔽
則為昏愚通徹則為明智昏愚者不見是理故多逆
以致凶明智者見是理故能順以致吉說易者謂陽
貴而陰賤剛明而柔暗是固然矣今晉之為卦上離
以六五一陰為明之主下坤以三陰順從於離是以
致吉二陽之爻反皆不善蓋離之所以為明者明是
也坤之三陰能順從其明宜其吉無不利此以明理

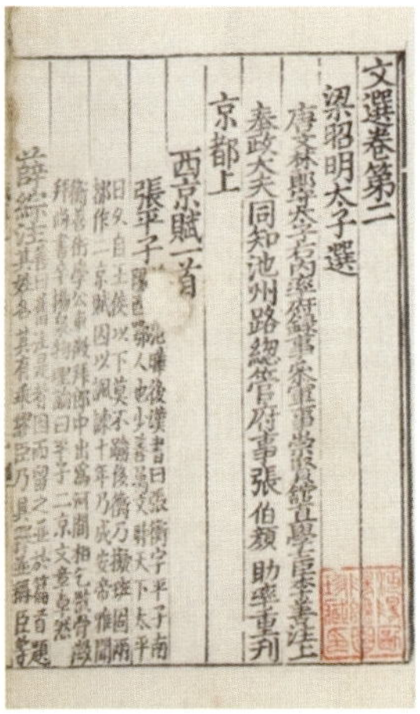
文選卷第二
梁昭明太子選
唐文林郎守太子右内率府録事參軍事崇賢館直學士臣李善注
奉政大夫同知池州路總管府事張伯顏助率重刊
京都上
西京賦一首
張平子
薛綜注

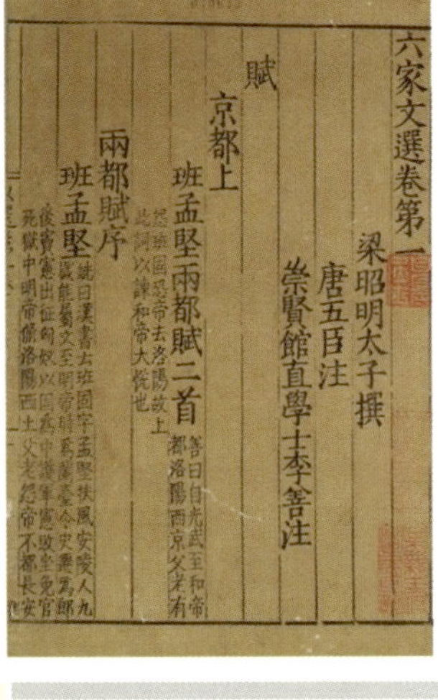
六家文選卷第一
梁昭明太子撰
唐五臣注
崇賢館直學士李善注
賦
京都上
班孟堅兩都賦二首
兩都賦序
班孟堅

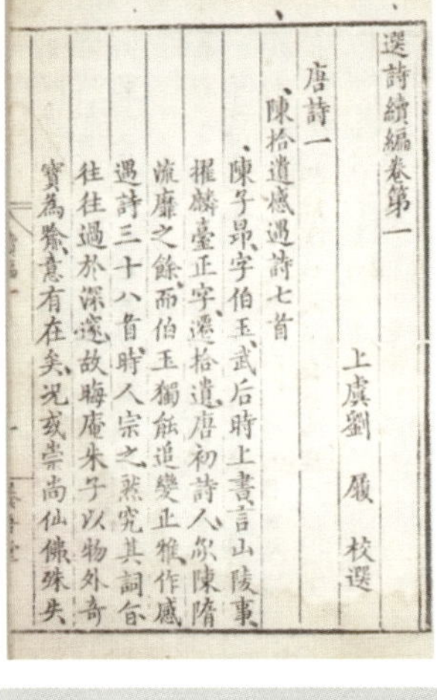
選詩續編卷第一
上虞劉履校選
唐詩一
陳拾遺感遇詩七首
陳子昂字伯玉武后時上書言山陵事
擢麟臺正字遷拾遺唐初詩人承陳隋
流靡之餘而伯玉獨能追變正雅作感
遇詩三十八首時人宗之然究其詞旨
往往過於深邃故晦庵朱子以物外奇
寶為鑒意有在矣况或崇尚仙佛殊失

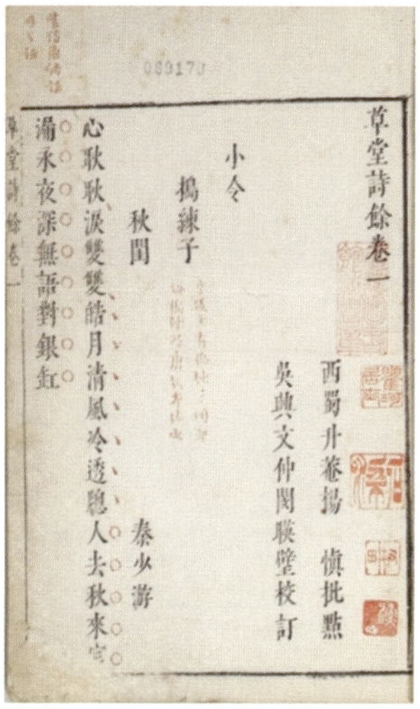

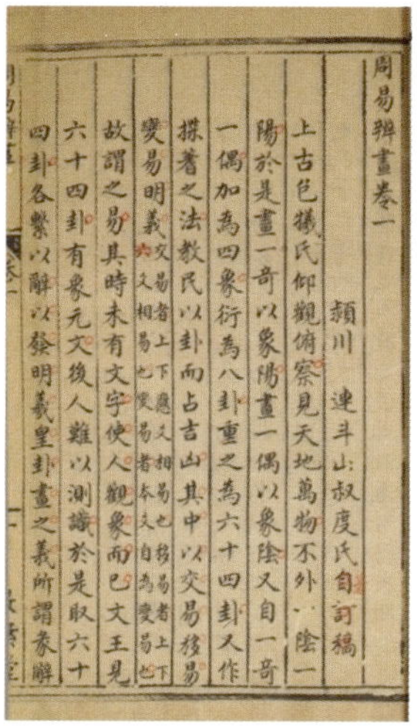

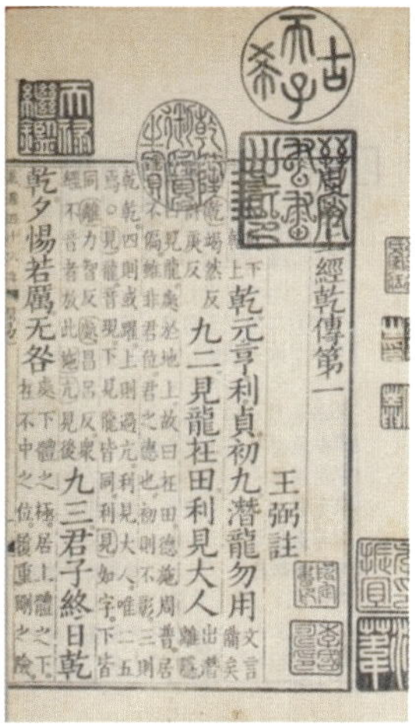

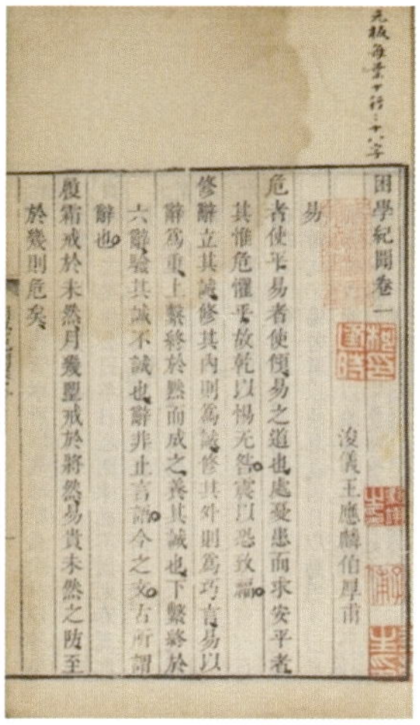

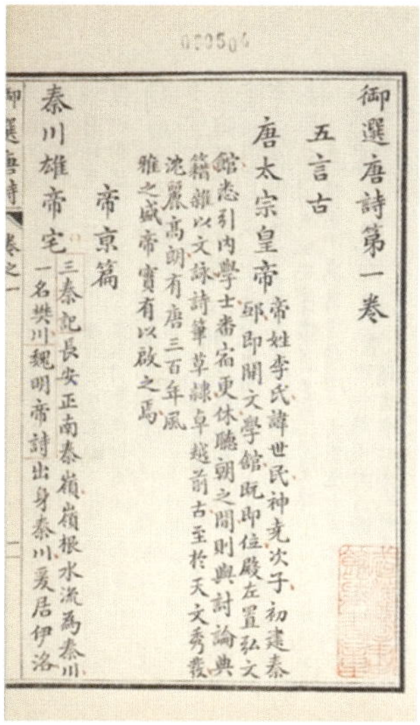

The books of the Republic of China collected in the library covered a lot of subjects like politics, economics, military, education, culture and science. The library emphasizes books and publications about the history of the Chinese Communist Party, the War of Resistance Against Japanese Aggression, the liberated area and the journalism as its special collection, including *Hai Shang* Shu Lin, a collection of translated works of Qu Qiubai, edited and published by Lu Xun, and some uncut books which have historical value.

宁波市政协文史委员会 编
民国夏口县志校注
武昌起义图像史
——纪念辛亥革命一百周年
1911—2011
湖北竹枝词

15

Chapter 15

Independent Publishing

Wuhan Library has rich literature resources and deep cultural deposits. In order to regain the memory and show the future of the city, Wuhan Library shoulders the responsibility of collecting and disseminating culture, integrates the historic cultural resource of Wuhan, discovers the historic and realistic value of the local historical material and strives to promote the project of organizing and studying local literature.

For many years, the workers in Wuhan Library were busy in collecting, mining, studying and compiling the local literature. Through their effort, it finally formed a brilliant cultural picture of Wuhan. In this picture waking up the city memory, there are encyclopedia of Hankou like *Hubei Zhuzhici*, *Wuhan Zhuzhici* and Explanation of *Hankou Zhuzhici* in the beginning of the Republic of China. There are *Ancient and Modern Couplets in Yellow Crane Tower*, *Wuhan Style* and *the Old Stories of Wuhan*, *Place Names of Wuhan*, *Pictures and Records of the War of Resistance Against Japan in Wuhan*, *Ningbo Businessmen in Hankou*, *Modern News History of Wuhan*, *Modern Industry History of Wuhan*, *Chinese Culture* and *Index of Literature of Wuhan* to indroduce history of Wuhan. The cultural picture of Wuhan is colorful and meaningful.

武昌起义图像史
——纪念辛亥革命一百周年
1911—2011
湖北教育出版社

武汉抗战
图志
武汉会战
日方图片汇编

汉口宁波帮
宁波市政协文史委员会 编

武汉近代
新闻史
（上卷）
武汉近代
新闻史
（下卷）

武汉近代工业史
上卷
武汉近代工业史
下卷

Based on the local cultural resources, Wuhan Library built 24 databases showing the local culture and development conditions. There are special databases like Ancient Books Database, Periodicals Database and Genealogy Database. There are databases showing the local culture of Hubei like Names of People in Hubei Database, The Historical Database of the Revolution of 1911 and Big Events of Wuhan. There are databases recording the local development like Wuhan Economy Database, Wuhan Culture Database and Wuhan Education Database.

Wuhan Library has been doing collation of ancient books for several years. *Rare Ancient Books in Wuhan Library* gained much praise in academia. In 2008, Wuhan Library cooperated with Wuhan Local Documents Committee and started collating and annotating *Xiakou County Chorography*, which was published at the end of 2009.

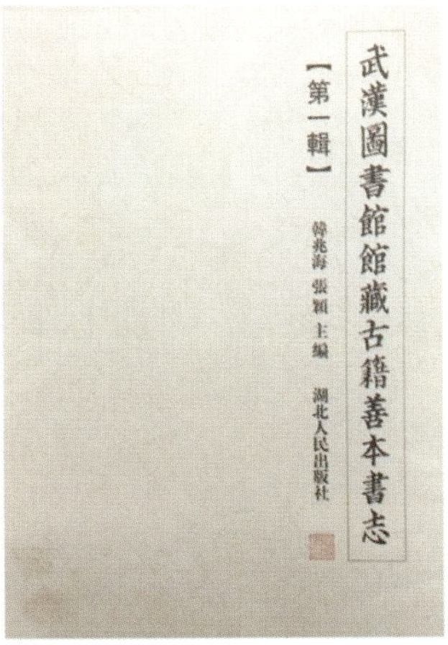

Postscript

As stated in the postscript ofThe Chinese Librarianshipafter the 20th Century, "in view of the rapid development and great change of Chinese librarianship in automation, networking and digitization at the end of the 20th century and the beginning of the 21st century, introducing the situation of Chinese libraries after 2000 is vital and indispensable for showing the latest situation and development of thelibrarianship of China". Time is fleeting. When we reviewthe past and look forward to the future, it is not hard to find that the librarianship has been in the new historical starting point and entered a new era of development with more opportunities and greater potential. At this time, Tianjin University Press has planned the "Series of China's City Libraries in the 21st Century", trying to retrace and sort out the cultural development process of the construction of the city and the public library, collecting and exploring the new development, new ideas and new initiatives of city library construction. It is a great honor for Wuhan Library to be listed in the twelve libraries. We wish to express our gratitude to the experts of Tianjin University Press, because their wonderful foresight and careful examination enhanced the Wuhan Library greatly both in content and style.

Located in Wuhan, a hub of communications, which is also called as "Thoroughfare of NineProvinces" and "CenterofTianyuan", Wuhan Library has gone through over 70 years since the establishment. The history of nearly a century is only a drop in the ocean of the long history of human civilization, but it is an important course which endures hardships in pioneer work for Wuhan Library and an important process during which the Wuhan government steadily increases the investment and promotes the development for the public cultural cause. Based on the principle of "the subject matter of history books, the writing technique of records", this book provides aoverall perspective of the development of Wuhan Library, which is the fruit of painstaking labor createdby generations of librarians in nearly a century. Keeping the information, authenticity and credibility of materials, the book also shows a vivid historical memory.

This book is completed with the concerted efforts of many people, after the work of extensive searchingthe historical data, reading archives, retrieving newspapers, collecting pictures and interviews. In the process of writing, many colleagues outside the editor group also gave enthusiastic help and support, such as XiaoJie, YinBoxian, Xu Ge, Li Qian and Yang Xiaorong, and we deeplyappreciate them.

We wish to express our sincere gratitude to people who give great encouragement and care to the public library service system of Wuhan and the construction of Wuhan Library for many years.

Due to the limited knowledgeandtime, errorsare unavoidable.